安徽省教育科学规划课题研究成果

合肥市金星闪名师工作室研究成果

ZUOWEN JIAOXUE DE QIDIAN
——YANGYU ZUOWEN DE
JIAOXUE SIKAO YU SHIJIAN

作文教学的起点

——养育作文的教学思考与实践

金星闪◎著

安徽师范大学出版社
·芜湖·

责任编辑:潘　安
装帧设计:丁奕奕

图书在版编目(CIP)数据

作文教学的起点:养育作文的教学思考与实践/金星闪著. —芜湖:安徽师范大学出版社,2017.4
ISBN 978-7-5676-2775-8

Ⅰ.①作… Ⅱ.①金… Ⅲ.①作文课－教学研究－中小学 Ⅳ.①G633.342

中国版本图书馆CIP数据核字(2017)第056329号

作文教学的起点——养育作文的教学思考与实践

金星闪　著

出版发行:安徽师范大学出版社
芜湖市九华南路189号安徽师范大学花津校区　　邮政编码:241002
网　　址:http://www.ahnupress.com
发 行 部:0553-3883578　5910327　5910310(传真)　E-mail:asdcbsfxb@126.com
印　　刷:虎彩印艺股份有限公司
版　　次:2017年4月第1版
印　　次:2017年4月第1次印刷
规　　格:700 mm×1000 mm　1/16
印　　张:16
字　　数:300千
书　　号:ISBN 978-7-5676-2775-8
定　　价:39.00元

作文教学要扭转“宁信度无信足”的局面

张玉新

长期以来，作文教学一直存在着把写作的程序性知识当作教学内容的状况，以为只有通过知识的传授，只有掌握了这些程序性的知识，才能形成写作能力。在一些大型公开课赛课的现场，也经常看到不幸抽到作文课签的老师，十分痛苦地搜索有关文体写作的知识，以便在课堂上向学生讲授。比如，一位从教不久的教师，讲“如何展开纵向议论”，先对纵向议论进行概念界定，然后介绍纵向议论的种类，再阐明纵向议论的优点，一节课结束了，“如何展开纵向议论”还是一头雾水。我曾当场询问执教者，能否用交给学生的这些知识写一篇服己又服人的文章，回答是否定的。一些规模不大的校际联合体所搞的展示课，也常常有执教者这样做。比如，一位近20年教龄的老师，讲如何进行肖像描写，先从学过的文学作品中列举人物肖像描写的语段，又补充一些没学过的文学作品中的语段，然后从中归纳出若干条规律性的东西，接着就让学生依据这些“知识”去写一段人物肖像描写。这种做法表面上看是在学以致用，似乎还很管用，因为学生毕竟写出来了。可是只要一追问就会发现，难道你不教这些知识，学生就写不出来或者写不好吗？这两个案例很有代表性，初涉教坛的新手教师和从事教学多年的成手教师，在作文教学中把写作知识当作教学内容差不多是普遍现象。

至于平时的课堂，作文教学基本上是缺失的：一则因为教科书中写作部分与阅读部分相比极其单薄，实际上成为阅读的附属品；一则因为许多语文教师写作经验与阅读经验相比更为缺失，作文课只好讲一些自己也未必相信的写作知识对付过去。甚至这种情况还算是有责任心的做法，更多的作文教学是以写应试文为主，让学生写高考的、中考的、各种试卷上的作文题目，“批”就是打个分数而已，几乎没有“改”。三年的语文学习，按照传统的每学期8次计算，到毕业要写48篇文章，但是有可能一篇也没写好。

若以郑人买履这个寓言故事为喻，那把量过脚的尺子就是纷繁的写作知识，要买的鞋就是要写的文章。作文教学不要因为量过脚的尺子没带在身边，就不能买鞋，就回家找尺子，本可以就着自己的脚去试试哪双鞋更适合脚。自己的脚就是选鞋的根本，而不是那把量过脚的尺子。

金星闪老师对作文教学的相关研究，大概就是在用脚来试鞋子，而不是按照尺子去量鞋子。从书稿中可以看到，他认真调查作文教学现状，结合自己的教学实践，弄清了作文教学中教者存在的两个误导：一是功利思想误导，二是各种模式误导；又进一步归因，认识到作文教学存在四个缺失：一是生活底蕴的缺失，二是文化底蕴的缺失，三是训练系统的缺失，四是人文情怀的缺失。应该说，这就在立意的层面超出了一般只关注怎样对学生进行训练、怎样追求速成的应试模式。他先在教者自身寻找原因，最简单的道理就是凡是要教学生会的，教师自己要先会。可是现实中却是我会不会姑且不论，反正我要想办法教你会，以其昏昏岂能使人昭昭？认识到语文教师自身的问题之后，他又对造成学生普遍感到作文难的根本原因进行归类，关键还是语文教师的问题：一是忽视“悟化”习惯的养成，二是忽略对写作思维的引导，三是作文命题不够科学，四是对写作认识不到位。金老师首先把自己定位成一位教者，把自己的作文教学当作个案，然后再推己及人，探索作文教学的一般规律，进而探索个性化的作文教学章法，这就是他的“养育”作文。

按照金老师的阐述我了解到，“养”就是爱护学生的言语表达的心理和欲望，满足学生的写作需求，顺应学生的作文成长规律，自由地表达思想和情感，歌唱心灵的自由，逐步养成良好的作文习惯，让写作成为个体生命的内在需要；“育”就是通过合适的方法和途径培育学生的作文能力和素养，培育健全的言语人格，从而奠定学生走向言语人生和诗意人生的表达基础。他还认为，“养”是放养，是慢慢地、逐步地养成好的写作习惯；“育”是按照一定的写作目标和要求引领学生、指导学生进行写作；“养”是养育作文教学之“道”，“育”是养育作文教学之“术”。

这种反躬自问的研究态度我十分赞成，始于现状调查的研究方法我也没有异议；至于具体的操作，我只看到目录而未读全稿，不能贸然定论。但仅从目录看，其全书的逻辑结构是完整的，问题展开的顺序是合理的。在一线的教师自然都逃脱不了应试的魔咒，本书也有一章是专门论述应试作文的，从全书的立意上看，不管是什么作文教学，最终的结果毕竟要从当下的应试中见分晓，这个思路我是没有异议的，但从我自身的偏好来看，若有更好的呈现“养育”作文成果的方式，将更加无可挑剔。

我不是文体学的研究者，也不是写作方面的专家，只是一位有30多年语文教学实践的教师，虽然现在是从事教学研究的教研员，但以上所述仍是感性的、直觉的体验，并非系统的写作教学的学术研究。正因为与金星闪老师是同行，我们都站在一个行列中，恰巧我站在他旁边，又恰好他有著作问世，就顺便请我发表一点见解。我也愿意在他的《作文教学的起点——养育作文的教学思考与实践》即将出版之际，趁机说几句直言，作为语文同仁，衷心希望本书能为尚处在摸索中、困苦中的语文教师提供可资借鉴的研究视角和实践方法，使自身的作文教学也能有所提升。

承蒙作者信任，以此为序。

二〇一七年四月二日

（作者简介：张玉新，吉林省教育学院教授，特级教师，高中语文教研员，“国培”专家，中国教育学会中学语文教学专业委员会学术委员会副主任，吉林省首届首批学科带头人、科研型名师。曾在东北师范大学附属中学任教二十年，至今仍坚持到基层学校上课。倡导“原生态”的语文教学观，著述丰硕。）

作文可以这么教

潘　安

金老师联系我，说想出一本书，我高兴。金老师说想出作文书，我大惊。作文书，市场上多如牛毛，很难创新。金老师说想出作文教学书，我无语。作文教学书，专给语文教师看的，大多中规中矩，人云亦云啊。我索性直接通读书稿。

第一章针砭作文教学的现状，谈需求，谈误导，谈缺失，谈探索，全面归纳，系统整理，可谓“哀其不幸，怒其不争”，遍是遗憾，一地鸡毛。当前作文教学的弊端，日积月累，久已苦矣，众人心知肚明。第二章阐述作文教学的主张，从养育语文出发，提出养育作文的总论点，紧跟着提出七个方面的途径：从“听、说、读、写、思、评、结”多角度培养学生写作素养，大胆地将写作的权力交给学生，主题活动成为写作的重要源泉，技巧中养育，方法中养育，札记中养育，评改中养育。七个途径，犹如滚滚向前的车轮，有力地支撑起总论点，引领着读者奔跑在养育作文的大道上。第三、四章，就像平坦大道，一端连接着教学，畅谈养育作文“备教、观察、认知、生活、阅读、情感、悟化、思路、文化、运材、训练、备考”十二个起点，一端连接着课堂，畅谈养育作文三大体裁、四大题型、两种升格、三个年级的命题，于高屋建瓴之后，可谓于细微处见精神，案例精彩，论据精到。诚非实践中人，不能如此细致缜密；诚非勤于思考、善于总结者，不能如此理论联系实际。第五章，单单析为考试指导，实为中考作文剖析，用“养育”眼光予以观照。

读完全稿，内心释然、欣然。书稿中，金老师谈的更多的是养育作文到底怎么落到实处，手把手地谈，结合自己的成功经验谈，联系备课、上课、考试谈。

金老师探索总结的“主题活动作文教学”实在别具特色。缘起是偶然的：召开主题班会，学生热烈参与，周记有话可说。案例是精彩的：“如何用好自己的拳头”。学生打架，家长护短，老师调解，班会讨论：由拳头联想到什么？生活中有哪些有关拳头的故事？大家由拳头想到那么多故事，古今中外有那么多拳头的故事，生活中离不开拳头，那就把你想到的有关拳头的故事，把你对拳头的看法，你对拳头的体验写出来吧，结果出现了15篇优秀作文。设计是精心的：多角度系列呈现，如原创七至九年级作文命题，牵手十大母题，制定48周“周主题+周技法”作文计划。成果是突出的：2012年列入省级课题，2015年顺利结题。

金老师将“主题活动作文教学”纳入“养育作文”中，大有用意。活动主题来源于班级热点，班会成为主要场所，学生意见充分交流，是为育人。话题提炼为题目，纳入训练系统，确立主旨，运用技法，修改完善，是为作文。人不正，何以作文？先育人，后作文，人文合一，才能做到言为心声。究其本质，作文的“养育”乃是人的“养育”。

我当年接受的作文教学，是“放羊型”的，老师定题，学生闷头写。偶尔遇到作文书，如获至宝，模仿着写，算是“模仿型”的。后来我教小学语文，六年，是“指导型”的，作文课认真上，结果学生作文往往面目相似，毫无特色。再教初中语文，六年，是“日记型”的，要求学生天天写日记，限定字数，学生怨声载道。我深知，作文不好教。

我也当过班主任，处理调皮学生，命令他们写事件经过、写检讨书、写道歉信，学生写的是流水账、套话、假话，组织班会讨论，学生交的是公式化语句。这样的主题班会，假如视为作文课的话，只能称为“材料型”的，因为学生交的只能归结为材料，很难上升到优秀作文甚至作文的程度。我知道，将主题班会升格到作文课，不容易。

上述作文课型，各有长短。金老师提出的“养育作文”，正好补其所短，扬其所长。金老师提出的“养育作文”，在区域实践和推广中效果显著，现在正式出版，在全国作文教学中一定会产生影响和辐射作用。

我当图书编辑，至今已有十年，对教育尤其是语文教育一贯情有独钟。责编《高职教育行动导向教学体系》（壮国桢著，江苏大学出版社2008年版），接触活动教育观，古往今来的“知”“行”研究激发我的研究兴趣。责编《高考高分创意构思组合比较》（施清杯著，江苏大学出版社2010年版），抓住“巧选角度构思作文”这一关键点，关注作文个性化研究。责编《新课程语文怎么教》（何更生著，安徽师范大学出版社2013年版），关注语文新课标改革。责编《边玩边学语文》（周婷主编，安徽师范大学出版社2013年版），接触小学语文游戏教学法。责编《本色作文指导与高考命题研究》（王尔楷著，安徽师范大学出版社2015年版），研读本色作文教学法。

我以为，金老师提出的“养育作文”，精神上与课改理念吻合，理论上与“活动教学”“活动语文”“活动作文”相承，实践中亦有独特位置：高中生，身体、品德与作文知识初步完善，立足于本色，指导润色；初中生，身体正在发育，品德正在形成，作文知识正在学习，立足于养育，形成习惯；小学生，身体、品德与作文知识一片空白，立足于学习，夯实基础。不同年龄阶段，不同学识水平，作文教学理当不同。金老师提出的“养育作文”，特别适合于七至九年级学生，初中语文教师读一读，定会大有收获。

最后，简单唠叨一下我与金老师相识的经过。多年前，陶振伟就大力向我推荐金老师。陶振伟是我读硕士时的室友，当时在凤凰出版传媒集团负责中小学生学习报，金老师是他的重要作者。我关注金老师，偶尔打打电话，问问近况。金老师一直说要出书。去年年底，已经评上正高级职称的他，决定要出版多年来的研究成果，按他的话说，不为功利，只为“给自己一个交代”。要我以曾经的语文教师与现在的图书编辑身份，严加把关。承蒙厚爱，拜读再三，反复斟酌，觉得写得畅快，读得痛快，语文教师用起来想必也是畅快和痛快。果真如此，岂不造福于莘莘学子?！我与金老师的结识，也算是造福于他人了。

二〇一七年三月二十九日

（作者简介：潘安，1975年生，现为安徽师范大学出版社文化与旅游编辑室主任，副编审。1992—2004年任中小学语文教师，2004—2007年攻读硕士学位，2007年任图书编辑至今。）

目　　录

第一章　作文教学的现状

第一节　作文问题：学生的写作需求到底有哪些

长期以来，各种作文问题积压在学生的心头，让学生对作文失去了快乐和灵性，写作成为众多学生最痛苦的事情。2007年2月，《课堂内外·创新作文》编辑部对全国各地有影响力的省市重点中学七至九年级学生的作文问题进行了一次大调查，梳理七至九年级学生原生态的作文问题，笔者结合所在的学校安徽省庐江县第四中学作文教学的实际情况，对安徽省课题“新课标理念下初中生写作素养培养研究”实验班级14个班1087名学生进行了问卷调查，归纳出七至九年级学生最关注的20个问题。它们是：

1. 怎么写议论文？

2. 怎么写诗歌？很想写诗歌，但我不知道该怎么写？有什么格式要求……

3. 怎么写说明文？

4. 怎么写话题作文？

5. 怎么写材料作文？

6. 怎么形成自己的写作风格？

7. 作文选材雷同、陈旧，怎么办？最困难的是选材，每一次作文都怕与别人写得相同，怕别人说我抄袭，选材总不新颖。

8. 作文素材杂乱怎么办？写作文时，总是会想到很多素材，但不知道用哪一个好，所以总要想很久才能下笔。

9. 作文时没有素材怎么办？作文时没有事例，只是东拼西凑，没有亲身感受，写不出真实情感。

10. 遇到陌生的作文题目怎么办？我对有的作文题目非常陌生，不知道怎么写。比如《宽容》这个作文题目，我没有过这样的经历，随意编造的话显得虚假。

11. 作文时没有灵感怎么办？

12. 作文写不好的原因，主要是写时没有灵感，不写的时候灵感却翩翩而至。考试时我举棋不定，不知所措。请问这是怎么回事？

13. 作文没有兴趣怎么办？作文没有兴趣，如果老师不要求，平时绝对不写作文。

14. 写实际生活没有新意怎么办？写实际生活，觉得很平凡，没有新意；按自己想象来写，觉得不真实，很虚假。

15. 怎么写出属于自己的作文？作文时总会莫名地添些东西上去，比如老师讲的那些名言名句。写完之后发现作文不是自己写出来的，而是添名句给添出来的。

16. 作文题目不新颖亮眼怎么办？我不知道怎样选用新颖亮眼的题目，每次起作文题目都让我大费脑筋。

17. 怎么让常见的作文出新？我们老师一直在强调“创新”，但是面对一个像《我的父亲》这样常见的题目，我还是无从下手，想不出什么新颖的观点，也没有什么特别的写作方法。

18. 不会运用表达方式怎么办？作文中不知道如何把记叙、描写、抒情自然结合起来。

19. 修辞不恰当怎么办？不会打比方，比喻不恰当，不仅没有给文章增添色彩反而帮了倒忙。

20. 作文不能快速构思怎么办？写一篇作文要花很长的时间去构思，如何才能学会快速构思？

本次作文问题调查活动，历时7个月，得到北京四中李雄、西北工业大学附属中学桑菊蓉、广东深圳南山中央教科所附校唐娟、湖南涟源蓝田中学王寿山、山东武城县实验中学李燕等众多老师的支持。

以上是根据我国中学生作文问题尤其是七至九年级学生作文问题抽样调查的情况，结合我校学生写作实际，将中学生写作中普遍感到头疼的问题，归结为20个问题。然而，写作问题，应该回到具体的课堂教学实践中，结合具体的班情、学情来解决。毕竟，学生的问题，也是教师的问题。只有考量作文教学存在的问题，对症下药，才能求得解决问题的良方。

那么，为什么学生会有这些问题？作文教学的问题到底出在哪里？

第二节　现状剖析：两个“误导”与四个“缺失”

当今作文教学存在的问题很多，归纳起来，主要表现为两个“误导”，四个“缺失”。

先谈两个“误导”。

一是功利思想误导。很多师生认为，作文就是应付中高考，只要获得高分就好。这导致许多学生一拿起笔写作，首先考虑的不是自己有什么想要表达，而是极力揣测阅卷评分的老师喜欢什么，去讨阅卷老师的巧，忘记了作文是自己思想情感表达的需要，是人的精神家园的构建。其次，它导致了教师教学理念的严重滞后。很多教师认为作文教学效果不好，教不教，得分都差不多。或者对作文教学过分强调写作技巧，甚至认为考前强化训练，背几篇满分作文就行了，总觉得生活的积累、语言的积累等实在是耗费时间，效果不明显，占用学生时间。这些理念、想法，是落后的，也是危险的，这可从很多大学生怕写文章，甚至写不出一篇像样的文章以及社会对语文教学不好的感知中得到印证。再次，正是教师作文教学理念落后，导致一系列连锁反应：作文教学目标不当或不明，过程失控或无控，不关注教学效果，作文教学模式单一，写作被当成是无价值的思维活动。

二是各种模式误导。翻开各地的作文评分标准，无论是高考还是中考，都要求学生作文能够内容丰富，思想深刻，立意高远，语言生动而富有感染力，只有做到这样才是优秀作文。于是，各种作文抢分模式应运而生。

①教与学的模式。以知识为先导，以文体为体系，以命题为主线，以“创新”的名义推进写作教学改革，各种“宝典”“秘籍”充斥市场。从教师的角度看，创新是掌握一套“新技术”；从学生的角度看，创新是由“旧框框”跳进“新模式”。

②“优秀作文”的模式。开头一段排比，堆砌辞藻；中间引用名言名句，推出一个古人进行演绎；结尾谈一点人生感悟，为赋新词强说愁。“大文化”排比铺陈，“假大空”议论抒情，“格式化”起承转合。

③考场作文的模式。考场作文有现成的“行规”和“套路”，变得日益模式化、公式化；老师热衷于给学生传授“快速作文”的技法，认为“考场作文就是开头、结尾、排比句加论点，中心句加古人”；学生对写作产生误解，以为文章可以“拼装”，套用几句古诗词就能装扮出“书卷气”，写一点郁闷发几声叹息便能冒充真情实感。于漪老师说，当前学生作文之弊是华丽有

余，气势不足，偏重技巧，疏于豪情。余秋雨先生在全球华人少年美文大赛现场对记者谈话时说，从报纸上、图书中，能看到一部分青少年写作走入了误区，大段的形容词、成语、排比句形成一股滔滔话语急流，裹卷着可爱的生命。

再谈四个"缺失"。

一是生活底蕴的缺失。《义务教育语文课程标准（2011年版）》（简称新课标）要求中学生"多角度观察生活，发现生活的丰富多彩，能抓住事物的特征，有自己的感受和认识，表达力求有创意"。而实际情况是：很多习作内容与学生现实生活脱节；学生写作兴趣不浓；大部分学生没有感受到写作的愉快，他们的生活感受能力差，缺乏对生活的观察、感悟、思考；作文教学环境封闭，写作活动窄化。就目前的中小学写作教学来看，学生作文的主要目的是"应试写作"，主要读者是"作文评价者"。这种特殊性的写作任务挤占了大量的课堂活动时间，窄化了师生对写作活动的理解和认识，以致常规意义上的写作活动不被发现、难以展开。同时，他们的阅读量很小，写作基础较差，即使有了一点对生活的感悟，却难以准确恰当地表达出来。有生活底蕴的作文，就是要求作文要源自生活，发现生活，描绘生活，感悟生活。所以教学中，教师应该指导学生把生活融入写作中来，从平凡的生活中捕捉有意思、有趣、有味的写作材料，引导学生留心观察生活、体会生活，学生在写作的时候就不会出现欲写词穷的现象。生活如品香茗，关键在于品，即用心去细细体会，方能觉出一二来。不愿品茶的人，内心里缺了那份舒适、畅达的襟怀，也少了一份耐心与细致。粗糙过活，说不上美与不美，亦谈不上快乐抑或不快乐。生活需要慢慢品味，快乐也是如此，需要发现、探索、寻觅、品尝……潜藏在生命底层的崇高与快乐。生活底蕴的缺失导致学生作文中人性泯灭，少了一份温暖：作文中不见了人，不见了人性的各种活动和表现。不见了人的真实感情，不见了对生活的独特感受和理解，看不见实实在在的人，忘记了习作者——学生，是个有血有肉的真实的人，这样没有情感的作文，自然就少了一份人味的"温暖"。管建刚老师说，必须让学生感受到作文的温暖价值。写作不只是生活的一部分，也是生命的一部分，写作是人存在的证明。作文不仅是作文，作文是用文字尘封起一段人生。

二是文化底蕴的缺失。文化底蕴体现了一个人的学识修养和精神修养。我们不难看到，很多学生一拿起笔就"无话可说"。如意不称物，词不达意；时尚前卫，泡沫横流；荒诞无据，价值缺失。由于词汇贫乏、语用技巧缺失等，学生在"表达"过程中往往"心求通而未得"，"口欲言而未能"。这些都是文化底蕴缺失的表现。文章离不开对生活的体验感悟，一个有文化底蕴的学生，要写出有文化底蕴的文章，就必须通过对历史文化的阐释来表达自己对世界对生命的看法。它的“载体”是传统文化，如历史底蕴、文学底蕴、民俗底蕴、文言底蕴等。了解、熟悉、理解、运用传统文化，是写作有文化底蕴文章的必备基础和技能。一个教师的文化底蕴，决定着他理解、驾驭教材的能力。更重要的是，只有教师具有丰厚的文化底蕴，才能创造一个丰富的课堂，才能给学生以广博的文化浸染。余秋雨在《千年庭院》里说，教学，说到底，是人类的精神和生命在一种文明层面上的代代递交。有文化底蕴的课堂教学，其教学思想、教学设计、教学行为、教学过程以及教学结果都紧紧围绕着文化内容的传递、文化精神的培养、文化人格的塑造来展开。这样的课堂，是具有一定的文化内涵、文化情怀、文化思辨的。教师的文化底蕴高低体现了教师的专业素养如何。然而，当今的作文教学中，甚至出现了这样一个令人吃惊的现象：有些语文教师，写作体验不多，很少上作文课，甚至不上作文课，连一篇简单的习作都不会点评，不知道点评什么，从哪里点评。这一现象，反映了教师的教学能力和态度都有问题，也反映了语文教师在语文专业上的素养欠缺，让作文指导陷入低效或无效的状态。

三是训练系统的缺失。迄今为止，好像还没有发现一个科学的具有可操作性的作文教学系统和写作训练系统。一方面，写作教学内容的偏位甚至缺失已成为制约写作教学发展的瓶颈问题，追求写作训练系统的呼声越来越高；另一方面，对写作训练系统及其建构本身，我们还缺少足够的理论准备和案例支持，众望所归的那个“系统”总是呼之难出。教科书中关于作文的教学编排很少，教师不好把握作文教学。由于没有系统的作文教材，很多教师不知道作文课上什么，更谈不上怎么上了。阅读教学成为语文教学的主要内容或唯一内容，作文教学很大程度上成为语文教学的空白。这导致教师在作文教学中教学策略失当，这种失当主要表现在两个方面：一是作文能力训练知识化，如一味追求写作知识的强化指导和写作技巧的训练，枯燥与机械的模仿让学生失去信心；二是读写结合简单化，如对名家名篇美文中所谓的优美词句断章取义地照抄照搬或简单模仿，没有自己的真实感悟。

四是人文情怀的缺失。教师没有关注学生的作文心理，造成学生心理的失衡。作文教学轻视学生心理的关注和疏导，学生恐惧、憎恨作文。教师不研究当今的学生喜欢什么，不了解学生在关注什么，不注意学生易变躁动的较为稚嫩的心灵，不注意激发学生的写作兴趣，只是太在意学生的写作结果。单一的作文主题评价标准，扼杀了学生个性和创造性。学生经常听到这样的批评："你怎么写得这么消极、低俗"，"你的情绪怎么这样悲观、失落"，"要符合主流价值观"，"要写典型的、重大意义的事情"，等等。教师教学中审美定位偏颇，造成学生作文灵气匮乏：学生作文中只见章法和文体之巧，却不见心灵之妙。学生批判精神被湮没，很难我手写我心。

以上重点从教师教学的角度分析当今作文教学存在问题的原因，我们只有找到了原因，教学中才能做到"有的放矢"。就作文本身而言，也有它自己的特点，古今中外名家对作文也有自己的观点。

第三节　名家视点：古今中外名家的主要作文观点

古今中外，许多名家对作文有自己独特的理解和看法。

陆机在《文赋》中说，恒患意不称物，文不逮意，盖非知之难，能之难也。

叶圣陶说过，生活充实，才会表达出真实的、深厚的情思来，生活是写作的源泉，写作是生活的再现，教师应有意识地安排学生观察生活、体验生活。叶老针对作文评改说，批改固教者之要务，然须进一步想，必使学生能自改其文，或文成达而竟不须改，乃有济也。

巴金曾说，写作，只是我们有话要说，有感情要倾吐，我们用文字表达我们的喜怒哀乐。

余秋雨说，写作是生命的表达。

潘新和在《语文：表现与存在》一书中提出"言语生命动力学"概念，认为语文教学应该从重阅读转向重表现、重写作，语文教学就是要学生通过写作来获得生命的表现与存在。

于漪说过，一个贴近学生生活的好的作文命题，能开启学生心灵的窗户，打开学生记忆的闸门，开拓学生广阔的视野，对作文产生浓厚的兴趣。

教育家赞可夫说，放手让学生去写，喜欢写什么就写什么，能写几句就写几句。

王栋生说，写作是生命的活动，是思想者的活动，是创造。

康德在《判断力批判》中说，想象力是一种创造性的认识功能，它的本领是在真正的自然界提供的素材里创造出另一个相似的自然界。

学者阿普尔比（Applebee）1982年指出，一个优秀的写作者需要具备三种基本知识：语言知识（如语法规则）、主题知识（如要传递的具体信息）和读者知识（如潜在的阅读者的观点）。

以上罗列的观点，代表着比较先进的作文理念。这些理念对我们作文教学起着潜移默化的指导作用，对改进我们的作文教学现状是大有裨益的。我们应该认真思考我们的作文教学走向哪里。

第二章 养育作文的教学主张

什么是语文教育?

潘新和说，语文就是语文，就是听、说、读、写，就是言语能力的教育。语文教育自然不是思想教育，但是，语文教育深蕴着人文情怀。它是通过对人本体生命的特性的认知，对人的言语动机系统的建构，培育言语健全人格。培养言语兴趣和习惯，创造言语表现的氛围，改善认知背景和言语图式，等等，有利于为言语行为的发生、发展提供动力，达成人的言语行为上的自发、自觉和言语表现力、言语人格的良性发展。语文教育，引领学生走上言语人生，是一种人本主义、人文主义的回归，使人更像人。潘老师的话揭示着语文教育的实质。

语文教育是靠一点一滴养成的。赵克明说，语文天生是“农业”的，得遵循作物的生长规律，性急不得。他提出了“语文养成教育”的思想。我赞同这种思想。当今语文教学的流派、主张很多，如情感派、剥笋派、得得派、设疑派、畅想派、规格派、思维派、管理派、语感派、大语文教学派、目标教学派、快速写作派、快速阅读派等，还有享受语文、诗意语文、生活化语文、生态语文、人生语文、简约语文、和美语文、深度语文、生本语文、感悟语文、爱在语文、情智语文、智慧语文、本真语文、真语文、绿色语文、本色语文、心根语文、正道语文等，当中往往都包含了教师自身对语文的独特理解和追求，表现出教师独特的教学个性和风格。我一直践行“养育语文”教学主张，是因为，众多的语文教学主张都倾向于探究语文是什么，但没有侧重实践层面的研究和行动：语文要怎么样？要怎么去做？目前只有“简约语文”“感悟语文”侧重了对语文教学“该怎么做”的实践探究。“养育语文”的教学主张对语文教学“该怎么做”做了明确回答：语文不仅要靠“养”，还要靠“育”；“养”的是好习惯，“育”的是好能力、好素养、好人格，“育”指的是教育教学中运用的好措施、好方案。面对作文教学出现的问题和困惑，我们应该从“养育”二字着手。

第一节　养育作文的教学思考与行动依据

先看看文学的起源。

文学起源于劳动。鲁迅先生说，我们的祖先原始人，原来连话都不会说，为了共同劳作，必须发表意见，才渐渐练出复杂的声音来，假如那时大家抬木头，都觉得吃力了，却想不到发表，其中一个叫道“杭育杭育”，那么这就是创作……是“杭育杭育”派。这说明劳动中的需要直接促成了文学的产生，它可以组织劳动，提高劳动效率，可以交流劳动经验，亦可祈祷征服自然力，歌颂劳动收获。

从文学的本质看，胡有清在《文艺学论纲》中指出，文学是一种社会意识形态，文学的自身质在于它用语言创造审美观照对象，文学的功能质在于提供人工对象来满足人们审美观照的需要，在此基础上产生多种社会作用。

再看看写作的本质。

《现代汉语词典》（商务印书馆2016年第7版，下同）对“写作”一词的解释是:“写文章（有时专指文学创作）”。写作学的发展自始至终没有超越这一基本命题。“写作就是写文章”这一判断掩盖了写作的真实目的，模糊了人们对写作本质的认识。从发生学的角度讲，写作是使用工具呈现主体精神世界的特殊劳动。这一劳动的目的是传递信息、进行精神生产、磨砺思维、诗意地栖居。打开人类发展的历史画卷就会发现，文字出现以后历史发展的速度快得惊人，一方面是写作帮助人类积累了丰富经验，另一方面是写作磨砺了人类思维。因此，任何一个文明的民族都不会轻易放弃写作。对现代人来说，写作越发不可忽视，它成为人类保持头脑清醒和思维不断进化的重要手段。学生作文不能简单地理解为从接受任务到动笔完稿的过程。写作是人的一种生命实践形式，是情感长期作用的结果，需要借助特定的语境才能完成。

王寿山认为，作文，从本质上说，是生命与生命的表达与沟通。作文教学中，重“文”不重“人”，重“法”不重“情”，重“主导”不重“主体”，重“统一要求”不重“个性发展”，把主要精力放在“文章”上，是急功近利的“应试教育”观念在作文教学中的体现，也是作文教学长期难以取得突破性进展的根本原因。作文，应该成为学生愉快的情绪生活，不可或缺的生存需要、生活需要、精神需要和交往需要。

接下来，我们看看写作教学中教师的问题。

长期以来，人们对写作缺乏科学的认识，对学生思想认识形成的过程缺乏科学的研究，写作教学大都停留在一般“写法”指导上，忽视对学生认知能力的培养。以往作文训练过程大致包括以下阶段：命题—写法指导—学生作文—教师评讲。作文训练事实上没有关注写作过程中体验生活这一根本环节。

笔者认为，造成当前学生普遍感到作文难的根本原因，并不是学生生活单调，不是学生没有可以进行写作的鲜活素材，换句话说，不是因为学生的生活积累不够，而是因为我们的语文教师有问题：

1.忽视“悟化”习惯的养成。作文教学忽视了学生“悟化”习惯的培养，造成学生的心灵太过粗糙，甚至荒芜。学生缺少对生活细致地观察和应有的感悟，很难在平凡的事物中寻找到应有的意义，或在简单的生活中品味发现人生的智慧。由此导致，学生提笔作文要么无话可说，为叙事而叙事；要么胡编滥造，假话空话连篇；要么写“虚”不写“实”，“为赋新词强说愁”，无病呻吟。

2.忽略对写作思维引导。作文指导往往停留在局部的技法上，忽略对学生作文思维的引导，学生作文时写不出，其原因还是“没想到”。“想得到”就能“写得出”，因此作文指导应该在“如何打开学生的写作思路”上下工夫，引导学生去联想和想象。

3.作文命题不够科学。学生作文不知道写什么，对作文有畏难心理，一个重要的原因是与教师的作文命题有关，也就是说，作文命题不够科学。作文命题要体现学生较强的参与意识，使学生丰厚的生活积累成为写作取之不尽、用之不竭的原料宝库。

4.对写作认识不到位。曹丕《典论·论文》中说过经典名句：“盖文章，经国之大业，不朽之盛事。”长期以来，我们很多教师受其影响，总认为，写文章是“大业”，是“不朽”的大事。这样看来，作文是多么“难”，多么“伟大”而“神圣”啊！以致很多学生，作文时，一提起笔，心里就犯怵，心中所想都是自己身外的所谓“伟大”的、有“意义”的东西，心、口、笔不一，人、文分离，人、情剥离，作文是越写越怕，越写越差。教师没有认识到写作的本质是为了表达和沟通，导致学生的认识也出了问题。

现在，我来谈谈我的作文教学观。

梁启超先生在《中学以上作文教学法》中这样说过，一篇文章的作用就是把自己的思想传达给别人。什么叫有思想？一是有内容，即是说自己心中所说的话，“言之有物”，写的是自己熟知的东西。二是有系统，即是有条理，“言之有序”。什么叫“传达给别人”？有两个条件：一是说传达的，恰恰是自己所要说的；二是读者，恰恰能理会我的原意。实际上就是说，写文章就是要写出自己，写出生活，写得有条理，写得让人看得懂。我常告诫我的学生，学语文就是学说话，学写话。这里的“写”就是作文。叶圣陶早就说过作文就是用笔来说话。笔是人的另一张说话的嘴巴，说班级的事，说家里的事，说心中的事，说烦恼的事，说痛苦的事，说高兴的事，说自己的事，说伙伴的事，概而言之，说真实切己的话。作文原来就是这么简单。

马斯洛的需求层次理论认为，人类的需求分为五种，按层次逐级递升，分别为生理上的需求、安全上的需求、情感和归属的需求、尊重的需求、自我实现的需求。作文教学应努力实现师生最高层次的需求：自我实现的需求。管建刚说，真正的写作动力来自内在的写作需要。以完成作业、不受老师和家长的批评与责骂的写作需要仅仅是生理安全和心理安全的需要。学生的写作是为了发表，为了获得话语权，学生体验到写作带来的成功和快慰感，明白作文是自己生命的喜怒哀乐的见证，是给自己消逝的童年、少年留驻在文字的世界里，营造一个永远的精神之家，这是自我价值实现的需要。

潘新和老师说，语文教育，不应只指向人的生理需要和社会需要，而应指向人的生命本体的人性、人心、人格的养育，顺应人的言语本性，张扬人的言语天性，指向表现、创造、发展的言语人生、诗意人生。作文教育是语文教育的重要组成部分，也是靠“养育”的。作文是一种能力，更是一种教育，是真正的人的教育。“言语人生”的最佳表现形态应是“写作人生”。语文教育不可能使所有的学生将来都拥有辉煌的“言语人生”，却应当并能够为他们奠定人生的方向，使他们能走向、拥抱并努力开创自己的“言语人生”。

原来，作文表达的是言语人生，是诗意人生。原来，作文很简单，就是表达思想和情感。因为有了表达思想和情感的需要，才有了作文，才有了言语人生，才有了诗意人生。

因此，我认为：要进行彻底的作文教学改革，我们必须考虑到在作文教学中学生的需求和教师的需求。换句话说，就是在作文教学中，要明确学生缺什么，教师缺什么，明确这两点，作文教学就有了针对性。作文教学是一项基础工程，也是一项系统的文化养育工程，在工程中，学生是生长的主体。作文就是表达思想和情感，是满足学生生命个体的生存、生活、精神、交往、审美等各种不同的需要，是学生每一阶段的情绪生活的不同反映和对生活的个性体验。学生作文能力的提高是一个渐进的成长过程。我们的作文教学应该从起点抓起，遵循学生的认知规律，促进学生作文自然生成。学生作文的训练过程就是学生感知生活、思考生活、认知生活的过程。

下面，我谈谈养育作文的内涵。

什么叫“养育”?《现代汉语词典》对“养育”一词的解释是：“动抚养和教育”。这里的“抚养”是什么意思呢?《现代汉语词典》解释为：“动爱护并教养”。什么是“教养”呢?《现代汉语词典》解释为：“动教育培养；名指一般文化和品德的修养”。由此可见，“养育”，动词，就是“爱护并教育培养”的意思；名词，就是“爱护并教育培养成具有一般的文化和品德修养”的意思。

那么，什么是“养育作文”呢?“养”就是爱护学生的言语表达的心理和欲望，满足学生的写作需求，顺应学生的作文成长规律，自由地表达思想和情感，歌唱心灵的自由，逐步养成良好的作文习惯，让写作成为个体生命的内在需要。“育”就是通过合适的方法和途径培育学生的作文能力和素养，培育健全的言语人格，从而奠定学生走向言语人生和诗意人生的表达基础。“养”是放养，是慢慢地、逐步地养成好的写作习惯。“育”是按照一定的写作目标和要求引领学生、指导学生进行写作。“养”是养育作文教学的大“道”，“育”是养育作文教学的“术”。

养育作文，就是依据写作的本质和规律，学生的成长规律和认知规律，从写作素养、写作主动权、写作源泉（活动）、写作技巧和方法、写作札记和评改等方面，阐述并解决学生的写作问题，促进作文能力的全面提高。以备教、观察、认知、生活、阅读、情感、悟化、思路、文化、运材、训练、备考等为教学起点，关注学生心灵的成长和自由表达，养成良好的写作习惯，让学生和作文一起成长，引领学生向言语人生和诗意人生发展。

和“养育语文”一样，作文的“养育”，就是人的“养育”。“养”的是习惯，“育”的是能力和人格。只“养”不“育”，难以“长大”；只“育”不“养”，就像拔苗助长，枯死或形成“怪胎”。作文的“养育”，应“养”在起点，“育”在行动。让我们共同努力，行走在“养育作文”的教学大道上。

第二节　素养的养育：多角度培养学生的写作素养

写作素养是语文素养的重要内容。如何培养学生的写作素养，是师生普遍感到困惑的问题。多角度培养学生的写作素养，是养育作文素养的一大尝试。

一、通过耳读来培养

1. 耳读能激发学生的想象力，培养写作兴趣。

人类有听故事的嗜好，特别是小孩。莫言曾说，他之所以有今天的创作成就，主要得益于二十多年的耳朵阅读。耳读能激发学生的想象力，培养学生的写作兴趣。

课堂上，学生总喜欢听老师讲故事，他们常被故事中的情节、人物吸引，神思飞越……故事演讲活动中，他们总是那般投入。他们渴望自己讲故事，喜欢听同学讲故事。听广播里的故事，他们常常聚精会神，被《三国演义》《水浒传》《杨家将》等动人的情节打动而浮想联翩。他们总爱在晚饭后的餐桌旁，托腮倾听爸妈讲神话故事、童话故事、寓言故事、父母故事、家族故事……他们在一个个故事中幻想着奇妙的世界，虚构着美好的人生。他们总爱在夏夜清凉的夜晚，聆听爷爷、奶奶等讲惊心动魄的民间传奇和曲折离奇的妖魔鬼怪，或让他们毛骨悚然，或让他们彻夜难眠，甚至直接进入他们的梦中。

听戏文、听说书人的精彩表述，同样能激发学生的想象力。他们常为当中高超的演说技巧赞不绝口。听歌曲能激发学生的情感，让他们陶醉在旋律和歌词中。"感人的歌声留给人的记忆是长远的"，一曲优美的歌声能让我们心灵震撼，魂牵梦萦，灵感顿生。感人的歌声能让学生触景生情，沉醉到写作的亢奋中，而诗化了的歌词能让他们充分感悟语言的魅力，对锤炼他们的写作语言起着潜移默化的作用。近年来，考场佳作中套用歌词拟题已不鲜见。长期听歌曲不仅能培养学生的文学兴趣，还能提升他们的文学素养。

2. 耳读让学生亲近大自然，永葆童真童趣。

耳读不能停留在人嘴发出的声音上，我们应多引导学生聆听大自然的语言。大自然不同的风声、雨声，潺潺的流水声，喧腾的瀑布声，泛滥的洪水声，百灵鸟的清脆悦耳声，画眉鸟的婉转悠扬声，鸡啼声，犬吠声，青蛙的合唱声，竹笋的拔节声……大自然的声音是最美妙的音乐，聆听大自然的声音，让学生有回归自然、寻求真我的感觉，让学生感受到大自然的亲切。大自然的声音，不但让人心旷神怡，物我两忘，而且让人保持童心。

3. 耳读丰富了学生的写作素材。

耳读的内容比目读的内容广泛而新奇。学生看到的书的内容往往是经人编写的书面文字，而耳读的内容常常是鲜为人知的故事、传说，是传奇化了的语言，一旦流于听者的笔端，融进学生的现实生活，就为学生提供了丰富的写作素材，且因新奇而令人刮目相看。

二、通过说话来培养

1.充分利用课堂教学，让学生大胆地“说”。

首先，利用课前5分钟让学生讲述自己前一天的所见所闻，或做自我介绍，或谈自己对生活的感想，即口头作文。不论内容长短优劣都给予表扬、鼓励。其次，对记叙文、小说、童话、神话、寓言等故事类体裁的文章，均要求学生当堂复述，以提要式或故事梗概式复述为主。以掌声和书签作为奖励，鼓励大胆流畅地表达。再次，堂上谈一课一得。学习一篇课文后，要求学生写读后感，堂上脱稿谈体会、感受，只要谈的内容集中即可。还可以让学生在堂上就文中的某物、某人、某事或某句谈启示，鼓励有创意的表达。

2.开展语文活动，让学生自由地“说”。

每周抽出一节课，让学生自行组织开展语文活动。分成若干兴趣小组，每组6人，口头表达上的好、中、差生均有，各小组推选一名组长负责准备工作。活动的内容可以是讲故事、演讲会、讨论会、辩论会、座谈会等。活动的题目由学生自选或师生共选。要求内容上尽量贴近学生的生活。要确定学生愿意说、好说的题目。如“怎样搞好班级卫生”的讨论会，“我的理想”演讲会……主持人由学生自己担任，先由口头表达强的同学，如班长、课代表担任，再逐步让其他同学轮流主持。教师只是监督者和引领者。还可以开展“当一次老师”等活动，以此来培养学生“说”的水平。

3.开展社会实践活动，锻炼“说”的技巧和方式。

利用假日时间，开展让学生推销商品、调查当地资源状况等活动，就当前的社会热点问题、人们普遍关心的问题调查采访。可先从采访校长开始，了解学校的教育教学现状等，再让学生走向校外，去厂矿、商场、乡村调查采访。让学生在亲历的社会实践中培养交际能力，锻炼口头表达能力。让学生在一次次采访中得到启发，在一次次调查中得到成长，逐步在社会实践中发展、成熟起来，掌握说话的技巧和方式，从而真正能够“说”出水平。

三、通过阅读鉴赏来培养

1.鉴赏的初级层面：理解作者对形象的感受及处理。首先是文体特点与例文结合。记叙文的鉴赏离不开六要素。小说的鉴赏离不开情节、人物、环境。以小说为例，《驿路梨花》提供了情节波澜性例证，《社戏》提供了人物形象描写的典范，《麦琪的礼物》提供了巧合法的组织。其次是一课一得。赏

《静夜》突出虚实结合手法，赏《紫藤萝瀑布》突出借景抒情的特点，赏《最后一课》突出巧妙的叙述视角，赏《爸爸的花儿落了》突出插叙手法……

2.鉴赏的高级层面：读者自己对形象的再造。“一千个读者就有一千个哈姆雷特。”任何一部作品都需要依靠读者的想象再造而发挥作用。没有想象再造就没有艺术形象，没有艺术形象就不可能悲伤着它的悲伤，幸福着它的幸福，更不用说引申出新意象和新境界，享受到参与作品创造的快乐了。读童话，补写一个结尾，只要合情合理，就是一种创造。

无论是鉴赏的初级层面还是高级层面，都要善于把自己的一见一得用拾贝之心记下来，或点评，或短评。读中悟，读中写，这样才能达到培养写作素养的目的。

四、通过审美愉悦来培养

中学生的思想和心理处于不稳定的阶段，他们的审美指向不确定，审美情趣比较肤浅，教师应适当引领，引导学生走在“进步、健康、高尚”的大路上，引导学生去发现、去感受、去体悟、去描绘美的生活、美的世界；同时，指导学生不忘审美的另一层次——审丑，揭露生活中的假、丑、恶，或鞭挞，或警示，或嘲讽。

1.体悟文本，获取审美愉悦。

文章是作者情感的流露，又深含作者对生命的理解与感悟。如莫怀戚的《散步》是一曲真善美的颂歌，美在三个方面：尊老爱幼的人性美，景物描写的意境美，平易朴实的语言美。

当然，体悟文本，并非面面俱到，而要选读文本中的美。如读《安塞腰鼓》，可选读动与静的映衬美、光与影的变幻美；读《斑羚飞渡》，可选读“飞渡”片断，从悲壮的一幕，感悟整体精神、群体意识。

学生将自己的顿悟用读书笔记形式记下来，把从内容到形式的心得运用到平时习作的训练中来。教师要每周抽出专门时间让学生在课堂内读课外书，拓宽学生视野，勤写札记，常翻常悟。汲取种种文章精华，丰富学生的精神世界。

2.感悟生活，获取审美愉悦。

引导学生关注社会生活，增加生活积累。学生可看《新闻联播》《焦点访谈》《星光大道》《子午书简》《百家讲坛》《探索发现》《东方时空》《科技之光》等电视节目，评名作、议时政、谈得失、析美丑；或走进集贸市场，看商贩巧舌如簧地推销商品，看不同人的菜篮子。引导学生真切地感悟生活，感悟生活中的美，这样写作时情感有了依附，立意会渐渐高远。

五、通过习作评改来培养

新课标明确提出，要关注学生修改作文的态度、过程和方法。要引导通过学生的自改和互改……共同提高写作水平。这就要求教师彻底抛弃包批包改的裁判者身份，使学生主动参与评改并畅所欲言。

教师应先让学生对自己的作文或对方的作文认真阅读，大胆进行圈点批注。教会学生批注的种类和方法，要学生圈点词句。学生在做好这项工作后再填写《作文评改记录表》，表的主要内容包括文面、好词好句、错别字、病句、审题、中心及立意、选材、结构及表达方式等，每项均有较细的分类，逐类打分，满分为100分。审题、立意、选材、结构及表达方式这几方面的内容后附有点评栏，最后一栏为总体评价，学生必须认真填写。也就是说，表中每项的得分必须有来头，是根据具体意见得来的。总体评价，是要求学生就感受最深的方面进行评述，说三四点即可。这实际上是写评论式读书笔记，学生有意识地将读、改、写有机结合起来。

当然，教师应时刻掌握学生在评改过程中出现的新问题、新动向，及时反馈给学生。我通常在学生一节课的习作评改后，另运用20分钟左右时间堂上点评有代表性文章及优秀评语，对好的文章向校刊、省刊推荐发表，对优秀评语在黑板报上展览。学生往往为写好评语而反复推敲，常出现诗意的评语或有个性的评语。对习作中及评改中出现的突出问题，以平等身份与学生共同讨论，不断改进，让他们体验被尊重的感觉以及独立动手或协同解决问题之后的喜悦。长期坚持评改，能培养学生发现问题、解决问题的良好思维习惯；长期坚持评改，学生的鉴赏能力和审美能力也就不断提高。学生在重视别人习作中存在问题的同时，不断打造着高品位的佳作，因而大大提高了写作素养。

六、通过写写后札来培养

写写后札是记下习作者完成一篇作文，通过修改而再次阅读反思后自己的心得体会。但它是学生以后进行创造时的半成品或完善的精制短文。写这类笔记主要是自己的反思，为今后的写作提供改进方向。

起初，学生对写写后札无从下手，我们可以把写写后札的内容概括为五个方面：

1.对文章立意、选材、构思方面的心得体会。

2. 对语言表达、写作技巧方面的心得体会。

3. 文章最突出的问题，有什么高招。

4. 对评改人的点滴看法。

5. 最想同老师说的几句话。

学生围绕这些内容去写便感到有话可说了。大多数学生把写写后札当作短文来写，内容充满了真情实感。教师可给每位学生的写后札打分并予以讲评，写后札成为每篇作文的续篇，成为每篇作文不可分割的整体。实际上，写写后札让学生找到了本次习作的盲点，又进行了一次有创见的习作训练，学生在写写后札中不知不觉提高了文学素养，写作素养也大大提升。

要培养学生在有限时间内写得一手好钢笔字及保持文面整洁的良好习惯。要求学生在作文成稿后，尽量只对字词修改，确保文面整洁。坚持每天练行楷字一张，按“读帖—背帖—临帖—忆帖”训练，待有成效后，加强写字速度训练。坚持三年，必有收获。

综上所述，多角度培养学生写作素养，从“听、说、读、写、思、评、结”着手，正是养育作文的一大举措。真正的作文养育，应该打破传统作文教学模式，实现写作自由，力求将写作的主动权还给学生。

第三节　主动权养育：大胆地将写作的权力交给学生

当前作文教学的最大难题就是学生作文时“无话可说”，即使他们有了一点对生活的感悟，也难以准确恰当地表达出来。因此，养育作文，必须改进作文教学，必须关注学生生活，培养学生写作兴趣，把写作的权力交给学生：第一，作文训练目标要指向生活；第二，作文命题要贴近学生生活；第三，作文指导要努力勾连生活。我们惊喜地看到，“主题活动作文教学”将这些问题的解决真正落到了实处。

“主题活动作文教学”源于“活动课程”“活动教学”理论，是作文教学的新尝试。它是指师生在课堂上围绕某一话题开展活动，创设轻松的写作环境，进而完成与活动密切相关的命题写作。

下面，请看一则教学设计：

“梦想”主题活动作文教学设计

【学习目标】

1. 通过对“梦想”主题佳作的圈点批注和点评，从悬念、对比、描写等技法中习得一种技法。

2.在习作评改中归纳出“梦想”主题作文该“写什么”和“怎么写”的思维路径，当堂完成新题训练的写作提纲。

【学习重难点】 在习作评改中归纳出“梦想”主题作文该“写什么”和“怎么写”的思维路径。

【课时安排】 一课时

【教学过程】

由一则关于“梦想”的故事导入，引导学生畅谈自己的“梦想”，进而考虑如何写好自己的“梦想”，由此进入对“梦想”主题佳作——《小雅的梦》赏评。

一、评改活动

课前发给学生《小雅的梦》。

1.改中评：评改演练。

学生评改《小雅的梦》。

学生默读后，试着用一句话概括佳作的主要内容。

屏显《小雅的梦》。教师示范圈点批注文题和片段一、二。

要求学生参照教师的示范进行圈点批注片段三至六。

师生共同批注片段三。

学生分组合作圈点批注片段四。

小组派代表上台展示圈点批注成果，师生互评、补充。

学生独立完成圈点批注片段五、六。

学生交流展示圈点批注，教师随机引导、点拨。

2.评中悟：点评归纳。

①《小雅的梦》点评。

学生总评这篇佳作。

提示：要求学生参照老师和自己的圈点批注，从“写什么”和“怎么写”两个角度点评。

②归纳写作“梦想”主题作文的取材方向和写法。

教师点拨，学生归纳。

取材方向：关注平凡生活，写自己，写个性梦想。

写法：悬念和伏笔等。

重点技法：悬念。悬念就是使读者迷惑的情节内容，能吸引读者。伏笔与之不同，是为下文情节发展做的铺垫，后文必须有照应。

看行文思路：小雅快乐（设置悬念）—小雅快乐消失（设疑）—小雅撒谎，老师笑眯眯，同学抱怨（再次设悬）—小雅没了快乐（第三次设悬）—江老师家访，谎言揭穿（谜底揭开）—小雅悲伤流泪（解悬）。

看思维路径：是什么，为什么，怎么样。每一问后，都要联想，这样才能打开思路。

二、书写“梦想”

1.新题展示。

青春生活充满了期盼。我们期盼着老师的理解，父母的宽宥，家庭的温馨，集体的和谐。成长中，我们期盼快快长大，期盼少一份责骂，多一份微笑，期盼阳光，期盼心灵的抚慰，期盼没了作业负担，没了考试压力，期盼想说就说、想唱就唱的自由……

请以“我心中的那份期盼”为题，写一篇不少于600字的文章。

2.列写提纲。

提纲可分两个部分：写什么，怎么写。

学生列好提纲后，同学互评，补充完善。

【板书】　　　“梦想”主题活动作文

- 取材方向：平凡（简单、普通）、自我（他人）、个性
- 写作手法：悬念、对比、描写等
- 思维路径（三问法）：梦想是什么—为什么梦想—梦想怎么样

这个教学设计有两大优点：

第一，教学目标优化。

“主题活动作文教学”的教学目标由两个部分构成：活动和作文。活动，即对主题进行圈点批注和点评；作文，即悟出主题作文该“写什么”和“怎么写”。如上例，教师由一则关于“梦想”的故事导入，引导学生畅谈自己的梦想，由此进入对“梦想”主题佳作的圈点批注和点评，以此来创设轻松的写作环境，进而使学生悟得梦想主题作文该“写什么”和“怎么写”，从而自然而然打开写作思路。两大目标围绕同一主题来进行，可以说，活动的主题是母话题，写作的命题是子话题，是对母话题的拓展或延伸。

需要注意的是，在对子话题——写作题目的设计上，教师要善于捕捉学生生活的瞬间，分析学生的思想心理和行为动态，走到学生的生活中去，深入学生的心灵深处，找到与主题相关又让学生感到好写的作文题目，让学生有还原生活底蕴的源泉，产生强烈的写作欲望。如上例中的题目——“我心中的那份期盼”，既与“梦想”主题相关，又贴近学生生活，能引起学生的写

作兴趣，让学生感到“有话可说”，从而克服学生作文的畏难情绪和心理。

总之，“主题活动作文教学”目标简明、集中，目的性和针对性强，能克服作文教学的盲目性、随意性和片面性，充分考虑学生的写作需求，尊重学生的写作权力，保障作文教学高效率和高质量。它是一种优化的教学目标。

第二，教学过程简约。

“主题活动作文教学”的教学过程只有两大步骤：围绕主题开展的活动，围绕主题进行的作文。这样的教学流程，是遵循学生认知规律的。活动作为一种教学手段，是为学生的写作做铺垫的，是教学的重点。因为，如果前面的活动没有做好，学生的思路没有被打开，后面的作文就无法顺利展开。学生的思路是否被打开，可以通过当堂让学生针对新的作文命题围绕“写什么”和“怎么写”来列提纲而体现出来。如果一节课按照40分钟来算的话，主题活动的时间一般不能少于25分钟。针对新的作文题，提纲列好后，还要让学生说提纲，互评提纲，从而完善作文思路。这部分教学内容一般在10~15分钟完成。

上例的作文教学设计，一是通过学生评改“梦想”主题的佳作活动，把评改的权力还给了学生；二是在评改中创设自由的写作环境，让学生能够联系自身，还原生活，思维的触角不断延伸，激发写作灵感，从而让学生感到“有话可写”；三是让学生在评改中悟出该“写什么”和“怎么写”，从而让课堂作文在植根于生活的基础上，沿着科学的思维路径自然生成。整个教学过程仅为“评改活动”和“书写‘梦想’”两步，过程简约。

黄厚江说，在目前情况下，还没有发现一个科学的具有可操作性的作文教学系统和写作训练系统，作文教学和写作训练是否有一个科学而又具有操作性的系统值得怀疑。

笔者认为，作文教学是一项基础工程，也是一项系统的文化养育工程，在工程中学生是生长的主体。作文就是满足学生生命个体的生存、生活、精神、交往、审美等需要，是学生每一阶段情绪的不同反映和对生活的个性体验。围绕主题活动进行作文教学，可以建立比较完备的写作训练系统。以下是对“主题活动作文教学”的思考：

第一，“活动”和“写作”都紧扣学生生活，主动权在学生手里。

“主题活动作文教学”两大教学环节的行为主体都是学生。评改“活动”是以学生为主体、教师为主导的师生双边活动。在这里，“活动”是教学的手段，“作文”是教学的目的。“活动”是努力让学生在自由的状态下写作，是让学生体验自己的生活，为学生提供遴选生活素材的思维方向；“写作”自不待言，学生自己列提纲，说提纲，同学互评，学生的主体性体现明显，“活动”和“写作”的主动权都在学生手里。

由此可见，“主题活动作文教学”与传统的作文教学模式大不相同。传统的作文教学模式以教师为主体，以教师的作文讲解为导向，学生因思维局限而不敢写，不能写，不想写，即使写了，内容也是虚假的。“主题活动作文教学”，则是以体验为基础，以主题活动为导向，引导学生发现写作的资源并自我进行有效的整合。

第二，训练主题“计划、同步、序列”，考虑学生发展的需要。

“主题活动作文教学”是有计划的、同步的、序列的作文训练系统（见表1），它杜绝了作文教学的随意性。

表1　人教版九年级上册主题活动作文同步序列训练计划表

单　元	单元主题	主题活动	写作技法
第一单元	自然	1. 自然诗文朗诵赛 2. 演讲：我身边的名胜 3. 当地生态环境情况调查	描写生动法 大气高远法
第二单元	快乐	1. 我看“失败”演讲 2. “宽容”故事会 3. “合作”辩论会	引经据典法 顺向求同法
第三单元	青春	1. 名人“理想”故事、名言集锦 2. “真情•感恩”你我他 3. “话说青春烦恼”主题班会	镜头剪接法 同中求异法
第四单元	读书	1. 名人“读书”故事会 2. 演讲：我看“读图” 3. “网上阅读”主题班会	论据分析法 浮想联翩法
第五单元	追求	1. 演讲：“金钱”面面观 2. “节约”故事会 3. “消费观”调查	大题小作法 意象组合法
第六单元	偶像	1. 名人“美德”大家谈 2. 古代风流人物诗文朗诵会 3. 演讲：我的偶像观	综合论证法 反弹琵琶法

注：每个单元写作技法中的第一种技法是与教材单元技法同步的，后面的六个技法则是序列的。两类技法可供教师进行作文教学时依据学情自由选择。

由表1可见，作文训练的“主题”通常是和教材单元的主题同步。在“技法”的确定上，则是结合语文教学大纲和教材单元的主题，依据学生在写作中经常出现的问题和学生自己感到困惑的一些写作难点，把握学生写作心理和作文生成的规律，从宏观的写人叙事、写景状物，到微观的观察想象、开头结尾、选材构思、立意文采等，由浅入深，由易到难，对七至九年级的写作要求，进行了分类与整合，形成序列。每学期、每学年训练的侧重点各不相同。在“活动”的开展上，每两周开展一次“主题活动作文”，以情感体验为基础，以主题活动为导向，引导学生发现写作的资源并自我进行有效的整合。活动形式多样化，可以是辩论会、讨论会、自编情景剧、诵读比赛、习作评改会，等等。

每个主题活动的形式不少于三种，学生可根据自己的喜好和水平自主选择其中一种。单元技法或与单元课文技法同步，或依据教材和学生认知规律，由易到难，形成梯度，进行序列化的技法训练，便于学生驾驭。教师在主题活动作文教学中可依据学情从同步或序列这两种配套的技法中选用一种。

这样的训练系统，就可以进行“主题活动作文教学”的教材内容构架，而作文教学内容的选择和确定则赋予学生选择的权力。这样的训练系统，既尊重了学生的主观需求，又考虑到学生写作能力发展的客观实际需要，因而它是全面的、科学的、高效的。

综上所述，“主题活动作文教学”具有优化的教学目标、简约的教学过程和完善的训练系统，它尊重了学生的写作需求和认知规律，注重对学生写作思维的引导，追求自然状态下作文的生成。这种养育，把写作的权力交到了学生手中。

第四节　活动中养育：主题活动是写作的重要源泉

作文教学中，无论是教师指导学生写作，还是学生自己进行一篇文章的写作实践，解决的也就是三个问题：写什么？怎么写？怎么写最好？“写什么”是最重要也是最关键的问题。学生在写作时最头疼的问题就是不知道该写什么，这个问题解决了，后面两个问题都好解决。为什么学生在写作时会感到无话可写呢？仅仅是因为当今的学生为追求升学率而课业负担重，生活单调吗？显然不是，学生的业余生活比成年人丰富，他们的内心世界既脆弱又复杂。那么原因到底出在哪里呢？是什么让学生为“写什么”而犯愁？如何让学生看到作文题目有话可写，找到写作的源泉？一个偶然的机会，让我找到了解决问题的一个途径。

我想：为什么不围绕开展主题活动来引发话题让学生作文呢？新课标要求，写作要根据日常生活需要，教师对学生进行写作评价时要引导和促使学生通过观察、调查、访谈、阅读、思考等多种途径，运用各种方法搜集生活中的材料，但如何引导学生搜集生活材料呢，没有具体的说法。《全日制义务教育语文课程标准》（实验稿）有两段文字吸引了我：

> 语文课程资源包括课堂教学资源和课外学习资源，例如：教科书、教学挂图、工具书、其他图书、报刊，电影、电视、广播、网络，报告会、演讲会、辩论会、研讨会、戏剧表演，图书馆、博物馆、纪念馆、展览馆、布告栏、报廊、各种标牌广告，等等。
>
> 自然风光、文物古迹、风俗民情，国内外和地方的重要事件，以及日常生活话题等也都可以成为语文课程的资源。

2011年版新课标将这两段文字做了修改与调整：

> 语文课程资源包括课堂教学资源和课外学习资源，例如：教科书、相关配套阅读材料、其他图书、报刊、工具书、教学挂图，电影、电视、广播、网络，报告会、演讲会、辩论会、研讨会、戏剧表演，生产劳动与社会实践场所，图书馆、博物馆、纪念馆、展览馆，布告栏、报廊、各种标牌广告，等等。
>
> 自然风光、文化遗产、风俗民情、方言土语，国内外的重要事件，日常生活的话题等也都可以成为语文课程的资源。

正是这两段文字，引起我沉思：语文课程资源的开发与利用，不正是要求我们开发学生的写作资源吗？这不正与班级开展的主题活动密切相关吗？主题活动不正是开发和利用学生课外学习资源的有效手段吗？这是要求教师切实关注学生的生活世界，引导学生写反映生活的作文，构建作文与生活、与自身成长的内在联系。作文教学中，教师如何引导学生挖掘生活的底蕴，有效地整合写作资源？“主题活动作文”深深映入我的脑海，我进行了以主题活动作为学生写作资源的尝试，开始了主题活动作文教学的探索。

先看看什么是主题活动作文教学。

主题，是指活动的主要内容，倡导积极向上的活动思想，但不是作文的中心思想或思想内容的核心。主题其实是活动和写作的一个类话题，是活动和写作的一个大的话题，也是活动和写作的母题。主题和活动紧密相连，“主题活动”具有指向单一、集中、鲜明的特点，和作文密切相关，共同构成课堂作文教学的整体。

活动，是指以学生为主体、教师为主导的综合性师生双边活动。

主题活动作文，是指师生在课堂上围绕某一主要内容进行的创设轻松写作环境活动后开展的与活动密切相关的命题写作而成的作文。它是以学生的实际生活和情感体验为基础，以主题活动为源起，引导学生发现写作的资源并进行有效的自我整合。它是为了开发作文教学资源、激活学生作文兴趣、营造良好的作文氛围的一种作文理念。

主题活动作文教学，是指师生在课堂上围绕某一主要内容开展活动，以活动为契机，寻找与主题相关又让学生感到好写的话题进行命题写作的教学。在活动引导下学生的写作的题目是主题的拓展延伸。主题活动作文教学要求教师从主题活动中找出最容易贴近学生生活的触发点，深入学生心灵，在这基础上多角度思考命题，拟出能激发学生灵感的题目。在教师的点拨下，学生能不知不觉地打开写作思路，知道自己要“写什么”和“怎么写”，最终达到让学生“乐写”“善写”的目的。

下面从资源利用的角度看看“主题活动作文教学”带来的启示。

一、课堂资源

以课堂教学资源为活动主题开发学生写作资源。如课堂内的游戏、教科书、相关配套阅读资料、工具书、教学挂图等。

【案例】 **课堂游戏**

一、主题活动

活动主题：OM竞赛

活动目的：通过益智游戏来活跃班级气氛，激发创造力。

活动过程：

1.主持人介绍游戏。

OM竞赛，头脑奥林匹克，简称头脑竞赛，主要考察中学生的思维应变反应等方面。分“语言题”和“添画题”两部分。全班5组，每组之间进行团体竞争，通过加星制，比赛结束后哪组星最多哪组胜利，由老师授予班级智多星组循环锦旗。

2.游戏第一环节：必答题。

每组按顺序回答主持人提出的7个问题，答对1个问题加1颗星，答错不扣星。

3.第二环节：成语接龙。

各组成员自由接龙。每组思考时间为10秒，超过10秒被淘汰，留下场上最后的那组加三颗星。

4.第三环节：添画题。

每组三名队员轮流添画。一个队只要有人不画或画不出来，该队就淘汰。每次添画要有新的内容，不可随便乱画，且添出来的必须是几何图形（要求不能重复）。限时3分钟，按添画多少依次加星。

5.即兴环节：有奖抢答。

每答对一题脑筋急转弯，可获得老师收藏的签名小书签一个。共10题。

6.总结：评出胜利的一组，老师授锦旗。

二、书写游戏

1.出示命题。

教师围绕游戏内容，借学生兴致大发，即兴命题写作，要求学生写出精彩的过程和感受。

文题展示：**请以"课堂游戏传真"为话题，自拟题目，写一篇不少于600字的文章。**

2.列写提纲。

限时5分钟，围绕"写什么"和"怎么写"来写提纲。读自己的提纲，同学互评，教师点拨。

3.动笔作文。

【启示】 在这一案例中，学生积极参与游戏，由于受到加星得锦旗、抢答得书签等鼓励，热情很高，兴趣盎然。游戏的四个环节，特别是成语接龙、添画题、有奖抢答，学生热情高涨，体验深刻。作文命题紧扣活动内容，在接下来的限时课堂写作中，学生都有话可说，完成了整篇作文的写作，无一例外。但是，如果没有教师对写作提纲的点拨引导，学生很难写出新意和个性。因此，列写提纲，能很好地引导学生解决"怎么写"的问题。这种案例适用于其他以课堂教学资源为活动主题的作文教学。

二、课外资源

以课外学习资源为活动主题开发学生写作资源。如以电影、电视、广播、网络等媒体传达的国内外重要热点事件，饮食、卫生、穿戴等日常生活的话题，自然风光、文化遗产、风俗民情、方言土语等本土资源为活动主题。

【案例】 **歌词练练记**

一、主题活动

活动目的：90后中学生都有自己崇拜的歌手，也有自己爱唱会唱的歌曲，我们应该从歌词中汲取精华，提升我们的文化素养。

活动过程：

1.主持人开场白。

2.同学们自由地读或者唱出自己喜爱的歌词。

3.说出你喜欢这歌词的原因并说出一个有关这位明星的小故事。

4.主持人在黑板上抄写一段歌词。全班分5组，每组找一位同学上台临时记忆，比谁记得最快，评出本班“记忆星”。

5.主持人读出几段歌词，同学们抢答歌名，同时唱出这首歌来。

6.结束，颁奖。奖品为笔记本和荣誉证书。

二、书写明星

1.文题展示。

有人说，当今社会是一个盛产明星的社会；也有人说，现代社会是一个缺失明星的社会。明星是一种精神寄托，是人们理想和目标的外在表现，也是人们心灵力量的源泉。

请以“心中的明星”为题，写一篇不少于600字的文章。

2.列写提纲。

提纲可分两个部分：写什么，怎么写。

学生列好提纲后，说提纲，同学互评，教师点拨，补充完善。

3.思路点拨。

构思一：注重从给的材料中寻找行文立意的信息。如：“明星是一种精神寄托”，这一句涉及整个社会对明星的认识和看法，我们可以站在社会的高度去审视“明星”。又如：明星是“理想和目标的外在表现”，是“力量的源泉”，这是明星产生的社会效应问题。我们还可以从个体去思考“明星”给人们心灵的启迪或感动。因此，可以对当今社会现象或发表看法，或叙述故事。

构思二：学会从材料的暗示或提示中打开写作思路。如："有人说，当今社会是一个盛产明星的社会；也有人说，现代社会是一个缺失明星的社会。"可以展开想象和联想的双翅，进而在古今中外的现实或文学艺术之中寻找创作的灵感，像屈原、李白、李清照、苏轼、鲁迅这些对中国文化有深远影响的作家学者，秦皇汉武、唐宗宋祖等这些对中国历史有深远影响的英雄豪杰，《鲁滨孙漂流记》中的鲁滨孙等艺术世界中的人物，都可以进入视野。这样，写作的思路就打开了。

构思三：从材料或话题中得到启发，巧妙构思。为什么当今社会是一个盛产或缺失明星的时代？这就会使人不禁发问：什么才是真正的明星？它的内涵是什么？经过思考、分析，不难认清现实生活中"伪明星"现象的本质。通过正反对比，明星具备的魅力便会彰显无疑。

4.动笔作文。

【启示】 本次活动由学生喜爱的歌词引出对心中明星的写作，考查学生对价值观的取向。活动引发学生的联想和回忆，命题让学生有话可说，激发写作热情。教师的思路点拨，培养了学生的写作思维，完善了学生的写作构思，打开了学生的写作思路。

三、课程资源

以学生的校本课程资源为活动主题开发学生写作资源。如调查采风，语文实践活动，各种主题的报告会、演讲会、辩论会、研讨会、戏剧表演、科技节、艺术节等。

【案例】　**语文实践活动**

一、主题活动

活动主题：鲁迅研究

活动目的：通过对鲁迅资料、图片的全方位查找、筛选，自定主题，撰写手抄探究报，感受鲁迅的文学风采、情怀和人格魅力。

活动过程：

1.课前各小组分工。将班级分为5个研究小组，用一周时间分工查找资料，各小组长负责收集整理，课代表负责督查、指导。

第一小组查找鲁迅先生照片、生平和时代背景资料。

第二小组查找鲁迅先生主要作品和代表作品，归纳作品内容、主题，作家的写作风格和特色。

第三小组查找鲁迅先生的地位及人们对他的各种评价。

第四小组查找鲁迅先生的名言名句、轶闻趣事。

第五小组查找鲁迅先生的贡献和影响。

2.课代表主持成果展示会。各小组派一名代表展示本组研究成果。每小组展示时间不超过3分钟。

3.小组展示成果得分满分5分。各小组展示成果后，全班同学可以补充。每补充1条，扣除负责该项工作的小组1分。

4.主持人提出有关鲁迅方面的问题，全班自由抢答。答对1个，加该组1分。

5.主持人宣布各小组得分，得分最高的小组每人获得一张印有鲁迅头像的卡片。

6.要求每人课后制作一张手抄探究报。

二、书写鲁迅

1.文题展示。

通过这次语文实践活动，你对鲁迅先生有什么新的认识和感想？请以“我看鲁迅”为题，写一篇不少于600字的文章。

2.列写提纲。

提纲从四个方面考虑：内容、结构、语言、创新。本题重点在“看”，也就是对鲁迅先生的新认识。

学生列好提纲后，说提纲，同学互评，补充完善。

【启示】 语文研究活动可通过调查学生喜欢的哪些作者来确定研究对象，也可以是研究不喜欢的作者。据我对自己的129位学生的调查了解，学生喜欢课本中的著名作家、作者主要有（按照喜欢作者数的多少为序）：诸葛亮（85）、李白（72）、李清照（68）、苏轼（62）、鲁迅（47）、辛弃疾（42）、李煜（39）、老舍（38）、冰心（38）、巴金（35）、杜甫（25）、朱自清（25）。

这次作文后，要求学生编写手抄探究报，内容由学生自主选择编辑，排版也由学生自由发挥，要求图文并茂。可以抄上自己写的这篇文章，也可以摘抄他人文章。有鲁迅图书介绍，也有鲁迅文章评点，等等。整整一个星期的探究活动，最终形成了一张张报纸作品，然后在社团活动室集中展示。编辑好一份报纸是学生综合能力的体现，报纸作品的完成与展示，凝聚着学生研究鲁迅的心得与感受，也使学生书写、编辑、排版、美工等方面能力得到锻炼。

四、自身资源

以学生的情感体验、交际范围、追寻理想等为活动主题开发学生写作资源，如读书感受、人生体验、人生设想等。

【案例】　热点辩论

一、主题活动

活动主题：辩论：90后学生理想缺失吗？

正方观点：90后学生理想扎根现实，像腾飞的雄鹰。

反方观点：90后学生理想缺失，如断线的风筝。

活动目的：讨论社会热点，发表个人观点，在思维的交锋中促进对“理想”的深刻认识，帮助规划人生目标。

活动过程：

正反方代表各5位辩手，推选5名语文小组长担任评委。提前一周准备各自材料。

1.主持人开场白：每个人都有自己的理想。随着年龄的增长，我们的理想不断变化。然而，如今，有人指出90后无大理想，缺少精神追求。请看来自网上的两份材料：

（主持人读材料，内容略。）

材料一：《警惕“90后”学生出现理想缺失现象》

材料二：《90后发言：我们这样理解我们的“理想”》

作为议论焦点的90后的我们，如何看待这个问题？下面有请正反方辩手正式进行辩论。（约5分钟）

2.60秒亮相。请正反方一辩、二辩、三辩各进行限时60秒的简短发言，阐明自己的观点。如：“我是正方一辩×××，我认为……”（约6分钟）

3.自由辩论。正反方辩手自由展开辩论，反驳对方观点，每人限时50秒。（约9分钟）

4.总结陈词。正反方主辩手总结本方观点，各自限时90秒。（约3分钟）

5.观众发言。随机挑选观众简述自己的看法。（约3分钟）

6.评委点评。评出正反方最佳辩手各1名。（约5分钟）

7.主持人总结。结束语由主持人自备。(约2分钟)

二、书写理想

1.文题展示。

通过刚才的主题辩论会，以“我的理想翅膀”为话题，自拟题目，文体不限，立意自定，写一篇不少于600字的文章。

2.列写提纲。

提纲可分两个部分：内容、技法。本题重点在“理想翅膀”，写的是自己的理想，注意这个限定“我”。

学生列好提纲后，说提纲，同学互评，教师适时引导，补充完善。

(注：本案例系十年前所记录。现保存原貌，不作改动。)

【启示】 辩论不仅提高学生的口头表达能力，还让全体同学提升了辩证地看问题和明辨是非的能力。辩论让学生的写作思路开阔，让学生的写作思维得到很好培养，让学生的思想更加敏锐。我们的语文教育就是要培养有道德、有思想、有修养的文化人。

五、作文资源

通过对主题佳作或病文升格评改示例为活动主题开发学生写作资源。这是主题活动作文教学的一种特殊活动形式。

请看新课标“学段目标和内容”之“第四学段”关于“习作”：

7.根据表达的需要，借助语感和语文常识，修改自己的作文，做到文从字顺。能与他人交流写作心得，互相评改作文，以分享感受，沟通见解。

8.作文每学年一般不少于14次，其他练笔不少于1万字，45分钟能完成不少于500字的习作。

再看“评价建议”：

3.关于写作的评价。

…………

重视对作文修改的评价。要考察学生对作文内容、文字表达的修改，也要关注学生修改作文的态度、过程和方法。要引导学生通过自改和互改，取长补短，促进相互了解和合作，共同提高写作水平。

我认为，这是新课标对写作要求上的最光辉的地方。因为它不仅秉承叶圣陶等教育家的先进理念，还吸收了西方的写作理念，真正体现了重视学生主体作用，也充满了高度的人文关怀。作文批改是众多语文教师最头疼的问题。有了新课标这一条，我们为啥还要自己批改作文呢？我第一次拿到语文课本，我就想着，如何让自己从繁重的作文批改中解脱出来。魏书生说，他执教30年，没改过一篇作文，因为作文都是学生自己改的。我运用魏老师的办法，用了三年，没有起色，反复调查、讨论，原来，魏老师的方法只适合他的学生，他是高人啊，对于他的方案，我的学生感到高深莫测。于是，我就自己制定了一套作文评改的流程方案。师生共同制定建议，遵循“评改项目—圈点批注—填表点评—写写后札”这样的流程，没想到，三次就见效。

【案例】　　“烦恼”主题活动作文教学设计

【学习目标】

1.学生通过“烦恼”主题佳作评改活动，掌握习作评改的方法，调动自己的生活体验和情感体验，有效地整合“烦恼”主题的写作资源。

2.学生在习作评改中让学生悟得“烦恼”主题作文该“写什么”和“怎么写”。

【学习重难点】　在评改中引导学生写作，促进作文自然生成。

【课时安排】　一课时

【教学过程】

由一则关于“烦恼”的故事导入，引导学生畅谈自己的“烦恼”，进而考虑如何写好自己的“烦恼”，由此进入对“烦恼”主题佳作《长高的苦恼》的赏评。

一、评改活动

改中评。

1.评改步骤方法。

①明确评改项目。

②学会圈点批注。

③填表点评。

分两段：第一段从“写了什么”角度点评，第二段从“怎么写的”角度点评。

2.佳作评改演练。

“烦恼”主题佳作《长高的苦恼》评改。

屏显《长高的苦恼》

评中悟。

1.“烦恼”主题佳作《长高的苦恼》点评。

提示：从“写什么”和“怎么写”两个角度点评。

2.归纳写作“烦恼”主题作文的取材定位和表达方法。

教师点拨，学生归纳。

强调：植根生活，多角度取材及思维路径。心理、语言、动作等细节描写，比喻、排比、拟人、夸张等修辞手法，设置悬念、小中见大、巧用对比等技法。

二、书写“烦恼”

1.新题展示：

生活充满了快乐，却也充满了纠结。因为谁都有思绪纷乱，心情烦闷的时候。人的思绪、心情是不断变化的。纠结常常充斥着我们的生活，苦也纠结，乐也纠结。有人说，纠结就是困惑；有人说，纠结就是无奈；有人说，纠结就是矛盾；有人说，纠结就是六神无主；有人说，纠结就是不自在；有人说，我们在纠结中成长……

请以“**让我纠结的____**”为题，将题目补充完整，写一篇不少于600字的文章。

2.学生列写作提纲。提纲可分两个部分：写什么，怎么写。

【启示】 叶圣陶说，批改固教者之要务，然须进一步想，必使学生能自改其文，或文成而不须改，乃有济也。既然是作文评改活动，就应该让学生先掌握评改的方法，就要围绕“评改项目、圈点批注、填表点评、写写后札”来设计，让学生在评改中有具体的操作方法，让他们获得终身受益的东西。通过具体的佳作评改演练，真正学会自改互改方法，能自评互评。从“写什么”和“怎么写”两个角度，让学生点评作文，而学生的点评是依据作文中具体的例子，也就是通过圈点批注后得来的，旨在通过这样的设计，让学生经过由浅入深地探究，逐步领会这些方法，在点评中悟出取材方向和写法，从而在写作中会运用自己悟出的方法。这就是评中悟。本案例选择同龄人的佳作作为本堂课作文教学的文本，没有选择美文和名家名篇，是基于学生普遍的心理承受力来考虑的。因为同龄人的佳作很容易拉近学生与小作者之间的距离，从内容到写法，甚至到文字的运用，都会让学生感到贴近、亲切。他们会在潜移默化中认识到原来写出优秀作文就这么简单！名家名作，让他们感到有心理压力，感到高不可攀，甚至有畏惧感。

从上例中可以看出，主题活动作文教学的过程是简约的，只有两步：一是主题活动，二是活动后的命题与写作。二者构成了对学生整个写作过程的引导，这种引导因为主题活动这一载体而潜移默化，让学生在不知不觉中找到写作的源泉，打开写作思路。主题活动作文，它源于“活动课程”“活动教学”的理论，课堂上学生始终是教学的主体，是课堂的主人。作为一种作文教学的新理念，主题活动作文教学没有固定的模式，活动形式也是多种多样的。同时，不容忽略的是，主题活动后，必须引出写作命题和写作思维指导下打开学生写作思维的写作提纲这一课堂教学环节，必须是综合性主题活动和写作紧密结合，二者不可分割。二者的结合直接体现了主题活动的效果，直接体现了学生动笔成文的“文”的质量，因而直接体现了教师作文教学的效果。这体现了主题实践活动与作文教学整合的教育特色。

主题活动作文不仅仅具有先进的理念、优化的教学目标、简约的教学过程，它还紧扣学生生活，力求把写作的权力交给学生，表现如下：

第一，具有完善的训练系统。

“主题活动作文教学”的作文训练是目前有计划的、同步的、序列的系列训练。这里的“主题”的确定通常是和教材单元的主题同步的，每单元的技法既考虑教材中单元的文本技法，又考虑学生的认知规律，由浅入深、由易到难进行排列。七至九年级的六册语文书，35个单元，形成一定的序列。同时，不同版本的教材，其主题和技法排列不一样。这样的训练系统，实际上是主题活动作文教学的教材内容构架，作文教学内容的选择和确定则赋予学生选择的权力，既尊重了学生的主观需求，又考虑到学生写作能力发展的客观实际需要，它是全面的、科学的、完善的。

第二，具有充分的理论依据。

一是哲学依据。主题活动作文教学，它是一种作文教学方法，是活动式作文教学法。教学法是属于意识的范畴，主题活动作文教学，就是通过课堂教学实践，在有限的时间内，调动学生的感官，让学生产生联想，还原生活，联系生活的对象、自我，改变原有的思维方式，感受、体验生活，找到写作之源。根据事物普遍联系的原理，主题活动的内容和形式都跟学生的写作密切相关，是为学生的写作服务的。根据事物发展变化的原理，对充满发展写作潜力的学生，我们必须坚持用发展的观点去观察他们，弄清他们各自在其发展过程中所处的阶段，分析他们的思想、行为，走进他们心灵中去，帮助他们挖掘自身潜在的写作素材，提升各自的写作能力。根据个别与一般、特殊与普遍的辩证关系原理，对于处在不同发展阶段而写作水平呈现差异的学生，必须具体情况具体对待，通过主题活动作为教学手段，实施针对性引导，充分调动每个学生思维触角，让他们各自产生联想，使之获得充分发展。

二是教育心理学依据。维果斯基提出“儿童最近发展区”理论，说明儿童发展的可能性。主题活动作文教学正是“活动”创造着写作的最近发展区。活动课程是从儿童的兴趣和需要出发，以儿童的经验为基础，由各种不同形式的一系列活动组成的课程。活动课程的特点是：强调学生的自主性和主动性，强调通过学生自己的实践活动获得直接经验，强调训练学生的综合能力及个性养成。主题活动作文教学，正是通过综合性活动的形式，培养学生创造力，通过活动的启发式，激发学生写作欲望，调动其写作的积极性和主动性，从而发展学生的有意想象、无意想象、再造想象、创造想象等。

三是教学论依据。“主题活动作文教学”落实了直接经验和间接经验相结合的原则，落实了教师主导作用与学生主动性相结合的教学原则，落实了听、说、读、写、思全面训练的原则，落实了语言训练和思维训练相结合的教学原则，落实了课内外结合的教学原则。

第三，具有一定的创新价值。

国内外关于活动课程和活动作文教学实验的显著成果，为我们“主题活动作文教学”提供了宝贵经验。主题活动作文，注重学生的实际生活和情感体验，具有真实、简捷、开放、有趣的特点。目前，很少有“主题活动作文教学”的研究文章，对主题活动作文缺乏系统全面的研讨和科学的实验。它的创新价值在于它有“主题”且与教材的主题同步，在于它训练技法的有序，在于它全面、系统、简约，在于它训练系统依据了学生认知规律和学生作文成长的规律，在于它促进了学生写作思维的发展，在于它让作文生长在生活的土壤里，在于它把写作的权力交给学生。

主题活动作文教学中，以下问题有待进一步探索和研究：

1.如何让主题活动在有趣的基础上更好地激发学生的写作兴奋点？

2.如何让活动后的作文引导形式多样化？

3.依据各班级学生特点和存在的问题来确定活动主题，如何让非课本单元的个性活动主题从七到九年级形成序列？

4.由于主题活动作文是在有限的课堂范围内展开的，课堂作文的特点决定了学生不可能在绝对自由状态下作文，也不可能完全得到作文的权力。如何让学生在完全轻松的状态下写作，还需进一步努力。

由此可以看出：主题活动作文教学重在解决学生作文时最头疼的问题“写什么”和“怎么写”。“写什么”和“怎么写”是作文的原点问题，主题活动作文正是立足于作文教学的原点来解决作文教学的现状。

于是，我们懂得：作文只有植根于生活的土壤里，才能写出健康的话语，才能绽放文化的光芒。

于是，我们懂得：作文是教会学生摹写生活的能力，也是一种教育，一种真正的人的教育。

于是，我们懂得：养育作文，主题活动作文教学也是一个好的尝试。

以上是主题活动作文教学的实践与思考，是我主持安徽省课题“主题活动作文教学的理论与实践研究”课题的研究成果。

第五节　技巧中养育：雾里看花有诀窍

一篇作文如何从内容上打动人，写法上吸引人呢？这就要求作文要贴近现实生活，作者要有做人的素养，要有丰厚的语言积累，要有新颖别样的写法。换句话说，有厚重文化底蕴的文章才能算得上是好文章。笔者积多年作文指导成功的经验发现：积累、立意、选材、构思、语言、创新是作文的重要环节，每一环节都得讲科学的技法，掌握了这些技法就掌握了作文的窍门。

一、只为“活水”求“源头”

“集腋成裘，聚沙成塔”，“熟读唐诗三百首，不会作诗也会吟”，“积学以储宝”，“厚积而薄发”，讲的都是积累的重要性。我们的同学文章写不好，恐怕不能怨别人，只怨自己平时积累少。写作时没有“源头”哪来“活水”？同学们不妨用以下方式为“活水”求“源头”。

第一，背诵。中、高考试题中默写的分值不减反增，体现了背诵作为积累的重要性。背诵课本中要求背诵的篇章，这是起码的要求。还要增加课外古诗词、古文以及少量现代文精彩句段的背诵。它们语言简洁、构思精巧、情感丰厚，使学生得到熏陶。

第二，精读和博览。精读是积累作品中“应该怎么写”的经验，作为自己写作的借鉴。宋代朱熹说，大抵读书，须先熟读，使其言皆若出于吾之口，继以精思，任其意皆若出于吾之心，然后可以省得尔。博览就是多看。读书的面要宽泛，可以略观大意。

第三，勤做摘录、剪报，勤做卡片。阅读到的有价值的材料应摘录下来，摘录其要点以及优美的语言，或者直接剪接下来。根据阅读内容分门别类整理，做成卡片。

第四，增加生活积累。毕竟，学生生活阅历浅，因此要走进社会生活，亲近大自然。要善于从各种媒体中提取有价值的信息，特别是从电视里吸取新鲜而有价值的资料，建议看电视时，勤动笔，把看到的用恰当的语言记下来，可以是灵光一闪的某个观点，可以是一段精彩的话语，可以是某个动人的故事。利用假日走向校外，去厂矿、商场，走进集贸市场，调查当地资源情况，搜集当地民歌，参加夏令营活动……走进大自然，游览山水和名胜古迹，亲近一山一水、一草一木，听风声、雨声、潺潺流水声、喧腾的瀑布声、鸟叫声……

第五，写也是一种积累。写本身就是在积累各种材料，积累观点，积累情感，积累写作经验，积累优美语言。把平时观察到的具体的人、具体的事、具体的景及时写下来。对于趣闻、轶事、美景可写得具体细腻，作为记叙类文章的素材。对某个问题有何新的看法，及时写下来，可写得概括简洁，为议论的文章服务。

我们积累了丰富的材料、情感、语言和写作经验，作文时就有了“活水”“源头”，就会下笔如有神。

二、意当存高远

立意就是确定主题。记叙文中，人们称之为“中心思想”；议论文中，人们称之为“基本观点”或“中心论点”；文学作品如小说、诗歌中，又称之为“主题”或“主旨”。

立意应准确。这是最起码的要求。若是话题作文，应使文章能切合话题或是与话题有一定关联。同时，主题应正确，不能出现认识上的错误。

立意应深刻。透过现象发现本质，从平凡生活中发现美，研究得深，琢磨得透，就会获得深刻的主题。对写“人”的文章，应着力挖掘人物的性格特点蕴含的社会意义。对写“事”的文章，应着力探求事件中显示诸多意义的最主要、最动人、最能反映现实的那一点。对于论说的文章，应抓住众多矛盾中的主要矛盾。对于散文，应抒写个人独特体会后蕴含哲理性的东西，以及引人共鸣的情感。如以“**路**”为话题的作文，可通过几种不同道路的演变来反映一个地方的巨变，也可写自己或他人不断开拓、锐意进取的人生之路。这样的立意，让阅卷者看到某地或某人奋勇跋涉的足迹，听到了那一往无前的脚步声，可谓小中见大，见微知著。

立意应新颖。见人所未见，发人所未发，写出“人人心中皆有，人人笔下俱无”的意思。韩愈说，惟陈言之务去。文章最讲求新了，有新意、新材料、新角度，为上品。主题新颖，应注意选择主题的角度。“横看成岭侧成峰，远近高低各不同。”同一事物，从不同角度分析，会呈现不同意义。“常写常新”就是这个道理。如有考生在写以“**合作**”为话题的作文时，写他的一个邻居，是某部门的负责人，平时这位领导家人来人往，觥筹交错，十分热闹，特别是这位领导和他手下财务人员特别热乎，旁人看来，他们煞是愉快。但一段时间后，这位领导家冷落了，原来他和他的财务人员“合作”挪用公款，最后两人都“合作”进了班房。最后，考生写道：这样的“合作”，还是越少越好，因为它带来的是人生的悲剧和社会的耻笑。这种反向立意，为文章增添了亮色。

立意要集中。主题须单一、明确，文章须围绕一个中心加以生发。一文一意，主题是统帅，文章的一切都围绕中心，不必四面出击，不必面面俱到。

立意要有时代感。白居易说，文章合为时而著。作文应扣住时代脉搏，国家大事、热点话题都是应该关注的。如西部开发、国民经济稳定健康发展、环境保护、农民工权益保护、食品质量安全、安全生产、教育改革等，若作文能联系这些现实热点，自然有时代气息。

最后，介绍一种提炼主题的方法：先从话题的提示语中多方面、多角度提炼多个主题，再从自己掌握的材料中找出那些能充分体现某一主题的材料，最终找到所掌握的材料与这一主题的契合点而确定所写主题。

三、如何精选材料

我们积累的材料，无论多少，写作时并不是所有的都有用，需要加以选择。鲁迅说，选材要严，开掘要深，不可将一点琐屑的没有意思的事故，便填成一篇，以创作丰富自乐。一个“严”字道出了我们选材应有的态度。

一般来说，选材有以下几个原则：

第一，围绕主题选材。根据文章主题需要决定材料取舍，只有那些充分体现中心思想的、表现作者思想感情的人和事，能够充分证明作者主张的道理、事实论据，才是应留的。选材用事要“蓄意”，要蓄着主题需要的东西。

第二，选择典型材料。能否表现主题，不在材料的多少，而在材料是否典型。典型材料，就是能够深刻揭示事物本质、具有广泛代表性的材料。魏巍写《谁是最可爱的人》，有二十多个自认为生动的例子，最后只选择了三个，从不同方面、不同角度表现志愿军本质：松骨峰战斗，表现对敌人的恨和革命英雄主义精神；火中救小孩，表现对朝鲜人民的爱和崇高的国际主义精神；一番谈话，表现宽广的胸怀和高度爱国主义精神。魏巍总结说："事实告诉我，用最能代表一般的典型例子来说明本质的东西，给人的印象是清楚明白的，也会是突出。"

第三，选择真实、准确的材料。真实，一是说确有其人其事，二是说不是偶然的片面的，而是客观事物本质的反映，如小说、戏剧等文学作品中的人物、情节就是这种情况。如孔乙己并非实有其人，但他的所作所为代表的正是旧社会受封建思想毒害的知识分子。《雷雨》中人物和情节也并非实有，却是那个社会生活的一种符合规律的反映，因而也是真实的。准确，就是确凿无疑，可靠无误。记人，对人物形象刻画应准确。叙事，对各要素交代应准确。特别是消息、通讯类文章，更应准确。论说文中的论据应是确凿的，是能够证明中心论点的。

第四，选择新颖生动的材料。新颖的材料就是那些具有时代感和足以反映现实的材料，写出对某一问题的新看法，人们新的精神面貌，以及独特的体验。文章要有感染力，还必须选取那些生动的具体的材料，特别是记叙类文章里，材料越具体越能打动人，所以细节描写是众多作家煽情的好方式。鲁提辖三拳打镇关西，写得多么痛快淋漓！《背影》中父亲买橘子来回爬铁道的细节，不知让多少人产生了共鸣。

当然，选材应考虑自己掌握的素材情况，选自己熟悉的东西，如熟悉的人、事、景、物、理。这样，写人，则性格鲜明，栩栩如生，有血有肉，形象丰满；叙事，则能生动具体，细致感人，点面结合，跌宕起伏；说理，便中心明确，有理有据，深入透彻，令人信服。

材料选好了，内容便丰富充实起来，为写好文章打下了物质基础。

四、巧设波澜，尽水兴波

"文似看山不喜平。"文章要有起伏变化，否则会给人单调无味的感觉。叙事类文章应写出事件的波澜。如《范进中举》：范进向丈人借钱参加乡试被拒绝，但仍去参加乡试；乡试偏偏就中了，中后喜得发疯；丈人一巴掌打下去，他又清醒了。这样一波未平，一波又起，让人一口气非读完不可。抒情类文章应写出情感的波折。叙事的波澜和情感的波折有时相辅相成。如蒲松龄的《促织》：从情节上看，征虫—觅虫—卜虫—得虫—失虫—化虫—斗虫—献虫，波澜起伏；从情感上看，随着得虫、失虫又得虫而或喜或悲。这样情节和情感相辅相成，给人以美的享受。

要使文章起波澜，就应掌握一些起波澜的方法：

一是巧设悬念。设计悬念可以收到引人入胜效果，既出人意料，又在情理之中，使文章回环曲折。如《驿路梨花》：人们为露宿而发愁时，出现了一间神秘小屋。小屋主人是谁呢？是个悬念。直到结尾才知道，小屋是解放军盖的。为什么盖这间小屋呢？又是个悬念。这样“设悬—解悬—设悬”，环环相扣，紧扣读者的心。

二是设置巧合，铺陈误会。即为恰当地、集中地反映生活，增加文章的戏剧效果，将看似偶然的两件事或两个人的活动聚在一个“点”上。很多文学作品出现这种情况：主人公处于极度危险，差不多绝望时，突然有贵人相救，让人松了一口气，有了新的希望。中国古代章回体小说里，结尾常常有这种情况。误会是由人物之间误解而造成各种矛盾，往往会生出很多事情。如前面提到的《驿路梨花》，围绕小屋的主人，引出一串误会，绕了好大一个圈，才揭开谜底。好人对好人误会，让人揪心。严重的误会，往往是悲剧结局，让人遗憾悲伤。这种误会自然会同时掀起情节和情感的变化，这正是铺陈误会要达到的效果。

三是恰当运用抑扬手法。先抑后扬，或先扬后抑，给人强烈反差。对好人好事可采用先抑后扬，对坏人坏事可先扬后抑。马克·吐温的《竞选州长》就是采用先扬后抑。抑扬应注意分寸和暗示。如先抑后扬时，不能抑得过分，在抑时应有扬的暗示。如《荔枝蜜》和《阿长与〈山海经〉》就如此，令人印象深刻。

四是设置障碍，会用突转法。设置障碍是指在描述情境时，在表现人物动作过程中，写出阻碍人们摆脱不利处境、实现既定目标、达到预期目的事或物。障碍—克服—障碍，构成行文波澜，调动读者好奇心，引发读者的阅读兴趣。《水浒》里武松打虎一段运用的障碍法很典型。武松到酒店喝酒，连喝十八碗，那酒名叫“三碗不过冈”，十分厉害，武松喝了那么多酒，能打虎吗？一设障碍。武松打虎，用力过猛，哨棒在树上折断，拿什么打虎？二设障碍……通过设置障碍，故事一波三折，引人入胜。

突转法是准确而略带艺术夸张地表现人们在生活中遇到的各种突发性转折或自己思想认识和行为的突发性转变，常在结尾安排。文章安排一个出人意料、急转直下的结尾，成为全文情节发展中最精彩、最感人的地方。如《我的叔叔于勒》，在小说结尾部分，菲利普一家急切盼望的于勒竟变成穷水手，这完全出乎菲利普一家的意料，这突转也出乎读者的意料。由“盼”到“躲”这种大转弯，既在意料外，又在情理中。

总之，我们应写出事件的波澜，写出情感的波澜。在写作中，恰当地、综合地运用一些起波澜的方法，尺水兴波，让文章一波三折，平中见奇。

五、让语言锤炼出光彩

高尔基说，文学的第一要素是语言。孔子说，情欲信，辞欲巧。孔子又说，言之无文，行而不远。杜甫更有“为人性僻耽佳句，语不惊人死不休”的精神。贾岛“推敲”的故事也让人津津乐道。鲁迅在《答北斗杂志社问》中说：“写完后至少看两遍，竭力将可有可无的字、句、段删去，毫不可惜。”同学们平时作文时，往往出现错别字较多，用词不当，句子不通顺等现象，因此在平时训练中，应字斟句酌，锤炼语言。

一是不写错别字。字写得是否正确规范，反映了一个人文字素养水平如何。一篇作文，有了一些错别字，会给人留下很坏的印象，应重视起来。平时识字时多留意字的音、形、义，写作时遇到不会写的或有疑惑的字，不能想当然去写，应勤查字典。

二是用词要准确贴切，明白易懂，生动形象，富于感情色彩。如《鲁提辖拳打镇关西》中的“三拳”：第一拳“鼻子歪在半边”，第二拳“乌珠迸出”，第三拳“郑屠挺在地下”，“歪”“迸”“挺”十分形象地写出了郑屠由挣扎到死亡的过程。又如朱自清的《春》，通篇注意了平仄交替、双声叠韵等词语运用，读起来朗朗上口，富有音乐美。

三是有意识地使用修辞语句。适当用比喻、拟人、夸张、对比、排比、借代等，使文章语言形象化。如“有枚小硬币，从桌子上滚下来在地上叮叮当当地跳着舞”，就比“有枚小硬币落在地上”形象。

四是句子应规范、简明、连贯、得体。语句通顺是最基本要求。平时作文时，应对每句话进行推敲，看看是不是病句。简明就是简洁明白，言简意赅。连贯就是句与句之间意思相连，围绕一个中心。得体就是语句应注意对象和场合。另外，还要注意句式的不同变化。

五是形成自己独特的语言风格。在写作过程中，有意识地培养自己形成具有个性的语言风格，或朴实无华，或华美清丽，或幽默风趣，或机智隽永。长期训练积累而成的语言风格会使文章独具风采。当然，根据需要，会用、善用点题句、过渡句、首括句、映衬句，也会为文章增添不少光彩。

总之，锤炼语言应积累字、词、句，向课本学习，向媒体学习，向人民学习，从日常生活中吸取语言，广采花蜜，锲而不舍地积累，下笔时字斟句酌，文章的语言就会放出光彩。

六、作文如何创新

作文创新是近年来同学们努力的一个方向，高质量的作文必须有自己的个性，在某些方面有独到之处。同学们有必要了解一些有关作文创新尤其是想象作文和议论文的创新技法。

1.作文拟题、立意、选材、构思、语言、表达技巧等创新。

（1）标题创新。可引用古诗词语句作标题。如以“风”为话题，有人拟题为《**小楼昨夜又东风**》。标题适当运用修辞也可扣住人眼球。如以“**答案是丰富多彩的**”为话题，有人拟题为《**冷香飞上语文**》。这样的标题新奇，有文采，会给人耳目一新感觉。

（2）立意创新。从记叙类文章看，独特之感、独特之情就是个性，就是创新。从论述类文章看，以新认识、新观点、新角度探求事理本质，敢于质疑已有观点，并重新认识评价，就是创新。如“近墨者黑”，质疑“近墨者未必黑”，如东施效颦，人们往往批评东施，认为她盲目模仿，自不量力，但从另一角度看，东施有一颗爱美求美之心，应该肯定。

（3）选材创新。①从自己独特的经历中选取小事，以小见大。因为每个人经历不一样，这样的材料有个性。②联系现实，发挥想象，虚构现实生活中某个场景、事件，而此场景、事件能揭示较深的社会内涵。③故事新编。从老故事中演绎新故事，揭示新主题。④对话题的材料进行演绎。⑤关于论据的材料，少用那些所谓经典的材料，代之以新事例，最好是当代名人名言、典型事例，如从广播、电视、报纸杂志等媒体中积累的最新素材。

（4）结构创新。尽量打破传统的起、承、转、合以及三段论等模式，可采用小标题式，或片断画面式，或整幅画面式，与众不同，给人美感。

（5）表达技巧创断。这里的创新是指在表达技巧方面，某一表达技巧突出。如对比、烘托、渲染、以小见大、景中见情、情中见理等方面，有某一或某些方面让读者一下就能感知，十分明显。又如主体视角的创新，一般以人为视角来写，可换个视角，从动物、外星人等视角来写，如以“**成长**”为话题，就可以从小狗的视角来看待主人公的成长。还可以将一种思想观念人格化，如以“**诚信**”为话题，有人将“诚信”拟人化，述说它的遭遇，效果很好。

（6）语言创新。语言创新不是让我们生造字、词、句，而是在整篇文章中能体现自己独特的语言风格。某一独特语言风格能在文章里充分体现出来，并且有一致性，这样的文章会收到好的效果。

（7）文体创新。主要表现在大胆尝试各种文体，特别是运用各种文学文体和应用文体。扣住文体特点，写出自己的特色，会给读者留下良好的印象。

以上从多个方面谈了作文的创新。下面谈它的注意事项：

第一，不是说作文时一定应在以上几个方面都应创新，可以在某个方面或某些方面有所创新。

第二，关于立意的创新，不能认为偏颇的认识和错误的观点就是创新。创新，不是格调低下，不是不健康的情感。

第三，内容决定形式。采用什么样的语言风格、什么样的表达技巧、什么样的结构形式、什么样的文体，应由内容决定，形式应该和内容适应。脱离内容而进行自以为是的形式创新，不是真正的创新。

2.想象作文的写作技巧。

潘新和说，言语智慧的第一要素是想象力。言语生命的养护，首要的是想象力的养护。言语想象力的养护要重于语感的培养，或者说，真正的语感，其最重要的指标，不是文从字顺，而是言语想象力的活跃、丰富、奇崛和强劲。

想象是创新的前提和源泉。想象作文是同学们发挥想象力和创造力的重要而直接的形式。什么是想象作文呢？一般作文中只是某些语句或部分段落使用想象，不叫想象作文。如果全文都是在运用想象，或者主要部分运用了想象，这样的作文才叫“想象作文”。从文体上看，主要是记叙文；从文学样式看，可以是诗歌、小说或散文。想象作文具有巨大的自由，有无比广阔的思维空间，可以培养和孕育宝贵的创新精神。

请看下面语段：

> 看见那只蝴蝶了吗？她是一只非常美丽的小蝴蝶，柔柔的翅膀上有许多红的、黑的、淡黄色的花纹和斑点，就像童话里仙女的衣裳。她的舞姿是多么轻盈，多么迷人啊！她的身体散发出使人沉醉的浓郁香气，怪不得人们说：“美丽的小蝴蝶啊，你是一朵会飞的花！”

这段描写，运用比喻、拟人手法，由蝴蝶的“花纹和斑点”想到“仙女的衣裳”，由其体香想到蝴蝶“是一朵会飞的花”。这是联想想象赋予蝴蝶以仙女的灵性和花的美丽。

请看习作《悟空探亲记》里这一段：

> 大圣睁大他的金睛火眼，向四方望去。这一望真不得了，他大吃一

惊：只见四处的河川皆被污染，无论是河流，还是池塘，都成了污水、死水，水都变成了含有各种废料颜色的废水。水里也没有什么鱼，河岸上也没有什么树。

这里作者借神话人物孙悟空探亲所见，由现实社会中环境问题推想环境污染会给明天的地球带来污水、死水、没鱼、没树等灾难。这想象丰富而令人深思。

让我们回忆程海《三颗枸杞豆》里的精彩对话：

“太阳能捉住吗？”我天真地问道。

“能！能呀！我以前老是忘记了去捉它，让它在我头顶上溜走了几千次、上万次，我仍没有想到要捉住它！”

“太阳里有火，一定很烫手吧？”我说。

“是阿，有点烫手，还得费点力气，但把它一捉到手，就变了，变成一个圆圆的金盘子。里面放满了五彩的宝石。太阳的光芒都是从这些五彩的宝石上放射出来，所以才这么亮。”

这里由“太阳”想到“火”“金盘子”“五彩的宝石”“亮”，天真而富有诗意。同时，三叔的话揭示的是生命的意义，把太阳比作生命，指的是珍惜时间，生命就会变得有意义、有价值。作者通过由实到虚、由虚到实的想象，揭示文章的主题。

再看下面精彩的描写：

在梦中，我走进那片熟悉的草地——

我穿着一袭如水的长裙，长长的黑发飘成一条缓缓的河，手里还挽着一个洒满玫瑰花瓣的小竹篮，一缕氤氲的月光落在我的睫毛上，燃起草地上所有的七色花。

在梦中，作者想象自己走进了仙界。“穿着一袭如水的长裙”和“长长的黑发飘成一条缓缓的河”，手里还挽着洒满玫瑰花瓣的小竹篮，有月光、七色花。

请看下列片断：

韦舟惊奇地问：“你们的家在哪里呢？”白衣怪人说道：“我们是住在KM星系的人。我叫卡比。KM星系距地球30亿光年。”韦舟禁不住叫道：“30亿光年？等我到了你们星系，早老了！”那个外星人卡比咧开嘴笑了："别担心，我们的飞船速度可达光速的30亿倍，30亿光年对它来说，不过是短途旅行。"

这则科幻故事中通过"我"与外星人的对话，介绍了白衣怪人的身份、KM星系与地球的距离、飞船速度快，运用夸张的手法，想象大胆合理。

由此，我们可以归纳出想象作文的表达特点：或由此及彼去联想，或由今入昔去怀想，或由今入明去推想，或由虚入实去摹想，或由实入虚去幻想，或由醒入梦去梦想。

想象作文不仅要思路开阔，还要张弛适度，我们必须在这个范围内展示才情。因此，想象时要做到以下几点：

（1）合理。要有现实依据，又要切合具体情景。科幻类想象作文必须运用人类已掌握的科学知识，去探索科学奥秘。如坐上宇宙飞船去星际旅行，宇宙飞船是人类已经发明的事物。在动物世界中，大灰狼代表坏人，小羊、小兔代表好人。这类童话故事与现实生活中狼吃羊的现象是一致的，是合理的。

（2）丰富。要"展得开"。可以通过超越时空来打开思路，也可以寻找相似点来打开思路，还可以借助"神力"来打开思路，如神话故事、幻觉、梦幻等。

（3）集中。要有明确目的，围绕一个中心展开。立意要抓住核心材料和中心，选材要以主题为轴心，布局要择优选用，刻画应塑造鲜明人物性格，绘景要依据情节或人物需要筛选。

（4）美好。要对读者进行健康积极向上的教育。写科幻故事，要能振奋人们探索大自然的热情和信心；编童话故事，应能鼓舞人们热爱生活，追求和保卫美好事物；虚构寓言，要能启迪人们追求真、善、美，鞭挞假、恶、丑。

写想象作文，忌无凭无据地胡思乱想，忌无逻辑因果联系，忌无新奇内容，忌切入的角度过大，忌材料不熟悉。想象作文的文体，最好写成童话、神话、寓言、科幻文、诗歌、散文、小说或故事新编。一篇生动的想象作文，离不开奇特的夸张手法，离不开比喻、拟人等修辞手法的综合运用。

3.议论文的写作技巧。

（1）论点：选准角度，要正确、鲜明、集中、深刻、新颖。

论点是作者在文中表达的观点、看法或主张。如何确立论点呢？面对客观事物和事理，要拓宽思路，多角度审视，选定自己认识比较透彻、感受比较深刻的有针对性的角度。以话题“勇气”为例，我们可以这样确立论点：①从对象角度。一个民族要有勇气，要有勇于战胜困难的民族精神；一个企业要有勇气，敢于不断创新，加快企业改革的步伐；一个人要有勇气，具备战胜困难的良好心理素质。不同对象有不同的勇气要求。②从“是什么”角度。根据词典的解释：勇气指敢作敢为并毫不畏惧的气魄。也可以打比方，如：勇气像一座山峰，只要你肯攀登它，就能达到峰顶；勇气像一个气球，只要你肯吹足它，就会飞上蔚蓝的天空；等等。③从“为什么”角度。勇气是人们战胜学习、生活、工作等困难而必备的良好心理素质，勇气造就成功的辉煌。④从“怎么样”角度。敢于探索、发现、创造、实践……敢于战胜自己，学会放弃，做不敢做的事，不断超越自我，等等。

选定角度，深入思考，概括、升华、提炼具有普遍意义的论点。论点要正确、鲜明、集中、深刻、新颖。如果一篇议论文写得很精彩但观点不正确，就无法让人认可。“鲜明”就是赞成什么反对什么，不模棱两可。有些问题既要肯定又要否定，表述起来虽然麻烦但态度必须明确。“集中”就是一篇议论文只阐述清楚一个观点。一篇议论文可以有分论点，但分论点是从中心论点中分离出来的，从属于中心论点，几个分论点构成一个中心论点。如《论课桌可篆八大理由》就是用八个分论点来证明中心论点的。中心论点的提出，可以是文题，可以在开头，可以在中间，可以在结尾，也可以是读完文章后自己归纳。“深刻”就是观点有自己的所得，不人云亦云。如《一条黄金准则》，赞成“己所不欲，勿施于人”，这做到了观点正确，但说它是一条黄金准则，守住这条黄金准则，就会拥有更多，这就注入了自己的思考，这就是认识上的深刻。“新颖”就是独到的观点。人云亦云的见解没创造性，没新鲜感，读起来没可读性，不能吸引人。如“让节约成为时尚”就比“节约是一种美德”观点新颖。

（2）立意：找到支点，深刻独到。

议论文立意的创新，实际上就是观点的创新，也就是针对同一事物、同一现象、同一话题有自己独特的见解。怎样才能做到观点的创新呢?

寻找最佳思维支点。①发散求异，反弹琵琶。客观事物是复杂的，多层次、多侧面的，可从正面、反面、侧面、纵向、横向等不同角度。如陈景润的例子，我们可以得出成功是靠勤奋取得的，也可以从陈景润教书效果不好得出要“人尽其才”。②联想和想象。由一事物想到另一事物，对事物由一个角度想到另一个角度。如“节约是公民应有的美德”想到“节约是一种时尚或是一种时尚追求”，这就比较新颖。《爱莲说》中，由莲花想到被人百般贬损的淤泥，赞美淤泥默默无闻为莲花提供养分，就有新意。

从所选的角度挖掘出深刻、新颖的东西来，即新意，应跟上时代发展，体现社会主流价值判断，不能提出违背主流评判标准甚至错误的观点来。立意的创新应体现在对现实的指导性上，为解决一些人思想认识误区而服务的，或为别人提供解决问题的可能。如“中学生上网”这一话题，无论你是赞成，还是反对，最终要为解决问题服务。

（3）论据：有的放矢，充实有力。

论据是在议论文中支持论点的根据，分道理论据和事实论据两种。名人名言、古诗文佳句、科学原理、民谚、格言、警句、熟语等都是道理论据，也叫理论论据。事实论据可以取自我们自身的、身边的、历史的、文学的真人真事。事实论据要充分、典型、真实可靠，才有说服力。要学会运用正反论据。如“苦中作乐能造就人生辉煌”这一论点，就可以运用贝多芬用“苦难”铸成“欢乐”与后主刘禅“乐不思蜀”正反事例做论据。

如何尽快找到充足的论据呢？①将已有的事实论据从反向阐述，使一个论据变成两个论据。如爱迪生有了勇气，发明了电灯，假如他中途放弃，就不会成为伟大的发明家。②联想相似事例使论据丰富。如“勇气”这一话题，我们可以联想到诺贝尔研制炸药的勇气，“白衣天使”置生命不顾而抢救非典病人的勇气。③联想一个相反的事实，正反对比。如岳飞精忠报国，秦桧卖国求荣，文天祥舍生取义，汪精卫苟且偷生。又如改革开放则国家强盛，闭关自守则落后挨打。

（4）论证：多选方法，严密简洁。

论证就是运用论据证明论点的过程。常用的论证方法有例证法、引证法、喻证法、类比法等。同学最常用的是例证法，也就是摆事实，但要注意详略：重点的事例多写，非重点的略写。引证法就是讲道理，引用“道理论据”来证明论点，要注意针对性、简洁性、准确性。喻证法就是通过打比方使论点阐述得通俗易懂，活泼风趣。类比法是借某个类似的事物或事例，由此及彼去推理，达到阐发论点的目的。

除此之外，还可以运用以下方法：①对比论证。从正反方面去阐述道理，使文章的论证更加充实。②因果论证。对提出的问题，找出原因和结果。如“理解”这个观点，从原因看，是人与人沟通的前提、交往的基础；从结果看，有了理解，就多了一份和谐。③引用典型事例时，强调能说明论点突出中心的内容。如举出诺贝尔研制炸药这一典型论据时，突出他冒着危险、亲自引爆、不怕牺牲，强调实验条件有限更能突出他的毅力。④驳论中采用层进式、演绎式、归谬式等方法。多种论证方法综合运用，能使议论雄辩有力。

（5）语言：鲜明概括，妙趣横生。

议论文的语言跟其他文体语言应有明显不同。议论文是讲道理的，语言逻辑性较强，比较周密，用词必须准确、恰当，含糊的语气是不行的。同学们在日常写作中，最容易把议论文中的记叙和记叙文中的记叙等同起来，以致出现列举事实变成讲故事的现象，不知不觉偏离了议论文的轨迹。议论文列举事实证明论点，对事实进行适当概括，直接明确地将观点阐明，并且渗入主观感情和评价，富于概括性与评价性，而不是通过记叙去感染人。如《小议“出人意料与情理之中”》说：“霍金能够创造出令人炫目的成就，那是他夜以继日研究的结晶；牛顿能够发现震惊世界的万有引力定律，那是他苦思冥想、呕心沥血的回报；马克思能够发现剩余价值规律，那与他废寝忘食、勤勤恳恳的研究分不开的。”这段文字，列举事实，高度概括，并渗入自己的主观评价，以大家公认的事实来说道理，而不是用霍金、牛顿、马克思等人的事迹来感染人。又如王安石《伤仲永》有“其文理皆有可观者。邑人奇之，稍稍宾客其父，或以钱币乞之”数语，讲故事，具体生动，有感染力；在议论文中，我们可以概括为“以文才而名闻乡里”几个字，仅告知一个事实足矣。

恰当灵活地采用多种表达方法可以使议论文语言生动。如《调侃座位》，运用贬词褒用、移花接木等手法，运用比喻论证和引用论证，使枯燥的说理变得深入浅出、生动活泼。议论性散文可运用抒情性的优美文字，修辞手法富于变化。同学们将课本中议论文的语言与其他文体的语言多作比较，便会领悟当中的差别。

（6）读后感：有感而发，标新立异。

读后感是读书后的心得体会，或从书中悟出深刻的道理，或受书中内容启发而引起想象和联想，或因读书而激发决心，或因读书而引起对社会上某些丑恶现象进行抨击。写读后感应注意以下几点：

首先，有感而发。“读”是前提，一定先要精读原文。“感”是关键，要避免有“读”无“感”照抄原文。读后感中引用原文应简洁概括，要根据“感”的需要来写。“感”是由原文引起的，不能净说与原文无关甚至矛盾的话，要避免有“感”无“读”现象。“读”和“感”脱节，不是读后感。

其次，选准角度。一篇文章或一本书给人的教育启发往往是多方面的，但要抓住重点，选感受最深的那一点，可以是情感的共鸣，也可以是对某问题引发思考。从表达技巧方面写，则属于评论式读书笔记。

再次，读出新意。不少同学写读后感，常概括一下原文内容，做个简要分析，或表明自己赞同或反对的观点，就完了，这是不对的。读后感本身是一种议论文体，所以，应有自己的观点，摆事实、讲道理，充分论证，才是重点。

最后，明确结构。读后感通常按“引—议—联—结”这个结构，也就是引用或概括原文中你最受启迪的文字或观点，然后联系自己，联系现实生活实际，谈自己的想法，最后归纳自己的观点。脱离原文，另起话题，就不是读后感了。

（7）驳论：对准靶子，驳出精彩。

驳论文是以反驳为主的议论文，即在驳倒某种错误观点的基础上，树立自己的正确论点，也就是“先破后立”。多写驳论文能使我们面对复杂的社会现象进行深入思考。方法通常是驳论点、驳论据和驳论证。应注意以下几点：

①树靶子。要打的靶子，就是批驳的观点。把对方的错误观点亮出来，才有目标可打。在开头或题目中就提出靶子。

②打靶子。直接驳对方观点的错误，也可驳对方论证过程不严密，或推理错误，或论证不当。可指出对方论据存在的问题。可选其中一点或几点来批驳。还有一种常用方法——归谬法，即承认对方观点正确，得出荒谬结论，从而证明其观点错误。

③分析对方观点危害。既然是错误的，自然有危害。危害性越强，越让人觉得观点错误，越应批驳。

④提出自己的观点，并证明自己的观点正确，别人的观点不对。

⑤注意驳论时语言的运用。驳论文也是议论文，是讲道理的，是以理服人，所以我们在批驳对方观点时，不能意气用事，不能火气很大，不能进行人身攻击。应针对不同对象，选择不同感情色彩的语言。若是敌人，当然针锋相对，毫不留情；若是同志，观点不同，应委婉含蓄，讲话有分寸。

（8）评论：抓住本质，张弛有度。

评论就是以议论说理为手段，对社会生活中的现象、问题进行评判和议论。在现实生活中，评论被广泛应用，如时事评论、思想评论、经济评论、文学评论等。

评论有以下特点：首先，要态度明确，针对性强。评论要有对象，选择评论题目，确定评论论点。什么是对的，什么是错的，一定要明确指出。提倡什么，反对什么，要明确。其次，有概括性和逻辑性。被评论的事物应有典型意义，对我们的学习生活应有指导意义。论证严密，能够将道理说透。

写评论，应注意：

①观点明确，有的放矢。敢于提出自己看法，不要人云亦云。要对生活中发生的事，进行深入思考。

②抓住本质，以小见大。要养成关注社会生活的习惯，养成自己能提出问题的习惯。如同学们节假日经常补课，很多学生喜欢上网，等等，对这些司空见惯的现象，如果我们关注、思考，会发现很多问题，从而进行分析，找出问题存在的根本原因，并提出解决的方法。

③张弛有度，注意技巧。议论文的一些写作技巧同样适用于评论。我们要一分为二地看问题，要唯物地、辩证地去看待问题，防止罗列对象，缺乏推理，认识片面，防止绝对性、极端化。

以上谈了养育作文的一些技巧。其实，对一些大的常见的类话题写作，也是有一定的养育技巧的。下面重点谈器物、家庭、情感三类话题的养育技巧。

第六节　方法中养育：拨开云雾见青天

一、器物类话题：深挖掘，巧寓意

1.审好器物的特点和内涵。

器物是多种用具的统称，如木器、瓷器、电器等。这类话题是以用具为对象的，审题时就要先弄清用具的起源、种类、式样、功用，再审清器物的内涵。如人文内涵，此器物被赋予哪些人文情感。社会内涵，即该器物的特点让人联想到哪些社会生活本质。找到器物特点和内涵的相同点、相似点，本质上相通之处，就能化有形为无形。如：门是进出房间的通道，有正门、前门、歪门、后门。其人文内涵：一扇小小的门蕴藏无数的故事，蕴含着无数哲理，牵系无数情思！其社会内涵：一段时间里，我们周围“前门”“正门”都关着，有的还加上铁锁，“后门”“歪门”却开着。

2.找准契合点，巧托寓意。

在审清器物的特点和内涵后，找准“物”与“意”之间的契合点，巧托寓意，写好这类话题就不难了。

“意”是作者对生活的体验和思考所得的感悟。如以“门”为话题的作文，可借门的变化批评贪官，颂扬好官。同学们要树立正确的世界观，热爱生活，感受生活，陶冶自己的情操，随时记录下对生活的感悟体验，说自己愿说的话，写作时就能从现实生活中寻找歌颂美好向上的“意”。如何体现“意”呢？这就要通过对“物”的描写刻画来体现（这里的物是器物），要选准寓意的“物”，“物”反映出的特点同“意”吻合，两者相通就可以托“物”了。如《会变魔术的门》一文中，“正门”为百姓而开，“后门”系贪欲所开，同小作者歌颂好官、批评贪官的“意”一致，小作者就托“会变魔术的门”来寓意。

托物寓意可有多种表现。如：

①以器物喻人。平时善于接受和积累器物的暗示，并能将人与器物的内在品质沟通。如以“帽子”为话题，可借“帽子”的防晒、防雨等功能来比喻人的正义与奉献的品质。

②借物抒情。以器物为抒情言志的载体。以“门”为话题，可借青蛙走出门看到新奇的景象，展示儿童闯世界的心愿。

③借物写实。即以器物为视角，叙写实实在在的人和事，使主题的演绎具有人情味。如以“窗”为话题，可借小窗倾诉风吹雨打之苦。以“门”为话题，可借班级的门控诉课下被同学们拳打脚踢的不平。

④托物寓理。一位同学在以“帽子”为话题的作文中写道：“为了找到那顶真正的快乐之帽，就要珍惜年轻的时光。快乐的生活，就像那顶快乐之帽一样，是唯一能够穿越生死的真正的快乐之巅。”用富有哲理的语言告诉人们：真正的快乐是珍惜青春时光。物理相谐，联想自然，蕴含深刻。

⑤由物写虚。即通过器物来产生丰富联想，如以“门”为话题，由“门”联想到用“换门”隐喻教育思想的改变，由“敲门难”联想到人们沟通不易这一社会问题。

3.值得重视的表现技巧。

①以器物为线索。无论是以哪种器物为话题，都应以该器物为线索贯穿全文，叙述一件事，写一则童话，写器物的自述，谈自己对该器物的社会内涵的看法，等等。

②运用象征手法。象征是把意义寄托在描写的器物上。其作用有二：一是把作者要说而不愿直说的话托意于物，以增强文章的表现力；二是帮助作者把想说而又不能说的话巧妙地告诉读者。

③运用抑扬手法。适时运用抑扬手法来突出表现“物”，紧要处，笔锋一转，情感随之转化，进而体现作者的“意”。

④恰当运用联想。由器物的特点、内涵联想到相似器物的特点、内涵，

再联想到社会中的人、物、事。联想要从器物的特点出发，服从寓意。

二、家庭类话题：捕捉细节，立体求新

1.审好范围和限制。

家庭生活是同学们最熟悉的，同学们感到好写，但也要审好范围和限制。如以“家”为话题，写着写着，有可能写成父母在外打工或自己在学校内的所见所闻，就跑题了。因此，这类话题所写的人、事、景、物，必须是家庭内的，所抒的情必须是亲情，家庭内的欢乐、悲伤、幸福和不幸都是此类话题表现的内容，家庭成员之间的无限亲情是应着力抒发的永恒情感，发生在家庭里的风波、趣事，都值得去写。

2.捕捉亲情细节，感悟人生哲理。

“不经历风雨，怎么见彩虹。”从一个个平凡的家庭故事中捕捉亲情细节，容易引起读者情感的共鸣。选材上应从平凡的生活事例中选择典型的事或物。典型未必重大，只要是能够体现出亲情之间的某种情结，充分表达思想感情的事或物就是典型。叙事载情或托物寄情，以事来烘托或由物而勾起情。朱自清的《背影》就是叙事载情的典型例子。亲情的可贵之处就是“真”和“朴实”，越真越感人，越朴实越亲切，所以在写作时要选择“真事”。为达到“真实再现”，要特别注意事件中的细节描写。家庭生活的细节，容易使文章充满生活气息，更切合家庭的环境气氛。

写此类话题文章，应以“情”“感”“悟”取胜。睁大眼睛，用最得体的方式见证家庭生活，切入家庭生活，思考家庭生活。以真情感人，以实感启人，以顿悟醒人。如莫怀戚的《散步》感慨：仿佛我背上的和她背上的加起来就是整个世界；冯骥才的《珍珠鸟》悟出：信赖往往创造出美好的境界。

3.立体求新写华章。

这类文章写出新意，不容易。行文有波澜，能出新。把家庭生活中的酸甜苦辣写进作文，情节自然就有了波澜。从多视角来写家庭中的人、事、情，也能出新。如汪曾祺的《多年父子成兄弟》就是从平等、民主、尊重的角度写父子之情。可用反常视角来写。如以“**家庭给我的爱**”为话题，有位同学从“残缺的家庭”写出了爱和温暖。也可以易位思考，变换角度来写，如以儿子变成爸爸的角度来写。这类话题我们可运用求异思维、多向思维方式，反向、侧向、多向思考问题，挖掘平常家庭生活中蕴含的深层内容，从而抒写独特感悟。结构上可以运用片断组合、分列标题、镜头组合等方式。比较适合的文体是记叙文、散文，还可运用小说、童话、剧本等等。

4.注意事项。

特别强调的是，写这类文章应该做到：

（1）选材应以小见大，平凡中见新奇。

（2）注意各类文体的特点和技巧。如记叙文应注意细节和情节，特别是这类话题的记叙文一定要以平凡的细节来打动人。

（3）叙平凡小事，但行文一定要有波澜。

（4）语言要自然真切，饱含情感。个性化语言的运用可增加文章的幽默感。如《我儿子一家》中“妈妈回家喜滋滋地发布新闻，爸爸妈妈一听面面相觑”，明明只是说一件小事，却要说“发布新闻”，大词小用，有幽默感。

三、情感类话题：寻找动情点，表达奇中求

1.审题要准确无误。

人类是最富有情感的，情感是人人都经历过、体验过的。写这类话题，审题时应注意：

①研读提示语，把握要求。提示语为写作提供方向。要抓住材料中关键语句，弄清命题者的要求和导向，弄清哪些内容是在话题范围之内，哪些内容超出了话题。如以“**美景**”为话题的提示语中，“请结合你的生活实际”就隐含了两点要求：一主体是自己，文章应以第一人称写；二所写内容必须是自己亲历的，不要想象。“选择感受最深的某个方面”则告诉我们不仅仅要记叙，还应有真切的感受。

②审清情感的细微区别。可采用找话题近义词的方法，确定好写作范围。如以“**失望**”为话题，不能写成“失意”；以“**感动**”为话题，不能写成“感谢”。

③审好自拟的题目。看自拟的题目与话题有没有内在联系，可采用“话题入题命题”方式来拟题。如以“**美景**”为话题的作文，可拟为《记忆中的美景》。

2.寻找最佳动情点。

①有真情实感，要真实可信。只有真情，才能打动人。白居易说过“感人心者，莫先乎情”。“为赋新词强说愁”，不可能打动读者的心灵。其实，写情感类话题作文，紧紧抓住生活，只要是真正打动过你心的，或是令你深有感触的，用适当的文字加以表述，就能写出真情。可采取第一人称，记叙有较强情感内涵、反映较深主题的经历。可根据话题的要求进行虚构，编述合情合理的动人故事。还可让不同身份的人从不同的视角切入，让话题充分聚

焦。如老师、父母、儿子对“爱”的不同看法，采用分列标题来写，从不同角度诠释“爱”的含义。可以写回忆，可以写畅想。可以通过写人、写事、写物来写情，可以从学校、家庭、社会中寻找动情点，可以写亲情、友情、邻里情、师生情、家乡情等。

③于细微处见真情。要让人物在细小的举止动作中展示情感。一位同学以“美景”为话题而写的文章《愧》，通过老奶奶经常打电话提醒孩子注意身体，时时想着后辈，连子女的电话费也想到了，就是以小的细节来突出爱的博大。

3.新奇中求表达。

此类话题本身蕴涵着深沉浓厚的感情色彩，基本以写散文和记叙文为宜，融记叙、描写、抒情、议论为一体。记叙是基础，有了那样的人和事，才有了你的感动，形成较为自然的抒情，并进而有较为深入的思考和理解，产生对生活和生命的感悟，出现点睛之笔。可以采用正题反作、大题小作等，在立意上创新奇；通过巧置悬念，引出误会、巧合、发现、陡转，在构思上新奇；采用日记、随笔、小小说、童话、寓言等形式，在体裁上创新。特别强调的是，可以运用象征、对比、拟人等来增强文章的感染力。

综上所述，写好话题，是有方法可寻的。掌握好的写法，是养育作文的一个方面。

第七节　札记中养育：常写“两札”能够打造美文

我们的学生徜徉在书的海洋中，他们常被书中体现的某种思想或情感所启迪，他们常为书中的清词丽句而拍案叫绝……他们把所感所悟写下来，把喜欢的文字摘抄下来，就是在写读后札。学生的习作经老师或同学评议后，有了自己的新体会，把从内容到形式的反思用札记的形式写在文后，这就是在写写后札。常写“两札”，能起到打造美文的实效。

一、写读后札

1.提升思想境界，提高写作能力。

“读一本好书，就是同许多高尚的人谈话。”任何一部优秀的作品都会引起读者心灵上的震撼，净化着读者的思想。读者往往会情不自禁将自己摆进文中，或与文中人物对照，进行反省，或深受启发，联系实际进行深刻的思考。这种读后札，可不断提升思想。

摘录文中的古今诗句、精彩描写、哲理故事等等，对积累写作素材有帮助。看完一篇文章或一本书，对某一观点、事件、情节进行归纳和分析，用自己的话把要点写出来，既可备忘、备查，又可训练学生们的概括能力。

2.增强思辨力，善于发现美。

对文章或作品中某一问题深入思考后，学生能有自己的心得。或旁征博引，辩证考订，或引申阐发，借题发挥。这是创造性札记，能增强学生的思辨能力。这类札记要求读者对所读的文字有自己的个性诠释，读出自己，读出见解，读出精彩。

读了一篇文章或一部作品后，对当中的人和事进行评论。这种札记能让我们明晰什么是美、什么是丑，敢于体悟美的生活、美的世界，培养善于发现美的能力。

二、写写后札

写后札的内容一般包括五个方面：①你对文章立意、选材、构思方面的心得体会；②你对语言表达、写作技巧方面的心得体会；③对文章最突出的问题，你有什么高招；④你对评改人的点滴看法；⑤你最想同老师说的几句话。

我曾经教过的一个班，学生对写写后札无从下手，当教师将写后札的内容具体化后，学生写写后札就有话可说了。经过一学期的实践后，学生写写后札的水平大大提高，写作水平也明显进步。究其原因，表现在以下三个方面：

1.写后札是学生对习作的立体反思，是写中悟、改中悟的样本。

通过自改或互改后，学生对习作实现从内容到形式的全方位反思，重点反思的是你这篇文章是否做到了立意深、选材真、构思新、语言顺，是否运用了综合知识、综合技巧等，本次习作最突出的优缺点是什么，哪些是你感到最满意的和不满意的地方，互改、自改前后有什么不同。比如说，平时你选大家熟知的、普遍的材料，这次你选了真实的、典型的材料，而且以小见大；平时你的作文开头用了平铺直叙式，这次你运用了描写式。这些都是区别于老一套的写法，就是创新。每次习作都这样认真总结，有新体会，每次习作前都能想着不同的写法，就是在感悟创新。这就是在打造美文。

通过写写后札，将自己反思后存在的问题用书面形式记录在作文后并提出设想，下次写作前温习一下上次的败笔，能起到警醒的作用。每篇习作改正一个毛病，十篇习作后，你的作文水平就有了较大的提高。写写后札还能将老师对习作指导的内容深入化。例如，老师在习作前指导时强调：话题是谈话的中心、谈话的内容、谈话的由头；话题作文是围绕话题所给的内容进行选材、组材。因此话题不是文题，也不是中心思想，确定什么样的中心思想由自己定。可学生写着写着就把话题当成了中心思想。经过互改和老师点评后，他恍然大悟，原来他忽视了这一点，他在写写后札中记下了它，并且在下次作文中学会了如何立意，这就是不小的进步。有同学说："写写后札让我真正体会到写法的重要，知道自己作文的毛病在哪里，明确每次习作后努力的方向。"

2.写后札是习作的再创造。

写后札的内容决定它是习作再创造的特点。

写后札是写作心得体会，是经验总结。同时，对存在的问题，提出解决办法，或提出设想，这是对原文的自我修改，也是对原文的再创造。它可以为下次习作提供成功的范例。它实际上是把打造美文的做法一点一滴地用书面形式记录下来。

写后札本身就是一篇优美的短文。根据学生对习作写后感悟、改后感悟的程度以及语言表达的水平，教师可专门对写后札打分并讲评。既然把写后札当作一篇短文来写，我们完全可以按作文的标准来衡量它。因此写后札可以看做是习作的附文，是学生作文不可缺少的部分。

3.写后札体现了人文精神。

写后札要求写出习作者对评改人的看法和想同老师说的话，这是用书面的形式写出自己的真实想法，易于表达真情实感，有利于同学之间、师生之间进一步沟通和共同提高，充分体现了人文精神。写后札中出现许多充满人情味的语言："评改人真是我的好姐姐，她不仅对我的习作进行详细的圈点批注，还下了让我满意的评语。""小评改人真是太仗义了，对我的作文评价那么高，多么像《羚羊木雕》中的万芳啊！""我很佩服我的评改人，她对我习作中的每个字、每句话都很看重，可她老是写错别字。"……瞧，同学之间多有感情！"老师，您的指导，让我觉得文章有话可写，您真是妙手回春，给我的知识又涂上了一层色彩，我崇拜您。""我发现我现在能在规定的时间里完成较满意的文章，这个功劳全归功于老师您啊！""您用简单的几个问号就打开了我的写作思路，老师，再多的话也表达不了我对您的感谢。""老师，您能不能在写作指导时，多念两篇范文呢？"……多么真挚的师生情感啊！长期坚持下来，学生的习作在和谐的氛围中相互得到了提升，同时提高了教师的习作指导水平。

教师可给每位学生的写后札打分并予以讲评，写后札成为每篇作文不可分割的整体。实际上，写写后札让学生既找到了本次习作的盲点，又进行了一次有创见的习作训练。

综上所述，用好“两札”，可以打造美文，这是作文养育的好习惯。它们伴随学生的成长而使学生妙笔生花。

第八节　评改中养育：在互动评改体悟中提升习作质量

“文章不厌百回改”，好的文章是改出来的。俗话说“三分靠写，七分靠改”，这话是不无道理的。如何改出高质量的文章来？传统的评改方式是教师包批包改。新课标指出，要重视对作文修改的评价。要考查学生对作文内容、文字表达的修改，也要关注学生修改作文的态度、过程和方法。要引导学生通过自改和互改，取长补短，促进相互了解和合作，共同提高写作水平。学生作文如何自改或互改呢？

一、方法简述

作文完成后，要求学生先对自己的作文或他人的作文认真阅读，大胆进行圈点批注。圈点批注什么呢？

①文中最主要的词语。如多重含义的动词、关键的修饰语、特殊的词语，表示声音、色彩、心理、情感的词语。

②文中最精彩的语言。如简洁凝练的语言、含蓄深刻的语言、生动形象的语言、灵活变化的语言，特别是那些描写的句子、抒情的句子和含哲理性的句子。

③文中最新颖的语言。如有新意、有蕴含、有个性特色的语言，富有创造性的语言或幽默风趣的妙语。

如何批注呢？

①批注种类。眉批，是在正文上端的白边上批注，可以对题目进行预测。行批，是在字里行间，常对某个词或某个段意的概括。旁批，是在左右两边空白的边上进行。总批，常常是对内容的概括，对结构的剖析，对写作技巧的评价，等等。

②批注方法。用笔将自己对文句的理解、评价、联想等，在书的空白处，用拾贝之心一一写下。

完成圈点批注后，要认真填写《作文评改记录表》。该表内容包括文面、好词好句、错别字、病句、审题、中心及立意、选材、结构及表达方式等。每项均有较细的分类，逐类打分，满分为100分。特别强调的是，审题、中心及立意、选材、结构及表达方式等栏目后面有点评，最后有总评。

完成自改或互改后，学生的习作要交给老师点评。老师点评后，学生要写写后札。

二、典型示例

“书”话题作文互动修改示例（人教版九年级上册）

【作文要求】

书能改变我们单调的生活，将缕缕温馨送进我们的心扉，书使我们的天地变得开阔。在书中，我们可以与作家笔下的人物促膝长谈，我们可以为主人公的幽默而开怀大笑，为他们的悲惨命运而落泪。书告诉我们哲理，书中有人生的真谛。读书，可以提升我们对生活的理解，唤起我们对幸福的追求，书能改变一个人的命运。有书作伴的人，他的思想永远是年轻的。生活中没有书的人，他再富有，他的生活也是苦的。让书成为我们的知音。增加阅读量不仅能提高我们阅读的品位，还能积累我们对社会人生的经验。课外时间多阅读社会、自然，也应该是我们人生的必修课。

【话题聚焦】

本单元的作文训练要求写出读书的乐趣，撰写有关读书的感受。

读书是一个奇妙的过程：他人的智慧，通过你的眼睛使它成为可见的，然后通过感觉的门廊，经过想象力的天井，进入你心灵的空间，激起你心中的波浪。因为读书，你狭窄的心灵逐渐变大，变得丰富多彩，以至变成一个大的心灵宇宙。

热爱读书吧。让书陪伴你一生。

请以“书”为话题，立意自定，文体自选，题目自拟，写一篇不少于600字的文章。

【互动修改】（略）

【学生习作】

第一次亲密接触　◎查丽娟

与书的第一次正式约会是在一个夏天，而“红娘”就是爸爸。由此我与书展开了炉火纯青的相依

同窗批注（左灵灵）

比喻形象生动

相恋。

当然，我并不是没有书，但是一直都不喜欢它，除了资料书与工具书，课本外，家里的书大部分都是父亲的，所以父亲很喜欢看书，也很爱惜它，因此家里的书都保管得很好。

补充说明

那年夏天，我才刚上学前班，与别的孩子不同，我很少读那些带有拼音的故事书、童话，而是喜欢听，但因为家长都忙，就连听故事这一爱好也渐渐淡了。于是，与书的缘分好像越来越少。直到有一天，因为维修电路的缘故而停电了。就这样，宝贝电视休息了，但我可不肯，在家里晃来晃去等着来电，但一个上午也不见电的半点踪影，孩子的耐心到此为止，于是开始找事做。找到目标了，父亲在沙发上静静地看书，还不时笑和皱紧眉头，反复几次我觉得很有趣，便对他目不转睛盯着的那个方方正正，有些扁的玩意——书有了兴趣。我悄悄地走到父亲身边坐下，他一点儿也没发现我，还在那儿一动不动，像个雕塑，我来气了，居然不理我，一把抢过父亲手上的书，翻转了半天也不见什么好玩东西的影儿。父亲却生气了，大叫：“小孩子家家干什么，到一边去！”从我手上抢回书，到房里去了。父亲很少发火，一直都很温和，发了这么大的火，对我来说有些奇怪。我开始思考，是不是我得罪他了，不会吧！那一定是我抢了他喜爱的东西，记得别人抢我娃娃的时候，我也很生气地对她（他）叫，一定是这样，错不了，那看来那本书一定很好玩，比我的书好玩……

故事叙述生动，抓住了读者的心

神态描写

比喻

用语言和心理来描写人物性格

想着想着，终于有一次机会来了，父亲要出去应酬，而我则抱着父亲那本书一直“看”，上面的字密密麻麻的，我只认识一部分，但仍然看得很开心，因为父亲的“玩具”我玩到了。等到第二次时，发现桌子上多了好几本书，都有图案、拼音，比那本有趣多了，便拿起来一直看——结果睡着了，不过那本书是在我手里，伴我入梦。

后来才知道，是母亲告诉了父亲我看书的事，于是父亲便买了几本适合我看的书，放在那张桌子上，等待我光临，也由此，我与书开始了一次又一次的约会，并相恋至今。　　呼应上文

这不是我与书的第一次接触，却是我与书的第一次亲密接触；也不是我与书的第一次约会，却是我与书的第一次正式约会。　　对仗工整

父亲这个“红娘”成功地完成第一桩婚事，我与书将结为终身伴侣，走完一生。因为它带给我的不仅是知识、眼界，更是长大、乐趣……　　结尾发人深省

【填表点评】（见表2）

表2　作文评改记录表

<table>
<tr><td>评改人</td><td>左灵灵</td><td>被评改人</td><td>查丽娟</td><td>班级</td><td>九(6)</td><td>评改时间</td><td>2005.11.7</td></tr>
<tr><td>作文题目</td><td colspan="4">《第一次亲密接触》</td><td rowspan="2">好词，好句加分（10分）</td><td colspan="2" rowspan="2">得分:9(注:本项在原文中勾出并点评。无好词、好句则不加分)</td></tr>
<tr><td>题目新颖别致（2分）</td><td>得分:2</td><td>卷面及字迹（5分）</td><td colspan="2">得分:4</td></tr>
<tr><td>无错别字（2分）</td><td colspan="2">得分:2</td><td>无病句(4分)</td><td>得分:4</td><td colspan="3">注:本栏两项均只打分,错字、错句请在原文中具体标出,错句要修改</td></tr>
<tr><td rowspan="5">审题是否合乎题目要求（满分12分。注:本项不及格，以下各项均不得分）</td><td colspan="4">字数是否合乎要求(2分)</td><td>得分:2</td><td colspan="2">点评:合乎要求</td></tr>
<tr><td colspan="4">文体选择是否恰当(2分)</td><td>得分:2</td><td colspan="2">点评:记叙文,恰当</td></tr>
<tr><td colspan="4">是否领会题意,把握隐含信息(4分)</td><td>得分:4</td><td colspan="2">点评:领会了题意</td></tr>
<tr><td colspan="4">是否把握题目的关键性词语(2分)</td><td>得分:2</td><td colspan="2">点评:抓住“亲密”二字</td></tr>
<tr><td colspan="4">是否符合题目的附加要求(2分)</td><td>得分:2</td><td colspan="2">点评:符合要求</td></tr>
<tr><td>中心及立意（10分）</td><td>得分:9</td><td colspan="6">点评(中心是否突出、立意高不高等。15字左右):着力突出“我”与书之间的情缘,立意比较高</td></tr>
</table>

续　表

<table>
<tr><td rowspan="4">选材
（满分20分）</td><td>是否围绕中心（5分）</td><td>得分:5</td><td rowspan="4">点评（40字左右）：围绕中心截取了停电时父亲看书等生活片断，十分真实，也十分典型，能突出文章的思想</td></tr>
<tr><td>是否贴近现实生活（5分）</td><td>得分:5</td></tr>
<tr><td>是否典型、精当（5分）</td><td>得分:5</td></tr>
<tr><td>角度是否独特、有新意（5分）</td><td>得分:4</td></tr>
<tr><td rowspan="4">结构
（满分15分）</td><td>思路及段落层次是否清晰（3分）</td><td>得分:3</td><td rowspan="4">点评（40字左右）：文章的思路清晰，始终围绕我与书来写。首尾照应，“那年夏天”“想着想着”“后来”等词语的运用使全文一气呵成</td></tr>
<tr><td>过渡是否自然，首尾是否照应，扣题紧不紧（4分）</td><td>得分:4</td></tr>
<tr><td>重点及详略是否得当（3分）</td><td>得分:3</td></tr>
<tr><td>构思是否巧妙，形式是否新颖（5分）</td><td>得分:4</td></tr>
<tr><td>表达方式
（满分7分）</td><td>是否以记叙（说明、议论）为主，综合运用多种表达方式，情感表达是否真实</td><td>得分:7</td><td>点评（10字左右）：以记叙为主，兼有抒情，很好地表达了自己的情感</td></tr>
<tr><td>修辞的运用
（满分5分）</td><td>得分:5</td><td colspan="2">点评（15字左右）：把读书比作“约会”，把爸爸比作“红娘”，比喻的修辞手法的运用为文章增色不少</td></tr>
<tr><td>语言
（满分8分）</td><td>是否流畅、简练、深刻、独特、有个性等</td><td>得分:8</td><td>点评（10字左右）：语言流畅、独特。如文章最后一段</td></tr>
<tr><td colspan="3">总评（主要优缺点，50字左右）：你敞开记忆的闸门为我们呈现出你与书的“第一次亲密接触”，字里行间洋溢着浓郁的生活气息，易引起读者共鸣。此外，文章的语言很生动，能吸引读者的眼球。行文如行云流水，一气呵成，很干脆。如果写一下书对你的吸引，即爱上书的原因，这样表达效果会更好</td><td>最后得分:95</td></tr>
</table>

被评改人对评改人的评价	A等：非常负责，评价公正、准确	B等：非常负责，仅有个别评价有待商榷	C等：比较负责，基本准确、公正	D等：基本负责，但评价基本准确、公正	E等：只图完成任务，不负责任	评价:A

导师点评：细腻地刻画出自己由不喜欢书到相恋书的过程，写出了真实的情感体验，语言活泼，文笔清新，第4自然段若细致刻画一下书对自己的吸引力，效果更好	导师打分:93

【互动乐园】

【同窗视点】

本文故事性很强，停电时父亲看书，这引起了“我”的好奇心，由此有了“我与书”的第一次亲密接触和“正式约会”。情节引人入胜，且是生活实际，恐怕大多数人都曾有过这样的体验，令人产生共鸣。平平淡淡地讲述，娓娓道来的语言，讲述了我与书的相识、相恋，充分表现了我与书的情感，很感动人。父亲“在那儿一动不动，像个雕塑”，而父亲这个“红娘”也成功地完成第一桩婚事，“我与书将结为终身伴侣，走完一生”，这样很感人。生动的比喻使文章更加精彩。（左灵灵）

【导师点津】

你开始“与书的缘分好像越来越少”，到后来与书“相恋至今”，可以说属于儿童的好奇心导致了这个变化。“我”的行动与对书的情感变化始终贯穿全文，并推动了行文的进一步发展，故事紧凑且完整。文章语言清新，富有个性，如：“这不是我与书的第一接触，却是我与书的第一次亲密接触；也不是我与书的第一次约会，却是我与书的第一次正式约会。”对仗工整。另外全文洋溢着浓郁的生活气息。“我”的心理描写与行动符合儿童的性格特征。

【写后札】

一

说停电并不是一件坏事，起码对我来说是这样的，因为它连起了我与书的缘分，爸爸很爱看书，我爱看电视，但电视终不是一辈子的伴侣，而且不可以如影随形，伴我左右，所以在知识和方便这两个方面作用下，书成了我最亲密的朋友，由此开始漫长的旅途。

二

语言平淡，没有什么修饰，就像一个人在叙述一个故事那样简单。优美、含意深刻的语句也不多，要加强修辞的运用，使文章饱满、充实，不显单调。没有什么技巧，就是抓住真事来写生活。

三

选材不新是本文的一大缺陷。这个材料虽来自生活，但不够出其不意，文章整体显得比较乏味。只有新颖的材料才能吸引读者的眼球，使文章充满奇特，与众不同。

四

评改人较认真，只是字有些潦草。意见很独到，对文章的理解比较到位，评改公正。

五

写作文时觉得写得还可以，但再去读我就觉得很差。这是为什么？老师，怎样才能使一篇文章让人百读不厌？

综上所述，养成长期坚持自改或互改、师评、写写后札，能培养学生发现问题、解决问题的良好思维习惯，学生的鉴赏能力、审美能力也不断提高。

本章中，我们提出了养育作文的一些教学主张，谈了养育作文的教学思考及依据，多角度养育写作素养，以主题活动作文为例谈了交给学生养育作文的主动权，养育作文的技巧、方法，在札记和评改中养育作文。这些观点都是通过了作文教学实践的验证，有的是课题研究成果，有积极的指导和借鉴作用。下面从起点谈作文养育。

第三章 养育作文的教学起点

第一节 备教起点：教师的教学要有规划

“凡事豫则立，不豫则废。”作文教学中，在没有专门教科书的情况下，教师要做到“胸中有规划”。

首先，教师要做到心中有目标。我们的教育是培养人，我们的语文教育到底要培养什么样的人？我认为，语文教育就是把学生培养成“有道德、有思想、有修养的文化人”。

作文教学中，从培养文章的思想和情感入手，以此为目标。叶圣陶说，不能只思索作文的法度、技术等问题，而不去管文字的原料——思想、情感等问题，因为作文，无非是想着这原料是合理，是完好，才动手去做的。

其次，教师要做到教学有计划。要有一套切实可行的操作计划。如在真思想、真感情的原则下，围绕阅读和写作的主题进行文体训练和技法训练：七年级训练记叙文、应用文、读书笔记、简单的文评和书评等；八年级在此基础上学写说明文，初写议论文等；九年级训练议论文和其他文学样式如诗歌、散文、小说、戏剧等。

我们可以按照一定的体例设计，自编作文教材。

如制定作文周计划，即周主题+周技法（以人教版七至九年级语文为主，兼及其他教材）：

七年级第一学期：

第一周：认识自我（本周技法：如何写出人物的个性）

第二周：体验人生（本周技法：学会写出自己的思考）

第三周：自然风光（本周技法：学会景物描写）

第四周：探究科学（本周技法：学会观察）

第五周：享受亲情（本周技法：学会表现真挚情感）

第六周：想象世界（本周技法：学会写虚）

第七周：师恩难忘（本周技法：学会准确表达自己的思想）

第八周：梦想人生（本周技法：选好记叙的角度）

七年级第二学期：

第一周：成长烦恼（本周技法：学会写出事情的波澜）

第二周：吾爱吾国（本周技法：学会表达自己的真实感受）

第三周：偶像人生（本周技法：做好叙议结合）

第四周：民族特色（本周技法：学会对比）

第五周：探索未知（本周技法：学会创设情境）

第六周：动物理趣（本周技法：学会以物喻理）

第七周：大千世界（本周技法：学会描写）

第八周：挚爱友情（本周技法：学会抒情）

八年级第一学期：

第一周：感知社会（本周技法：学会写社会评论）

第二周：大爱天下（本周技法：学会写得充实1）

第三周：感受名胜古迹（本周技法：学会写得充实2）

第四周：辩论艺术（本周技法：学写辩论稿）

第五周：体验古文化魅力（本周技法：学写文化性散文）

第六周：古诗词随想（本周技法：意象的巧妙组合）

第七周：解读光阴（本周技法：学会写得深刻1）

第八周：励志奋斗（本周技法：学会写得深刻2）

八年级第二学期：

第一周：朝花夕拾（本周技法：抑扬有致）

第二周：感悟自然（本周技法：学会情景交融）

第三周：保护环境（本周技法：如何写议论性散文）

第四周：民俗文化（本周技法：学会渲染）

第五周：美好追求（本周技法：学会动静结合）

第六周：行走天下（本周技法：学会写游记）

第七周：多彩青春（本周技法：学会整散结合）

第八周：直面挫折（本周技法：学会以小见大）

九年级第一学期：

第一周：缘物悟理——从身边的事物中感悟道理（本周技法：学会托物言志）

第二周：演讲魅力（本周技法：学写演讲稿）

第三周：记忆时空——在往事中随想（本周技法：学会反弹琵琶）

第四周：理性之光，逻辑之美（本周技法：学会论证）

第五周：名著精华——在名著中感受精华（本周技法：学写诗意解读型作文）

第六周：灿烂星空，名人文化（本周技法：学写人物传记）

第七周：网络天下（本周技法：学会创新1）

第八周：财富人生（本周技法：学会创新2）

九年级第二学期：

第一周：浓浓乡情（本周技法：学会审题立意）

第二周：小说天地（本周技法：学写小小说）

第三周：讴歌生命（本周技法：学会构思）

第四周：多彩艺术（本周技法：学会写开头）

第五周：修齐治平（本周技法：学会选材）

第六周：岁月如歌（本周技法：学会写结尾）

第七周：职业规划（本周技法：学会扣题）

第八周：考试人生（本周技法：学会写得有文采）

每周栏目可以这样设计：

星期一“名家悦读”，围绕周主题，提供两篇名家经典美文，在激发学生阅读兴趣的同时，增加学生的写作素材，以“探索交流”的形式呈现，着重探究每篇美文“写了什么”和“怎么写的”。让学生学习名家的写作技巧，领悟文章的精妙。

星期二“佳作赏读”，展示一组三篇初中生的优秀作文，给孩子们提供一个与同龄人作文高手沟通交流的平台，直接得到智慧的启迪。

星期三“素材天地”，内容丰富，涵盖名人名言或者是古诗文名句、哲理故事、时事素材、人物故事等。素材后面附有内涵点击和运用方法，诠释素材的内涵，交给学生素材运用的钥匙，使他们避免生搬硬套。

星期四“技法空间”，简直就是写作文章的小锦囊，其中的“技巧讲解”“体验训练”设置精当，寓教于练，形式新颖活泼，能激发学生的写作兴趣。

星期五“文坛练笔”，更是精彩，它精心安排作文活动，重视名师指导，用心选择绝妙好题，实现话题的变换延伸，让学生去摘取作文宝座上的桂冠。

依据教材中单元阅读的主题内容，教师可以让作文训练的内容与之同步，作文技法的训练与本单元阅读课文中的某一技法一致；也可以让作文训练的内容与教材阅读内容同步，但技法上由浅入深形成序列；还可以让作文训练的内容和技法都形成序列，与课本阅读教材完全不一致。

以人教版七至九年级语文为例，作文同步训练技法可以列为：

七年级：写人、写景、写物、借物喻人、托物言志、想象（在真实的生活中添加虚构的东西，比如科幻作品）、童话、故事新编（续写、改写、扩展）、过渡、抒情、叙议、描写

八年级：读书笔记（读后感等）、说明文、散文、游记、语言感染力（语言修辞）、详略、以小见大、象征、对比、渲染、动静、整散结合

九年级：悬念、波澜、意象、伏笔、衬托、小小说、立意、结构、论点和论证（议论文）、文采、驳论 书评（影评等）

序列训练技法可以分为两种排列。第一种排列：

七年级上：情感动人法　借景抒情法　托物言志法　描写生动法　层层剥笋法　大题小做法

七年级下：抚今追昔法　与时俱进法　移花接木法　引经据典法　时空飞扬法　点石成金法

八年级上：幽默讽喻法　名句生辉法　曲折悬念法　排比造势法　妙语连珠法　凤头豹尾法

八年级下：旧瓶新酒法　故事新编法　镜头剪接法　冰糖葫芦法　波澜跌宕法　照应圆合法

九年级上：大气高远法　顺向求同法　同中求异法　浮想联翩法　意象组合法　反弹琵琶法

九年级下：横纵结构法　文体创新法　一字立骨法　论据分析法　综合论证法　发散思维法

第一种排列有三点说明：

1.横纵结构法，只针对议论文。

2.论据分析法，如提示实质法、正反对比法、反向假设法、正面推理法、因果分析法、引申类比法等。

3.综合论证法，如例证法、引证法、反证法、类比法、喻证法、归谬法等。

第二种排列：

七年级： 创设情景　情景渲染　童话寓言　尺水兴波　故事新编　以小见大　小事大做　移花接木　误会生波　对比衬托　双线并行　巧设悬念

八年级： 回环往复　名句点缀　排比构段　古诗扩充　物我转换　事物自述　抑扬有致　意象组合　旧例新用　电影剪接　上网冲浪　虚实相生

九年级： 反弹琵琶　含蓄生味　特征描摹　天马行空（想象）　叙议结合　标新立异（读后感）　时空穿越　戏剧形式　换位思考　借古讽今　驳出精彩　评论有度

第二节　观察起点：引导学生锤炼“诗外”功夫

鲁迅说，留心各样的事情，多看看，不看到一点就写。又说，此后如要创作，第一须观察，第二是要看别人的作品。还说，用自己的眼睛去阅读世间的一部活书。这些独到的见解告诉我们，观察对于写作极其重要。

“观察—分析—表达”三级训练作文教学体系，是二十世纪七八十年代，北京月坛中学教师刘朏朏及其丈夫——首都师范大学分校中文系高原共同提出并将其投入实验的。他们通过实验建立一个全新的作文训练体系，在这个体系中，首先就是“观察”能力的训练。他们把培养学生观察力的训练分为两个阶段18个步骤。“培养写作兴趣”教改实验的设计者和实施者，是天津市河北区育婴里小学教师李家玲、孙光华。李家玲等认为，作文活动是融观察、认识和表达于一体的综合性活动。要解决这一问题，必须从培养学生的写作兴趣入手。兴趣是人们接触事物、认识事物和做好工作的重要条件，是一种积极和能转化为巨大推动力的心理因素。兴趣能促使人尽力认识和了解事物，解决比较难解决的问题。李家玲从组织儿童感兴趣的观察活动入手，展开作文教学活动。她先请一位同学把自家饲养的一只白兔抱到学校来，让同学们与它共同生活了几天，鼓励同学们观察它、了解它。在同学们饲养、观赏、评论它的时候，请学生谈它的特点，谈保持不同距离、从不同角度观察它的顺序。讨论时，同学们争先恐后，互相纠正，互相补充。教师告诉学生，把课后观察到的情况和讨论中叙述的内容有序地写下来，就是一篇挺好的小作文。李家玲和她的学生注意选择新奇有趣的对象。例如，春暖花开时，她带学生去公园上作文实地观察课，让学生在美好的大自然中观察自己喜爱的景物、人物、动物和植物，将观察结果积累起来，作为作文素材。星期日，她让学生每人做一项有趣的实验，然后把实验过程、结果和包含的原理记录下来。在李家玲等同志的作文教学体系中，这些都成为学生感兴趣的习作作业。这些事情，因为学生爱做，所以做起来十分投入；因为细心观察体会，所以写起来生动有趣；因为有教师恰当的评价和适时的鼓励，所以学生越写越爱写。

由此可见，观察是写作的基础，它对于捕捉写作素材，为作者把握事物“个性”而生动表现事物极其重要。同学们应重视观察，养成良好的观察习惯，提高自己的观察能力。可从以下几个方面引导学生观察：

第一，抓住细枝末节。日常生活中很多富有表现力的细节是一闪而过的。必须细心观察，快速抓住那些看起来平常的、不起眼的细枝末节，如一个表情、一个动作、一件小事、一草一木、一山一水。生活每个角落的每个细微地方都是我们留心的对象。观察越细致，就越能发现动人的与众不同的细节。文章中打动人的往往是那些人人熟悉却大都不在意的细微之处。如魏巍《我的老师》中的先生软鞭打“我”这一细节，作为学生并不陌生，也很平常，但写出来引人共鸣，原因在于“我”以儿童狡猾的眼光看出老师并无真打的意思，反而是一种爱的表现。这正是作者细致观察力的表现。

第二，全方位观察，多角度联想。社会是复杂的，事情是复杂的，人是复杂的，世界万物是普遍联系的，这就要求我们全方位观察。观察景物可以从上、下、左、右、远、近去观察，要观察周围环境。如观察一朵花，可从空间变化观察给人的不同印象，观察到花下的绿叶，观察花周围的花、鸟、虫、鱼等，甚至可观察看花的人。这样的观察，是立体的、丰满的。观察一件事，应注意它的起因、发展、高潮、结局，注意此事与彼事的联系以及此事发生的环境。观察一个人，应注意这个人的衣着服饰、外貌特征、语言、行动，联想这个人所处的社会环境和自然环境，联想这个人的性格特点，联想这个人性格的形成过程。

第三，感悟动人的瞬间。在观察的过程中应始终伴随着思考。不是所有的细节都动人，不是所有的事情都不平凡，不是所有的人都典型，不是所有的景物都值得写。透过现象看本质，是学生观察时应该做到却难以做到的。透过《背影》，人们看到了那个时代的父子之情；透过《一件小事》，人们看到车夫伟大和“我”勇于解剖；透过《孔乙己》，人们看到深受封建科举和封建礼教毒害的知识分子形象；透过《春》，人们看到了春的几幅画面，感受到春之生气勃勃。

引导学生积极投身生活，随时随地观察生活，并把观察到的一切记下来，就会积累到丰富的写作素材，为作文做好充分准备。陆游说过“汝欲果学诗，功夫在诗外”，学会观察正是作文的“诗外”功夫。

第三节　认知起点：培养学生的写作自信心

学生为什么怕写作文？

一直以来，很多老师和学生认为，要围绕中高考作文的评价标准来训练作文。作文内容要丰富，思想要深刻，立意要高远，语言要生动而富有感染力。只有做到这样，才是优秀作文。试想对于一个本来生活就相当简单，整日忙于考试和作业的学生，我们以文学创作的要求去评价学生作文，在这样的评价标准面前怎能不望而却步。学生由于长期受命题作文、应试作文训练的影响，缺乏自由状态下的写作和表达，作文使用的话语几乎都是套话，也是公式化的语言。学生只要一提起笔，首先想的就是要如何写一些有教育意义的、重大意义的话语，写一些显得具有文化底蕴的所谓大气的话语，写一些文采斐然能够博得阅卷老师青睐的话语，而不是写自己内心想说的真话实话，不是把自己真实的想法用最直白的语言表达出来。其实，有时尽管学生作文认识上有偏颇，思想上或许有偏差，但我们根本不需要全盘否定，只要学生把他那个年龄段真实的想法、内心的困惑真实地表达出来，这样的作文就应该是有生命力的鲜活的好作文，就应该予以肯定。

那么，从哪些方面培养学生的写作信心呢？不妨从以下几个方面去尝试：

第一，常记“流水账”。请看“春式体”家书：“今天早晨我吃了一份煎蛋喝了一杯牛奶，先吃的煎蛋后喝的牛奶。今天中午我和朋友去露天球场打球，我输了，但是太阳晒着的感觉超好。今天晚上我坐在床头看照片，打算用小时候流水体的作文风格，写一封给妈妈的信。谢谢你。”这则微博在网络上疯传，得到大家的喜欢。

第二，常“胡思乱想”。允许学生想入非非，围绕某个问题或主题或中心展开联想、想象。由无条理到有条理。围绕主题，形成自己的思路范式。

第三，常写“应需文”。应需作文是生活作文，包括请假条、说明书、通知、申请书、广告、失物招领、寻物启事、借条、合同、公文、收条、单据等日常应用文和日记、口头作文、随笔等。

第四，常编“手抄报”。班级手抄日报或班级新闻日刊，每天一张，一人一期，轮流编辑。手抄日报的主要内容为班级当天发生的事情，每天都要有小评论，适当收录一些其他的逸闻趣事或名人名言。

第五，常发“小新闻”。允许学生将发生在身边的大小事件或小道消息课前或课间在班级发布。这实际上是“口头新闻”，旨在鼓励学生及时表达自己的所见所闻。

第六，常开辩论会。就班级突出的问题、社会热点问题、身边发生的问题、引发大家争议的问题开展讨论会、辩论会。每两周利用班会或社团活动来开展。

第七，常叙“家常事”。允许学生将家中有趣、有意思的或平常的事跟同学说说。这个仅限于同学私下交流。

第八，常写“小秘密”。允许学生将自己的小秘密写在周记或日记上。鼓励学生用这种方式跟自己谈心。

第九，常“评头论足”。允许学生对自己身边的人和事发表看法，可以加以评论。利用班会或主题活动，让学生尽情表达自己的观点，培养学生做有思想的人。

第十，常写“箴言警句”。每周写一句体会最深的含有哲理的句子。内容不限。让学生围绕“安全观”“人生观”“价值观”“校园观”“环保观”“学习观”“交友观”“法律观”“师德观”“中国梦”等，每周锤炼一句自己的箴言。

第十一，常拟“有趣命题”。师生可共同拟定一些有趣的作文题目，供学生写周记时参考，以激发写作兴趣，培养信心：

1. 我的“豆渣”同学
2. 我的糟糕生活
3. 我倒霉的一天
4. 我的“恋爱简史”
5. 我的“下流”故事
6. 我那“挨千刀”的同桌（老师及其他）
7. 我的小丑老爸
8. 我很“自恋”
9. 我爱做的“损人”事
10. 我的地盘我做主
11. 我是“小流氓”
12. 我不想长大

13. 我想快快长大
14. 我不想上学
15. 我不想当学生
16. 我的疯言疯语
17. 婆婆妈妈我的嘴
18. 昏昏沉沉我欲睡
19. 你就是个“恶棍”
20. 你真欠揍
21. 你真贱
22. 你真讨厌
23. 考试，什么时候才停止？
24. 垃圾桶的故事
25. 没人性的老爸
26. 爱念经的老妈
27. 拿，还是不拿？
28. 说，还是不说？
29. 看，还是不看？
30. 抄，还是不抄？

这些作文命题，贴近学生生活，学生普遍感到“有话可说”，有情可抒，这对培养学生的写作信心十分有益。学生写这些题目时，教师要注意引导，主题上要有一个“度”，不能偏激。我们允许学生作文不够积极向上或低调，但不允许学生作文走向片面、极端，误入长期极度阴暗或低级趣味的歧途。如写同学之间起绰号，应引导学生写出其中情趣，避免陷入“人身攻击”的误区。

第四节　生活起点：争做学生书写生活的引路人

叶圣陶说，作文离不开生活。管建刚说，要把引导学生发现周围世界和自我内心世界作为作文教学的重要内容。教师要善于引导学生整理生活中的点点滴滴，记录下每一个思绪。

写自己所经历的。充满朝气的青春理想，保持旺盛斗志的生命状态，这就是我们有着喜怒哀乐的难忘生活，它记录着我们成长的脚印：我们曾踏遍千山万水，寻觅历史的脚印，倾听自然的心跳，激起我们再现历史瞬间的冲动；也曾寻访人文景观，饱览名胜风光，享受人物风情的浪漫，引发我们描绘美丽景观的想法；故乡的山山水水哺育着我们，处处留下我们成长的足迹，哪怕简单却也充满了温馨，充满了思念与幸福的情愫，让我们的记忆永远留在这里，耗用笔墨无数次描摹；面临着抉择，或取或舍，或真或假，或善或恶，或高尚或庸俗，或远大或狭隘，我们禁不住要用文字表露内心挣扎的历程；理解他人，和别人沟通，学会换位思考，心灵就多了一份关爱，多了一份情愫，我们就在渐渐长大中多了一份成熟，我们在纸上倾诉时，又一次体验了友情的温馨。

写自己所想的。想象的天空无限辽阔，其中有取之不尽的作文资源。请看：努力向上的进取心，是我们成长的动力；敞开心扉，诉说心中的秘密，喜怒哀乐，酸甜苦辣；尽情表达心底的期盼和憧憬；无论遇到怎样的困难，心中的信仰、念头都不会改变，心中的信念不单单写在纸上，也铭刻在心间；我们总想把心灵的港湾建立在梦想的天地里，总想营造属于自己的美好世界，尽情寻找那温馨的、自由的、富有诗意的一方天地；面对现实的不如意，打造理想的领地，表达心底的渴望，经营自己的乐土，收获富有的果实，让心灵在神往之地驰骋；大胆展现我们的个性追求，让个性在自己的设计和策划中得到充分的体现。

写自己所得的。回眸往事，我们在成长的历程中留下了数不尽的印记，也从中获得了深刻的情感体验：经历了风风雨雨的磨炼，我们坚强了，自信了，懂事了；生活中给我们带来心灵震撼的那人、那事、那景、那物、那情，甚至那首歌、那句话、那个眼神、那个动作等，带来来自心里的真切的情感体验；与他人相伴，我们深受启迪，从中汲取力量，得以走出阴霾，永远享受阳光的滋润；与自然相伴，处处弥漫平和释然的气息，我们疲惫的心灵得到休憩，享受宁静与高雅的眷顾；与书相伴，我们收获着一份份快乐、一份份感动、一份份刺激、一份份情趣……

附：佳作 **心里抹不掉的一道伤痕** ◎安徽庐江四中 金娜

筱雅挎着背包，低着头在街上走着，脚步越来越重，就像灌了铅一般。筱雅自己很清楚，对于一个贫困的家庭来说，父母把所有希望都寄托在自己身上，随着年龄增长，自己身上的担子越来越重。可自己总是那么不争气，每次考试排名总是在班级中游，实在是没有勇气面对越来越显得苍老的父母了。

坐2路公交车回家时，惊奇地看到了小学的同学，心中一下子布满了喜悦，脚步也变得轻盈起来，露出一个甜甜的微笑。可是那个同学原本朝向这边的头突然转向另一边了。“难道她也知道我成绩差，不想跟我见面吗?”筱雅的心一下子揪紧了，下意识地咬了咬嘴唇，心里不是滋味。“也许是她没有看到我吧?”筱雅释然。

正好有一个靠窗户的座位，坐下，翻开书本，却一个字也看不进去，脑海里尽是同学们看她的那一个个眼神。“我也想出类拔萃，我也想当老师身边的‘红人’，我也想拥有知心朋友，可是……为什么每个人都对我这样冷淡，看不起我，仅仅是因为我成绩不好……可他们也不该那样对待我啊，我也有自尊心……”不知不觉中，嘴里有了淡淡的咸味，抬起手擦干眼泪……

第二天，筱雅起得很早，她想要早早地去学校学习，一天总要有一个好的开头嘛。清晨，路上的人还很少。筱雅进入教室时，班上还没有几个人，不过班长依然早已到了。筱雅慢慢低下了头，走进教室，不想让别人议论，因为上个星期的测验，她有一门科目不及格，拖了班级的后腿，所有同学的努力都白费了，大家都把她当成头号罪人，排挤她，冷落她……

“哟，这是谁啊？今天怎么这么早就来了？是不是知道拖累我们了，想要好好努力一番，下次争取及格啊?”小曼还是发现了筱雅，故意将“及格”这两个字提高了音调，引起了其他同学的注意。筱雅脸“刷”一下红了，支支吾吾，不知道该说些什么，搓着手，不知所措地站着。大家看着她那副窘样，都笑了。筱雅看着她们张大的嘴巴，在这从未有过的取笑声中呆住了。“是的，也许从现在开始，我不应该再这样懦弱，任他们嘲笑了，我要改变自己。”筱雅握紧双手，感受到了一股强大的力量，她大喊一声：“住口!”大家都被她的反应镇住了。

“我知道我拖了大家的后腿，是我不对，但是每个人都有自尊，你们不能这样！好了，现在我要学习了，希望你们不要打扰我!”筱雅脚步坚定地走到自己的座位上。大家散开了。

一个月后，筱雅出人意料地进入了班级前十名。大家不再排挤她了。看着成绩单，筱雅低下头，眼泪滴落下来。这一段经历，成为她心里抹不掉的一道伤痕，永远……

【点评】

文章是一篇小小说。写的是学生成长中的事：成绩中等的筱雅受同

学鄙视与排挤，她凭借着强烈的自尊心，坚忍不拔，努力拼搏，终于考入班级前十名，大家再也不看不起她了。

文章多次描写筱雅的哭与筱雅受欺负后的伤心，细腻感人，为写后文“成为她心里抹不掉的一道伤痕”蓄势。文章还多次运用对比。如筱雅被同学奚落后一系列细节描写，“脸‘刷’一下红了，支支吾吾，不知道该说些什么，搓着手，不知所措地站着”，与同学们的取笑声，“大家看着她那副窘样，都笑了”，形成鲜明对比，可看出筱雅被伤得有多深。

引导学生常写主题活动作文也是值得提倡的。

主题活动作文，是为了开发作文教学资源、激活学生作文兴趣、营造良好的作文氛围的一种作文理念。主题活动作文要求教师善于捕捉学生生活的瞬间，分析学生的思想心理和行为动态，走到学生的生活中去，深入学生的心灵深处，和学生一起挖掘学生生活素材，就社会现象、学生生活实际、时代生活等方面突出的与学生生活相关的问题来开展活动，让学生在参与活动中分享、体验自己的生活。这就要求教师要改变传统作文教学的思维模式，以活动为契机，寻找与主题相关又让学生感到好写的话题命题写作，让学生有还原生活底蕴的源泉，产生强烈的写作欲望。主题活动作文中的“活动”是为学生创设轻松的写作环境，努力让学生在自由的状态下写作，活动是让学生体验自己的生活，为学生提供遴选生活素材的思维方向。教师从主题活动中找出最容易贴近学生生活的触发点，深入学生心灵，在这基础上多角度思考命题，拟出能激发学生灵感的题目。在教师的点拨下，学生不知不觉地打开写作思路，自己明确“写什么”和“怎么写”。

中学生作文的写作取向应适应实际需要的现代文写作能力。围绕语文新课标，强调写作要根据日常生活需要，重在从学生的生活视野和感性经验中取题立意、引发真情实感，以求得写作的个性化和独特性的导向更加鲜明突出。为此，教师要切实关注学生的生活世界。强调为自己写作，作文是记录自己生活、自己内心世界的自我反思、自我愉悦以及对现实生活的反映。养成写日记、写读书笔记等多种心得笔记以及开博客的习惯和兴趣。重视日常应用文的写作。因为这些文体都是与学生的真实生活紧紧连在一起。作文教学中，教师如何引导学生挖掘出生活的底蕴，有效地整合写作资源？笔者在作文教学改革成功的实践中发现：主题活动作文是学生写好生活，写好自己的重要途径，也是学生写作的重要源泉。

那是2006年11月22日周一主题班会上，我和往常一样，就班级突出的问题，通过主题班会来解决。这回安排的主题是“如何看待同学之间起绰号”的辩论会。甲乙双方都为自己的观点争论不休，我在班级走廊外巡视时，看到同学们热情高涨，我没有去打扰。但这引起我的思考：学生为什么对每一堂活动课都这么热衷，而且积极参与发言？本周的周记中很多同学都描写了辩论会的精彩场面，这回的周记都在700字以上，有的1000多字，同学们有话可说，有感而发。让我明白：作文的话题一定要贴近学生生活，学生敢写、想写就会有话写，就写得好。重要的是学生自己参与了活动，有真实的体验。于是，我就想：语文课程资源的开发与利用，不就是要求我们开发学生的写作资源吗？这不正与班级开展的主题活动密切相关吗？主题活动不正是开发和利用学生课外学习资源的有效手段吗？为此，我就以主题活动作为学生写作资源的尝试。主题活动要求教师切实关注学生的生活世界，引导学生写反映生活的作文，构建作文与生活、与自身成长的内在联系。从此，“主题活动作文”深深映入我的脑海。

这一意外发现，激发了我尝试主题活动作文教学的热情与兴趣。我开始了主题活动作文的教学探索实践。主题活动作文，体现了一种崭新的作文理念，那就是为了开发作文教学资源、激活学生作文兴趣、营造良好的作文氛围的一种作文理念。与传统的作文教学模式不同的是，传统的作文教学模式以老师为主体，以老师的作文讲解辅导为导向，学生作文思维往往被局限，不敢写，不能写，不想写。主题活动作文，就是以体验为基础，以主题活动为导向，引导学生发现写作的资源并自我进行有效的整合。真实、大胆、开放是主题活动作文的特点。在这个过程中，老师只是活动的参与者和推动者，不是作文的辅导者，更不是作文的评判者。评判标准关注学生在活动中体验了多少，自己感悟了多少，是否说出了自己的心里话，是否是一个真实的人，是否有自己独特的发现。

主题活动作文要求教师始终作为活动的参与者、引导者、推动者。以学生自己的感知，自己的体验为基础，结合讨论合作的相关资料，在情境中自然引入写作话题，学生有话可写，感到好写，让联想的触角不断延伸，激活了写作思维，触发了灵感，多数同学文思泉涌，找回了写作的感觉，不再为写好作文而犯难。树立了写作信心，也培养了写作兴趣。教师的作文教学思维在学生写作中的引导、推动技巧是至关重要的。

下面就以“**如何用好自己的拳头**”的主题活动作文教学为例来看看大致的操作过程：

这一活动的缘由是：初中生就是爱动自己的拳头，特别是男生。不中听的一句话，无意中的一个动作，一个看不惯的眼神，甚至是看着某同学不爽的打扮……都会招来拳头之战。他们就是这样可爱、冲动、淘气。这不，上周五放学时，班上的凡对同学运低语说，恒是败类，被恒听到了，这回恒当场追赶凡，伸出自己的拳头将凡打得鼻青脸肿。这两个打架大王，天天惹事，隔三差五要打一架。这回双方家长都在为自己的儿子辩护。我看伤得不重，调解后要他俩写出深刻反思。

四天后，作文课上。我先让同学们开展活动。

这一活动程序大致如下：

1.班长、纪律副班长、团支部书记主持，两名违纪的学生朗读自己的认识和反思。

2.将班级分成15个小组就这一现象进行讨论，讨论主题：如何使用好自己手中的拳头？小组长主持，秘书执笔记录。

3.20分钟后，各小组长将小组意见整理好，归类。

4.各小组委派一名代表上台发言，时间不超过1分钟。

5.主持人总结各小组意见。

抓住这一契机，我顺势引导学生打开思路并引入话题：

我问同学们：由恒的拳头我们联想到什么？我们生活中又有哪些有关拳头的故事？这下班上可热闹了：有的说想到了正义之拳、义和拳、友谊之拳、拳头的价值、拳头的多面性；有的说想到了疯狂的拳头、悔恨的拳头、拳头的感情、拳头的故事、说谎的拳头；有的说想到了拳头伴我成长、拳头的威力、愤怒的拳头、握紧我们的拳头、拳头的滋味、爸爸的拳头等等。有的同学还简要地讲了拳头与自己的故事。

看到同学们热情这么高，我对同学们说：大家由拳头想到这么多故事，古今中外也有许多拳头的故事，生活中离不开拳头，那就把你想到的有关拳头的故事，把你对拳头的看法，你对拳头的体验写出来吧。今天就以“拳头”为话题，写一篇不少于600字的文章。这下，凡和恒都说：“老师，我真错了，以后再也不滥用拳头了。”有的同学说：“老师，您太有才了，原来您是不知不觉在教我们写作文，这题目让我们感到好写。”有的同学说：“老师，今天的作文真容易。”我说：“别吹牛，还有一堂课时间，下课时，你们写出好文章要得到我和编辑老师的认可才行啊。”

没想到，这次出现了15篇优秀作文，数量是以往课堂作文的3倍。

附：佳作

拳头·馒头

◎安徽庐江四中　唐滔

有人说：“拳头是最厉害的武器。”其实不然，刀枪剑棍，哪个都比拳头硬，也比它狠。

在古代，习武之人除了会用武器，拳头也厉害，他们飞檐走壁，拳头一出，如骤风暴雨，对手当然不堪，这却代表了一个涵义——拳头硬就是好。

拳头这个词经过了两千多年的历史，已经是褒贬不定了，拳头软了会变成馒头，馒头是软的，对人不起作用，有人还会用馒头包韭菜吃呢。

拳头软了不行，想当年，寒风呼啸，欧洲列强抬着子弹的拳头和洋炮塞的拳头发射到中国，而软弱无能的慈禧太后却做了各种各样的馒头、包子给欧洲列强啃，最后，八国联军冲进了北京的包子、馒头店，在里面又抢又砸还贪吃。吃饱喝足之后，占了一些，回国了。

辛亥革命发动之后，孙中山一行人彻底推翻了清政府这大肉包子。但日本法西斯盯上了这块大肥肉，举起刺刀，准备做馅做肉包，他们的胃口很大，占了很多的土地，还在南京举行了长达七周的馒头大盛宴。可是到后来，很多人做包子的技术越来越差，最后，干脆把拳头夹进去了，把日本人的牙齿咬得咯咯响，而且，鼎鼎大名的共产党包子队成立了，他们天天用正义的拳头做包子、做馒头，最后，日本人吃怕了，快快地回去了，但美国佬还没吃够，来到朝鲜讨了些中国人民用正义的铁拳做的包子与馒头回家慢慢享受去了。

拳头，是正义旗下的。它应该是针对敌人针对邪恶用的。日常生活中动不动就用它来讲理、用它来说话是不行的，拳头应该轻轻地收起来，待到别人不讲理时，也不要动怒，要和蔼可亲地请他吃包子馒头，当然，拳头也是邪恶的，动不动就请客的拳头也是不好的。拳头是用来行凶的，一记左勾拳，牙根断裂牙在飞，一记右勾拳，愁眉苦脸喊饶命，一记上勾拳，身轻如燕好自在。一记下勾拳，趴在地上叫妈妈。

拳头是好是坏，是正是邪，还得由我们做主。

【点评】

小作者独具匠心，将拳头和馒头对比，并运用比喻，真是绝妙。以辛辣的口吻去写历史，又巧妙地与拳头关联起来，颇具讽刺意味，字里行间真是妙趣横生。写拳头和馒头，实际上是写历史。将慈禧太后的软弱比喻成馒头，是用拳头软化之意，形象新颖，同时将清朝末年政府官员的腐败卖国嘴脸淋漓尽致地表达出来了。以拳头和馒头来展现了八国联军的蛮横残暴和慈禧太后的软弱无能，勾画了这段令人警醒的悲剧历史画面。

这次活动，我针对班级两个学生打架现象，组织学生开展讨论，帮助学生提高自身意识，让学生自己面对自己的问题，谈看法找原因。这次作文，我主要是从学生日常生活中打架的现象入手来打开学生写作思路，引导学生发现适合自己的写作源泉。学生在老师的引导下，展开了丰富的想象。正是他们自己解决了“写什么”的问题，这比教师单纯告诫学生“写什么”好得多。学生不知不觉自己打开了自己的写作思路。多数学生找回了写作的感觉，树立了写作信心，也培养了写作兴趣。

主题活动作文要注意的事项：

1.先有主题活动后有作文，要分清主次。

2.开展的主题活动与学生作文密切相关，不等于活动就是写作内容，不等于活动的主题就是学生作文的主题。活动是为学生创设轻松的写作环境，努力让学生在自由的状态下写作；活动是让学生体验自己的生活，为学生提供遴选生活素材的思维方向。

3.教师要从主题活动中找出最容易贴近学生生活的触发点，深入学生心灵，在这基础上多角度思考命题，拟出能激发学生灵感的题目。

4.在教师的点拨下，学生不知不觉地打开写作思路，而不是教师单方面告诫学生“写什么”和“如何写”。围绕活动主题，从作文话题的引入引导学生自己打开写作思路，整个过程中，教师的推动技巧至关重要，教师的主题活动作文教学的艺术主要体现在这里。

“主题活动作文教学的理论与实践研究”，是2012年11月立项的安徽省课题，经过3年的实践，2015年10月，省级专家组鉴定，顺利结题。

“主题活动作文教学的理论与实践研究”课题主要成果

一、提炼出八大特征

（1）真实性：活动主题根据学生发展中的需要和自我需要来确定，从生活中挖掘写作资源。

（2）综合性：以内容的人文性为载体，在提高听说读写思综合能力的同时，提高作文能力和语文素养。

（3）生成性：在活动中“内化”，体验是生成的，作文是生成的。

（4）简约性：主题活动作文的教学过程只有两步：活动+写作。

（5）趣味性：主题活动作文教学激发学生主动参与的兴趣和写作欲望。

（6）多样性：主题活动作文教学中，活动的主题和作文技法训练或与教材同步或与学生生活实际情况同步，或形成技法序列，教学方法多样化。

（7）开放性：主题活动作文教学中，课外多种资源引入课堂。活动内容开放，形式开放。

（8）养育性：主题活动作文教学中，学生人格的发展和写作能力的提升在潜移默化中同步进行，“人”的教育和发展是在养育中完成的。

二、确立了四条原则

（1）形散神聚的情美原则。

（2）情境自然的景美原则。

（3）张弛有致的形美原则。

（4）循序渐进的序美原则。

三、建构了四类课型

（1）在感悟体验后导写。

（2）在类文借鉴中例写。

（3）在情境激发下赛写。

（4）在互动评改时评写。

四、促进了师生成长

（1）关注学生需求，优化作文教学。

（2）活动勾连生活，增强写作自信。

（3）培养作文思维，轻松完成写作。

（4）尊重学生需要，激发写作兴趣。

（5）搭建活动平台，拓展作文视野。

（6）探索活动主题，构建技法序列。

（7）师生团结合作，实现共研共荣。

专家组鉴定意见为：本课题研究，让学生关注课本外的天地，在写作中培养学生的真情实感和价值取向，充分体现语文新课标的精神与语文教学的根本要求，使学生充分展示生活的真情实感，紧跟教育时代发展的趋势，具有很高的研究价值和重要的现实意义。为大面积提高学生的写作素养，避免写作中的随意性，解决作文教学中“写什么”和“怎么写”的原点问题，作出了可贵的探索。课题实验单位分布合肥市区、庐江县城及农村中学，有新意，很有典型性，不仅体现了城乡教研结合的特色，还密切了城乡学校教师之间的教研联系，有效地提高了新合肥语文教研的成效。课题研究选题科学，方案完备，操作规范，总结全面。

课题研究内容具有创新性：

1. 主题先行，突出活动。主题活动内容从课堂资源、课外资源、课程资源、自身资源、作文资源等方面找出了一条让学生遴选生活素材的思维途径。提炼了主题活动作文教学的五大特征：真实性、综合性、生成性、多样性、开放性。确立了四条原则，构建了导写、例写、赛写、评写四个基本课型，促进了师生成长。

2. 意在体验，设计序列。在主题活动中指导学生写作，学生人格的发展和写作能力的提升在潜移默化中同步进行。技法上形成可供借鉴的训练序列。操作过程可行、实用、新颖。

3. 强化训练，完善评价。该课题研究过程中，突出以学生训练为主的研究主线，充分发挥学生的自我培养、自我激励、自我改进的主动意识，不断完善评价标准，形成多元科学的评价体系，成为引导学生开启作文之路的规范有效的教学实践。

课题研究成果首先在区域实践和推广中取得明显效果，在全国作文教学实践中产生了一定的影响和辐射作用。

课题研究成果丰硕。教师研究成果丰富有质量，学生作品丰硕。教师发表与课题研究相关的论文20余篇，其中3篇课题研究综合成果论文发表在北大认定的全国核心学术期刊上，研究论文在市级以上获奖15篇，课题成果编著2本，成果收录正式出版的图书15本，出版编著1本，学生在国家、省、市举办的各类大赛中获奖的100多人次。实验作文在省级以上刊物发表100多篇。

专家组一致认为此课题达到了预期目标，取得了丰硕的研究成果，同意结题。

第五节　阅读起点：培养学生进行深度的阅读积累

阅读是写作的基础。叶圣陶说，阅读习惯不良，一定会影响到表达，就是说，写作能力不容易提高，因此，必须教好阅读课。如学生写作时常常抓不住中心思想，他说，如果教好阅读课，引导学生逐课逐课地体会，作者怎样用心思，怎样有条有理地表达中心思想，他们就仿佛跟作者一块儿想过考虑过，到他们自己作文的时候，所谓熟门熟路，也比较容易抓住中心思想了。如果生活是写作的制造商，那么课文则是写作的供应商，它可以源源不断供应我们写作素材、行文技法，指点我们精要拟题、创意构思、创新表达。遗憾的是，在我们进行课文阅读时，“写”的作用和意义被严重忽略，阅读与写作“老死不相往来”。其实，我们的学校“生活”，主要还是以课堂学习的学业活动为主，具有天然的“读写结合”优势。如果能够换一下思维，换一种“活法”，读写“互通往来”，也许将是另外一番景象。

对文本进行深度和广度的解读是很好的阅读体验。潘新和说，今天学生的作文，大多数了无新意，这是老师最头疼的，也是学生最畏惧写作的原因之一。解决的方法，就是追求“陌生化”：阅读，要读出文本的“不一样”之处，有自己的“新发现”。写作，要写出自己“不一样”的感觉，有自己独特的“发现”。要写好文章，读书时就要细心品味隐藏在作品中的“不一样”。所谓“不一样”，就是作品表现的是作者独特的感受和体验。安徽省教科院杨桦老师说，文本解读要注意高度（个性化解读）和宽度（多元化解读）的统一。我特别赞同她的观点。教师对文本解读的水平，影响甚至决定着语文课堂的教学质量。从校级课堂教学大赛到国家大赛，我们为什么很少见到高质量的好课？一个重要的原因是我们执教的老师文本解读的水平不够。试想，我们教师自己都不能做到对文本的“常读常新”，换句话说，对文本没有自己的独特见解，我们又如何很好地引导我们的学生“常读常新”，有自己的个性化理解？又如何引导学生积极探索、思考、发现？我们的学生为什么对语文课没兴趣？一个重要的原因是我们的教师没有自己对文本的理解，只知道照本宣科，按照教参或教辅资料来组织教学。

教师只有自己细读文本，深入思考，才能深入理解，才能有新的发现。我第一遍读《台阶》时，似乎弄懂了文章的意思，感觉通篇有一种辛酸的味道，感觉到作者对农民命运的同情、关怀和希望他们有尊严。但我不明白为什么父亲在台阶建好后却“若有所失”。当我读第二遍、第三遍时，我发现文章是有文字暗示的。请看这些文字：

有一天，父亲挑了一担水回来，噔噔噔，很轻松地跨上了三级台阶，到第四级时，他的脚抬得很高，仿佛是在跨一道门槛，踩下去的时候像是被什么东西硌了一硌，他停顿了一下，才提后脚。那根很老的毛竹扁担受了震动，便“嘎叽”地惨叫了一声，父亲身子晃一晃，水便泼了一些在台阶上。我连忙去抢父亲的担子，他却很粗暴地一把推开我：不要你凑热闹，我连一担水都挑不动吗！我只好让在一边，看父亲把水挑进厨房里去。厨房里又传出一声扁担沉重的叫声，我和母亲都惊了惊，但我们都尽力保持平静。等父亲从厨房出来，他那张古铜色的脸很像一块青石板。父亲说他的腰闪了，要母亲为他治治。

这些文字写了父亲闪腰的经过。为什么父亲偏偏在跨上第四级台阶时闪了腰？难道这是巧合？家中老屋只是三级台阶，在第三段就交代过，写了作者很小的时候就喜欢站在门槛上往台阶上跳，一级级跳，但从第三级跳到门槛的时候摔了一大跤。这说明三级台阶对孩子来说有点高了，但是玩玩还是很适合的。对父亲来说，个子高，坐在台阶上很舒服。家里三级台阶，屋里没进过水（文中至少没交代）。这说明三级台阶对于家里人生活来说是很实用的，也很有必要。父亲不满足于这三级台阶，主要原因就是因为觉得“台阶高，屋主人的地位就相应高”。而父亲偏偏在担水跨第四级台阶时闪了腰，这就说明建成的九级台阶，从第四级台阶开始到第九级台阶都是没用的，甚至还有害，除了满足“地位高”的心理需求外，没有多大的意义。这样想来，父亲“若有所失”，是不是在闪腰后，意识到这一点了呢？很多农民看重房屋的新建，拼命省吃俭用，成年累月，含辛茹苦，不仅仅是想营造一个舒服的环境，更重要的是想让乡里人、邻里人看得起，是想让自己的儿子娶上好媳妇。父亲在台阶建好后“若有所失”，是不是想到自己耗费了大半辈子的精力，耗费了自己的健康，这时渐渐意识到健康和生命才是最重要的呢？是不是也意识到，教育好孩子，让孩子成才，才是最有地位的呢？读到这里，我不仅读到了农民对尊严的追求，还读到了他们身上的本分，读到了他们身上那种人类特有的“虚荣心”。当然，这是我的阅读体验，不能说就是唯一正确的理解。

强调文本解读的高度与宽度的统一，讲究个性化与多元化解读的统一，就是不搞一言堂。教师不能把自己的阅读体验强加给学生，但如果是在教师的引导下学生自己发现了，再深的理解体验也不算深，如果不是学生自己发现的，而是教师强加给学生的体验，再浅的理解体验也不妥。实际上，语文教师的创造性劳动，语文教师的真功夫，就体现在文本解读这里。语文教师只有身体力行，自己在文本阅读上下工夫，做学生的表率，才能更好地引导学生真正走进文本，积极思考，体会一个个文字散发的味道，读出文本，读出自己，这样才能真正体味语文的味道，这是培养学生阅读兴趣，回归语文本真，寻求语文味的良好途径，也是最现实、最有效的写作积累。

除此以外，概括文本内容，选词体会文本，一课一得，平行阅读，等等，都是阅读积累。当然，我们不仅要引导学生阅读书本，还要阅读自然，阅读人生，阅读社会。深度积累，就是阅读生活，细心观察和思考生活，就是阅读书本。要把书本上的东西内化为自己的东西，懂得如何运用自己对生活、对书本的阅读积累。

诵读是提高学生语言感悟能力的行之有效的好方法。反复诵读，方能读出味道，读出情致。在现代语文教学中，朗读在所有的言语活动中起关键作用而不可缺少，是听、说、读、写等言语活动质量和效率的杠杆，是语感最初形成且不断得以增强的基本手段。通过对文本的个性感悟，可促进个性语感的形成。"感"是有感而发，是真实的；"悟"是自己个人的顿悟，是从自身个人认识水平角度出发而生成的对作品的理解。我们强调诵读文本，目的就是要对文本感悟。有了自己的感悟，方能在诵读中，读出品质，读出精神，读出智慧，读出灵气。有了自己对文本的感悟，就可以遴选自己认为最佳的诵读方式，准确地把握文本语言的语调、节奏、情感等，有助于尽快形成自己的独特语感。

安徽省省级课题"新课标下初中生读写指导策略研究",历经3年的实践研究,成果可观。

一、读写训练具体化、实用化、多样化、活动化、一体化，形成读写结合教学的模式。

1. 目标具体化。在进行读写结合训练时，根据每一单元阅读和写作的训练重点，确定读写结合的"点"目标，渗透某个要点和某种写作技能。学生掌握了这一阶段的策略之后，再进行下一"点"的训练。同样，每个学期、每个年级都有具体的目标训练。

2. 训练实用化。读写指导策略不是仅仅靠讲解来提高学生的能力，而是经过有计划、有步骤的严格训练，创造机会，让学生经常随文小练笔，如写开头、结尾、口语训练、片断写作等，将"读中学写""写中促读"落到实处。我们找到读写联结点之后，在课堂训练的基础上，鼓励学生深入生活，开阔视野，在迁移运用中进一步将阅读和写作结合起来。阅读中不仅注重考点的训练，我们更为关注学生的想象和移情能力的培养；写作时不仅关注语言底蕴厚重化，我们更注重学生作文的生活化。让学生每天坚持写《班级手抄日报》，按班级座位顺序，60多位学生轮流出报，每人两个月出一次，自己编辑策划，内容为当天班级内的新闻、趣事，适当写一些对班级或社会现象的认识或生活小常识提醒，旨在训练他们的作文“贴近生活实际，抒写性灵感悟，写出自己的心理和生活”。

3.形式多样化。在阅读中，教会学生使用批注、圈点、勾画的方法来阅读美文，摘录精彩语句或段落，并对这些语句或段落进行三言两语个性点评或自我感悟，同时进行仿写。教会学生写读后札，教会学生就文本中的问题研讨辩论，教会学生鉴赏和想象移情，使学生的阅读从简单的粗浅的对文本内容写法的理解上升到对名家美文写作技巧写作思路的揣摩学习，从学生对文本的感性学习到对文本的理性欣赏，从学生的被动艰苦的阅读到自觉愉悦的阅读，从单方面的阅读到读写的结合。作文训练中，我们倡导日记，必写周记，两周一篇当堂作文训练，然后再组织自改自评、互改互评、集体评改、师评等多种途径的作文评改，最后学生反思，写写后札，有效地提高学生的作文能力和水平。

4.激趣活动化。我们抓住学生心理特点，结合通用课程教材，精选的课外阅读教材开展并实施了“每天一故事”“课前五分钟”“演讲比赛”“古诗文诵读默写”“美文诵读”“主题探究性阅读”“研讨与辩论”等竞赛展示活动，将班级活动和文学社团活动联系起来，极大地激发了学生读书兴趣，丰富了学生语言积累，提高了学生运用语言的能力，培养了学生好读书、会读书的习惯，为学生的发展提供了锻炼与展示的平台。我们规定学生每学年阅读不得少于260篇美文。完成读书笔记每学年2万多字。随笔每周一篇，每年48篇3万多字。推进学生阅读课标规定的经典名著近百部，撰写各类不同形式的读后感近千篇。坚持让学生每周一、三、五早读前5分钟默写一首课外古诗、三句名言。每周二、四早读前5分钟作“新闻主播”活动，让他们讲述交流身边发生的有意义或是有趣的事情，每周默写两个精彩语段，积累素材，建立学生自己的素材库。坚持写课堂定时作文，课堂作文与课后作文相结合。

5.师生一体化。在研究过程中，随着研究的深入，教师发现了自己的不足，出现了前所未有的合作、研讨和学习局面，甚至是从学生那里学到了很多。许多成员主动去图书室学习相关理论，整理笔记以备随时学习。教师对研究中发现的问题紧抓不放，研讨交流争辩，提高了认识，有力地促进了教师的专业化发展。我们感觉，教师是把自己放在了学生的位置，常常和学生一起进行问题的思考和研讨，甚至下水作文。

二、在理论和实践探求以及写作教学模式指导方面，有较多的指导策略。

（一）理论和实践方面，总结出六大策略。

1. 阅读移情策略。阅读时在理性的认知之外，加上感性的想象和联想，积累情感，引导学生在理解文本的基础上，结合自己对生活的认识和体验，进行广泛联想和想象，从而激活思维，孕育出创新因子，累积本真情感。

2. 内省评悟策略。阅读中，引导学生一文一评，一文一悟，一文一得。这里的“评”是指通过品读欣赏来获得对文本的个性理解，既可审美也可审丑。每阅读一篇文章都要对最喜欢的某一点，或词汇或语段或句子或写法等，进行点评，在评中感悟，在悟中获取。写作中，后作文过程操作精细化，形成一个规范性很强的学习流程：以表格的形式将自改互改的思维意见物化，以便随时检视、反馈评价；以圈点批注的方式激活思维交流看法，点燃思想的火花；填表点评微型写作、思想文字化、写写后札，完成二度创作的学习、借鉴、提高。

3. 主题活动策略。通过开展主题活动来引导学生作文。每两周开展一次主题活动作文。以情感体验为基础，以主题活动为导向，引导学生发现写作的资源并自我进行有效的整合。以此为写作资源，教师只为学生写作话题提供引子。活动形式多样化。从听、说、读、写、评、感多角度培养写作素养。

4. 思路化拨策略。教师对学生写作的引导重在如何打开学生写作思路而不只是盯住写作技巧的机械训练。如引导学生开启审题、立意的思路方法有常规法、寻词法、咂摸副词法、审问法、路径法、因果法、思辨法、“树”型快速作文结构法等。

5. 素材积累策略。首先，整理好自己的素材库。既要积累语言素材又要积累思想和情感素材。内容为日记、周记、写过的作文，课本素材，名著素材，古今诗句，人物、事件故事，哲理故事，热点素材，等等。其次，将素材按专题整理。学生根据自己的理解需要对素材进行专题分类，按主题也可以按话题或母题来分类，写出运用示例。对每个专题下每则素材内涵进行解析或对素材进行点评。点评中，要敢于抒发真情实感，并写出每则素材在记叙文、议论文、散文中如何运用，在某一具体话题中如何变化等。

6. 有序训练策略。教师和学生一起把七到九年级的写作要求进行分类与整合，从宏观的写人叙事、写景状物，到微观的观察想象、开头结尾、选材构思、立意文采等方面，由浅入深排序，每周、每学期、每学年训练侧重点各不相同，对学生进行有准备有计划的全方位的高效作文训练。

（二）读写结合的实践模式：五环节读写整体优化策略。

在读写结合的教学实践中，概括了一整套可供推广的实践模式：五环节读写整体优化策略，即研读（整体感知，了解大意）—钻探（找准重点，品悟赏析）—释疑（读写迁移，提高能力）—拓展（课外拓展，扩大视野）—自结（自我总结，学后札记）。

这五个环节环环相扣，不断推进。第一环节要引导学生透过文字去整体理解文章的内容，对事物获得感受，让文字表现的事物在头脑中形成鲜明的形象，让书本的语言化为学生头脑里的内部语言，再引导学生有条理地说出来，让内部语言化成外部语言。第二环节要引导学生体会作者是怎样运用语言文字表达内容的，总结文章的写作亮点，感受语言魅力。同时，定点钻探，对文本大胆进行逆向或多向思考，多问“为什么”，以批判的态度去阅读。第三环节，在文本阅读基础上，通过释疑，将读写结合起来，以写作为手段，在作文随笔的实践中运用阅读时学到的知识技巧，训练作文能力，同时使读的效果得到巩固。第四环节，紧扣读写联结点，拓展到课外的阅读和表述中，在理解语言文字的基础上学习运用，在运用语言文字的训练中加深理解，使学生这两种能力都得到发展。第五环节，就是对所学内容进行自我归纳，或联系自我进行一课一得，或对文本、作者、老师、同学的理解提出疑惑，或掩卷深思后发现问题。

第六节　情感起点：培养学生在真实的航线上抒发情感

新课标对写作教学提出要求，强调学生说真话、实话、心里话，不说假话、空话、套话，要有真情实感，力求表达自己对自然、社会、人生的感受、体验和思考。真情在作文中渗透，作文在真情中升华。

叶圣陶说，要有充实的生活，就要有合理、完好的思想、情感；而作文，就拿这些合理、完好的思想、情感来做原料。思想、情感的具体化完成了的时候，一篇文字实在也就已经完成了，余下的只是写下来与写得适当不适当的问题而已。

情感就是我们所固有的喜、怒、哀、惧、爱、恶、惊、恨。有的高亢激昂愤世嫉俗，有的爱恨交加满眼泪花，有的悲天悯人感人肺腑……欣赏一篇文章情感是否动人，一看它是否真实可信，二看它是否健康高尚，三看它是否从细微处深入我们的内心而引起共鸣。抒发情感的原则：一是抒情与亲身经历相连，二是抒情同现实生活中的人、事相融，三是抒情有时代感。

“点点滴滴总关情”。平常普通的人和事，只要真正打动过你的心，令你深有感触，学校、家庭、社会中动人的师生情、友情、亲情、邻里情、家乡情等均可入笔。说真话、抒真情是写好作文的基础，如果表达不真，尽管看上去很“美”很“善”，其实都是值得怀疑的。情感的抒发不能脱离真实的航线。

如何在真实的航线上抒发情感？

1.情要真实可信。

唯有真实情感，才能打动别人。无病呻吟的感叹，大而空的口号，难以引人共鸣，原因是“透着假”。因此要抒发自己内心的真情。只要我们紧紧抓住生活，就能写出真情。平常普通的人和事，只要是真正打动过你的心，或令你深有感触的，用适当的文字加以表述，就可以打动读者。我们可采用第一人称，记叙有较强情感内涵，反映较深主题的经历；可根据话题的要求进行虚构，编述内在情理真实的动人故事；可让不同身份的人从不同的视角切入，让话题充分聚集。如中考佳作《生日蛋糕的味道——写给妈妈的信》就是以书信的形式，写自己最快乐的时刻生日时，遭遇妈妈生气而去的意外“打击”，诉说自己渴望理解，渴望沟通的心理，因事件真实、情感真挚而感人至深。结尾两段写道：

> 今天本来是我最快乐的日子，现在这空荡荡的屋子中都充满着伤感与哀愁。我点燃蜡烛，可当我用尽力气去吹灭烛光的时候，眼泪不由自主地流了出来。我将一小块蛋糕送进嘴里，竟然没有尝到一点味道。也许，也许就是少了您的味道吧！
>
> 妈妈，我真希望在烛光里看到您的身影，真希望我们能一起吹蜡烛，一起许愿，一起……

字里行间充满强烈真挚的感情，表达了对理解、沟通的渴望。

2.情要美丽动人。

人的感情是复杂的，真情有高尚与卑劣之分。引人共鸣的唯有高尚的真情。要以情动人，如中考佳作《白开水的味道》，作者笔下的平常物白开水美不胜收：先通过细腻传神的描写，道出品味过程中心旷神怡之感；继而展开想象的翅膀，联想到“淡淡名利”“心如止水”的人生境界，抒发“一切在清而淡中酝酿，在纯而洁中升华，不浮不沉如乘野鹤，似驭轻云，优哉快哉”强烈而美好的情感。

3.情在细微处。

让人物在细小的言谈举止中展示真情。如中考佳作《番薯的味道》，透过同学之间发生的小故事，抒写作者心灵深处那种关爱同学、理解同学的美好情感。

请看这段细节描写：

一天中午，我忘记带卡，只得返回去取，空荡荡的教室里，只有希一个人——原来他一直将饭打回来吃。“你什么时候打的饭？我怎么没见到你？”希似乎吓了一跳，我才惊讶地发现他手里捧着一个番薯。也许因为我的忽然出现吓着他了，他被噎得直咳嗽，满脸涨得通红。我一时不知所措，好在我反应快，灵机一动，惊呼着：“天啊！你竟然带了红心番薯，难怪你不愿去吃学校的非人食粮，也不让我分享！”他的脸色缓和下来，慢慢露出了笑脸！这是我第一次看见他笑，虽然有些迟疑。

“我”的语言描写，希的脸色由“通红”到“缓和”，“慢慢露出笑脸”。同学间的关爱理解之情通过细节描写流于笔端。

4.表达奇中求。

抒情时要尽量融记叙、描写、议论为一体。不要为抒情而抒情。记叙是基础，有了那样的人或事，才有了感动，形成较为自然的抒情，进而有较为深入的思考和理解，产生对生活和生命的感悟。可以融情于人、融情于事、融情于物、融情于理。可以运用欲扬先抑、对比、拟人等手法来增强文章的感染力。如上文提到的中考佳作《番薯的味道》就是采用了欲扬先抑手法。请看开头：

瘦弱单薄的身体；稀疏蓬乱的头发，苍白平淡的五官，一副营养不良的样子，毫无过人之处——这是班主任将希领进教室时给我的第一印象。

这段对希的肖像描写是“抑”。在二者相互理解后，结尾写道：

希没有给我留下一句话，就离开了我们这个集体，可他在我心目中的印象越来越深刻，我永远不会忘记那好甜、好美的番薯的味道。

这里是“扬”，紧扣文题，点明中心。“我”对希前后态度的变化，由不搭理到亲近，是对比手法的运用，收到了很好的情感表达效果。

第七节　悟化起点：培养学生养成“悟化”的习惯

新课标要求，学会多角度观察生活，发现生活的丰富多彩，写作要有真情实感，力求表达自己对自然、社会、人生的感受、体验和思考。

作文教学应该注意引导关注学生自己的内心世界，培养学生的“悟化”习惯，养成“内省”的习惯，不断将外在的客观事件转化为内心独特的主观感受。学生对生活的感受不断丰富起来，这种主观感受越丰富，表达的欲望越强烈。这样学生在写作文时才不会觉得作文无话可说。

让学生学会写写后札记，是培养学生对写作进行“悟化”的一个重要手段。新课标明确提出，要关注学生修改作文的态度、过程和方法。要引导通过学生的自改和互改，取长补短，促进相互了解和合作，共同提高写作水平。这就要求教师彻底抛弃包批包改的裁判者身份，成为服务员和资料收集者，将学生摆在平等位置上，对学生的评价不能随随便便从教师的好恶角度来取舍，要不失时机表扬肯定他们，使他们主动参与评改并畅所欲言，保持永久的兴趣。

常进行作文评改活动，让学生掌握评改的方法，如围绕评改的项目、圈点批注、填表点评等步骤，让学生在评改中有具体的操作方法，通过具体的习作评改演练，真正学会自改互改方法，能自评互评。从“写什么”和“怎么写”两个角度，让学生点评作文，而学生的点评是依据习作中具体的例子，也就是通过圈点批注后得来的，让学生经过由浅入深的探究，逐步领会这些方法，在点评中悟出取材方向和写法，从而在写作中会运用自己悟出的方法。这就是评中悟。学生养成了“改中评”“评中悟”的习惯，也就养成了“悟化”习惯。

清人王友彬在《围炉夜话》中曾说过这样一段话：“观朱霞，悟其明丽；观白云，悟其卷舒；观山岳，悟其灵奇；观河海，悟其浩瀚，则俯仰间皆文章也。”一句话，一切文章都离不开作者的“悟”，有了“悟”，我们的心灵就会丰富起来，我们的心灵就会从沙漠变成绿洲，从枯井变成涌泉，这样，我们生活世界中一株草、一棵树、一只蝴蝶、一滴露珠，就无一不是我们写作的源泉。有了这样一个不竭的源泉，难道还愁我们的学生怕写作，对写作没兴趣，难道我们还愁学生写不出好作文？

第八节　思路起点：教给学生打开写作思路的方法

新课标强调，要引导学生丰富语言积累，培养语感，发展思维。在发展语言能力的同时，发展思维能力。我们主张作文教学中要着重培养学生的写作思维能力。学生写作中最大的困惑，不是他们的生活困乏，而是他们面对作文题目时，不知道“写什么”“怎么写”“怎么写最好”，实际上是他们的写作的思路没有被打开。下面重点谈如何打开审题思路的方法和如何打开立意思路的方法。

一、如何打开审题思路

（一）常规法

1.独词式话题作文。话题作文具有自由开放的特点，在所有题型中审题难度最小。请看2011年甘肃省中考作文题：

> 阅读下列文字，按要求作文。
>
> 有人说：幸福是雨中妈妈送来的雨伞，幸福是老师投来信任的目光，幸福是患难中人们无私的救助，幸福是节假日家人团聚时的晚餐……
>
> 关于“幸福”，你也一定有自己的理解。请你以“幸福”为话题作文。
>
> 要求：①立意自定，文体自选（诗歌除外），题目自拟；②字数不少于600字；③文中不能出现真实的地名、校名、人名。

这是一道独词式话题作文，也是一道给材料话题作文。话题作文广泛的选材范围，给学生提供了自由灵活的写作空间。

材料作文的审题，首先要审材料。这个材料是话题的提示语，是写作的由头、引子，告诉学生“幸福”在生活中的一些细节体现。如“雨中妈妈送来的雨伞”“老师投来信任的目光”“患难中人们无私的救助”“节假日家人团聚时的晚餐”等，体现出亲情的关爱、老师的支持、他人的奉献、家庭的温馨等。命题者通过提示语，把幸福的内涵和写作范围确定在与平时生活息息相关的方面，如挫折、困难中一句温馨的话语、一个鼓励的眼神、一缕亲切的微笑等。后面的“关于‘幸福’，你也一定有自己的理解”，这要求考生写出自己对幸福的个性理解。“幸福”与每个人的生活和经历紧密相连，未必完全是正面意义上的才叫“幸福”，也许在别人看来未必是“幸福”的事在你眼里却是“幸福”的。如“妈妈的唠叨也是幸福”：青春期的学生最厌烦的就是唠叨，为什么妈妈的唠叨是幸福的呢？因为这唠叨声中蕴涵着温暖的母爱。

其次要审要求。话题作文最大的特点就是要求宽泛，但这并不意味着没有限制。在写作前，学生一定把握好“三自（自拟题目、文体自选、立意自定）”要求。有了明确的写作中心，文章重点就有了落笔之处；有了明确的文体，就不会写出“四不像”的文章。话题作文的拟题很重要，“题好一半文”，自拟题目是行文的一大亮点，千万不能以话题当文题，否则刚一露脸就让阅卷老师大倒胃口。写作中，要把握好字数，要教会学生注意文中名称的小技巧：可以用通用的地名如“体育场”“教室的楼道口”等；虚拟的雷同校名如“四中”“这所名校”等；姓名就用最后一个字代替，如“夏万军”，就用“军”代替。

这是最基本的审题步骤。学生遇到各种题型的命题作文，都要按照这样的步骤来审题。

2.新材料作文。新材料作文命题，是在材料作文基础上发展起来的一种新型题目样式。这种命题形式从本质上讲，是材料作文；从表现形式上讲，与话题作文类似。它给定材料，但不给定话题；它继承材料作文的一些优点，又弥补材料作文的缺陷。过去的材料作文，都是限定文体，而现在文体不限；过去的材料作文，总有最佳立意，而现在可有多个立意。

那么，新材料作文如何审题？请看一则写作训练题：

> 阅读下面一则材料，按要求作文。
>
> 一个孩子到果园去，看见爷爷正在梯子上咔嚓咔嚓地把果树上的一些枝条剪下来，小孩拿起一根枝条，说：“爷爷，它们长得好好的，你把它们剪掉多可惜！”爷爷说：“傻孩子，剪掉它们，果树才能长得更好呢！”
>
> 爷爷剪掉枝条的事可以给我们许多启示。确立一个议论中心，联系现实生活中的某些人和事，写一篇议论文，题目自拟。

这是一则新型材料作文。这类题目除了上面所说的审材料信息、审清题目要求外，关键要抓住的一点是，尽快弄清材料的主旨。我们紧紧扣住材料后面的一句话“爷爷剪掉枝条的事可以给我们许多启示”，这个“许多启示”就是就是材料的主旨，也就是我们写作的主旨，当然我们写作只要抓住许多启示中的一个启示就行了。爷爷剪枝条给我们的启示，从爷爷、枝条、树木、小孩四个角度考虑，以此分割话题：

①削枝以强干。爷爷剪掉一些枝条，会使果树长得更好。舍弃次要的，是为了保留主要的。有所不为，方能有所为。以“舍得”“得与弃”“付出与收获””付出”“代价”等为话题作文。

②看眼前，果树枝条茂盛，长势很好，看发展，剪枝条会使果实丰硕，所以爷爷毫不吝惜。行动服务于目的，措施受制于宗旨。这是有远见、有胆识之举。以“远见”“胆识”“眼光”“视野”为话题作文。

③小孩拿起的一根枝条，也许长得很好，但从整棵果树权衡，它分散营养，影响结果数量与质量，必须剪掉。正确处理部分与整体的关系，让部分服从于整体，局部服从于大局。以“个人与集体”“整体与局部”“服从”“奉献”“最需要”等为话题作文。

④“傻孩子”，傻在何处？傻在只看到一根一根的枝条，忘了它们与整体的联系；只看到它们眼前的长势，忘了它们最终影响的结果。不可一叶障目，不见全树。以“普遍联系”“孤立”“无知”“单纯”“天真”“智慧”“团结”等为话题作文。

通过上面的分析，我们不难发现，新材料作文是“边缘性话题作文”，也是多话题作文。这无疑提高了审题难度。写作中我们要养成良好的全面审题习惯。没有养成良好的审题习惯不仅在我们同学的平时作文、考场作文中常有，就是在大赛作文中也是普遍存在的。2011年国家教育部语用司开展了“中华颂·经典诵读行动”全国中小学作文大赛，文件明确规定：

> 本届作文大赛的主题为“诵读经典，感悟成长”，旨在鼓励和引导中小学生在诵读、书写、讲解等学习中华经典的过程中，用文字记录下所思、所感、所悟，既可以是对作品和作者本身的认识、理解，也可以是对作者精神追求、传统文化思想、革命主义情怀的感悟，还可以是对祖国、对家乡、对父母、对教师的热爱、感激之情或对美好生活的赞美、憧憬之情的表达。让孩子们用笔写下真情实感，用笔画出美好生活。
>
> 参赛对象：各地义务教育在校学生，分为甲、乙、丙三组（甲组为1—3年级，乙组为4—6年级，丙组为7—9年级）。
>
> 丙组：作文要求600~1000字，可以《照亮生命的红星》《给孔子的

一封信》《古人不远：我最喜欢的历史人物》《道不远人：不能不孝敬父母（感恩社会、诚信待人、学会忠恕等）的（几个）理由》等为题。

所有参赛作文都可以结合本次大赛的作文主题自定题目。

在全国73万多件参赛作品中，很遗憾地发现，大量的参赛作品没有紧扣大赛主题，作品不符合大赛要求。有的同学解读经典，写出自己对经典的感悟，没有联系生活，联系成长；有的同学只写成长，没有联系经典；有的同学赞美祖国、家乡、父母、老师等，与经典也毫无关系；有的同学写的经典是国外的；有的字数不在限定的范围内，过长，最长4000多字……造成这些的原因是没有认真审读大赛要求或者片面理解大赛主题和要求。大赛主题"诵读经典，感悟成长"，这是一个不可分割的主题。感悟成长，是在诵读经典的基础上。当然，经典的范围是古今中华经典作品，指的是中华从古到今的任何中华精神文化和物质文化。在诠释大赛主题的一段中关键的文字是"旨在鼓励和引导中小学生在诵读、书写、讲解等学习中华经典的过程中，用文字记录下所思、所感、所悟"，它和后面的文字是一个整体，不能割裂开来。当然，也出现一些文质兼美审题准确的优秀作文。下面一篇就是审题严密，扣题严谨，切合大赛主题和要求，荣获安徽省一等奖（全国三等奖，安徽省初中仅3人在全国获奖）的获奖作文。

手牵手，一起走　　◎安徽庐江四中　蔡凌寒

"众里寻他千百度，蓦然回首，那人却在灯火阑珊处。"

流年似白驹过隙，瞬间即逝，蓦然回首，感叹于尘世间的万紫千红，悲欢离合。掐指而算，我们共同走过了十四个春华秋实，风花雪月，而你，却依然陪伴在我身边，执著无悔。

人生伊始，我还在牙牙学语，初次邂逅，你让我触摸到杜甫、李白的衣角。"迟日江山丽，春风花草香"。春风不醉人自醉，暖烘烘的太阳普照大地，山河一片秀丽的景象，多美的画儿。"小时不识月，呼作白玉盘"，月亮皎洁可爱，传达出儿童天真烂漫之态，也许我们当初也是这么认为的。"露从今夜白，月是故乡明。"白露节夜晚，路边野草上挂满清露，看着天上明月，思念家乡的亲人。也许家乡的月亮应该要明亮一点吧！

童年的时光就在这一篇篇古诗中滑指而过，渐渐长大的我发现，你竟是如此有魅力，让我依赖着你，一起走向少年。

“留连戏蝶时时舞，自在娇莺恰恰啼。”留恋鲜花的彩蝶，时时舞翩跹；自由自在的黄莺，在嘹嘹呖呖地鸣啭。

“江南可采莲，莲叶何田田”。闻到了吗？夏日的清爽混杂着一丝丝甜甜的气息，还有那“接天莲叶无穷碧，映日荷花别样红”。景色美得让人陶醉其中，流连忘返。

渐渐长大，我也上了中学，我牵着你的手，你带领着我走进更广阔的世界。

我感慨，为了岳飞的精忠报国，也为了他的盲目愚忠；我喝彩，为了陶潜的“不为五斗米折腰”，也为了屈大夫的独清独醒；我叹息，为了辛稼轩的“壮声英概，圣天子一唱三叹息”，也为了文天祥的“身世浮沉雨打萍”；我呐喊，为了慰藉余光中先生“一弯浅浅海峡”的乡愁。

亘古旷今，穿越千年的生命仍生生不息，你那“采菊东篱下，悠然见南山”的魅力，你那“捐躯赴国难，视死忽如归”的气魄，你那“壮心未与年俱老，死去犹能作鬼雄”的豪情壮志，你那“故乡何处是，忘了除非醉”的思乡之情……无不让我感慨万千，陪你欢喜陪你忧。

任时光匆匆流去，那些似水年华中，你我手牵着手，一起走过了穿越千年的记忆，梦醒人亦醒，而我，手里还残留着你的余温。

我愿“生死契阔，与子成说。执子之手，与子偕老”。

这是一篇深受评委一致称道的优秀作文。小作者对大赛主题和要求进行了全面审题。全篇紧扣大赛主题和文题，将经典对自己成长的影响淋漓尽致地表达出来，笔尖流淌着对经典诗词的真挚情感，一气呵成。作者的阅读面宽广，思路开阔，语言干净、锤炼。

（二）寻词法

我们在掌握常规审题方法的基础上，有没有更快更准的审题方法呢？请看题：

人一生中有些话语能让我们豁然开朗，有些话语能滋润我们的心田，有些话语能启迪我们的心灵，有些话语能激励我们成长。

根据上面这段文字，以“**有温度的话语**”为话题，自拟题目写作，600～800字，体裁不限，诗歌除外。

这是一道短语式话题作文。除了用上面说的常规法来审题，还要寻找题目中的关键词和核心词，直接审题干。我们要明确，作文题目的关键词是写作对象、写作内容，也是写作话题，核心词是写作重点。关键词和核心词中的“词”，一般是单独的词，有时是词组。这个话题的关键词是“话语”，是所给话题的写作对象，是写作内容，也是“有温度的话语”这个话题的母话题。核心词是“有温度”，这是一个动宾短语，是一个形象的比喻，是对母话题的限制，是写作的重点。通过寻找题目的“关键词”和“核心词”，就能很快明确写作的对象，确定写作的内容和写作重点，也就确定了我们写作的方向。运用这种方法，我们就话题进行拟题，当所拟的题目确定后，可以再运用“寻词法”来找出自己所拟题目的关键词、核心词，从而尽快明确写作对象、写作内容、写作重点。

这种方法也可以用于各种形式的作文命题。如2011年上海市的全命题作文“**悄悄地提醒**”，题目的关键词是“提醒”，是写作对象、写作内容，也是写作话题。核心词是“悄悄”，是对写作对象、内容的限制，也是写作重点。南京市的“**也是一堂语文课**”，题目的关键词是“一堂语文课”，核心词是“也”。2011年山东淄博市的“____**的馈赠**”，题目的关键词是“馈赠”，核心词是你要补出的内容。重庆市的“**我改变了____的色彩**”，题目的关键词是补出的内容和“色彩”，是写作内容，“我改变”是核心词，是写作的重点。材料作文要等我们自己拟好题后来进行寻找。

从上面的分析可以看出，运用寻词法，各种题型的作文都是可以的。偏正结构短语式的作文命题，关键词就是中心语，核心词就是修饰语。主谓结构短语式的作文命题，关键词是主语，核心词是谓语。动宾结构短语式作文命题，关键词是宾，核心词是动。句式型（观点型）的作文命题，关键词一般是宾语部分，核心词一般是主语或主谓部分。含有介词或副词结构的作文命题，核心词通常是题目中的介词或副词。

（三）审问法

实际上是三问法，就是对话题或者已经拟好题目的材料作文或者对给的全命题作文或者已经补全的半命题作文进行三次疑问：“文题或话题”是什么？为什么要“文题或话题”？“文题或话题”怎么样？从而明确写作对象，确定写作内容和写作重点。

以“**报答**”话题为例，我们这样审：什么是报答？报答的内容和形式在生活中有哪些？为什么要报答？由此想到知恩图报、恩将仇报等。报答后怎么样？由此想到做人的准则、美德、乐趣等。

再看2011年天津市的中考作文题：

同学们，回首你的初中生活，一定会有一些值得怀念的往事、难以忘却的身影、记忆犹新的画面，如同闪亮的星子（星星）将你记忆的夜空点缀得璀璨而美丽。那星子，或许是父母的关爱，师长的教诲，同伴的友情；或许是拼搏的汗水，成功的欢悦，自信的笑颜；或许是懊悔的泪光，成长的烦恼，青春的思索……那星子虽然已经在夜空划过，但它所闪耀的光辉却永远与你相伴。请摘取其中最明亮的，来铭记你的初中吧！

题目：**如星子划过夜空**

要求：①写一篇不少于600字的文章；②内容具体，有真情实感；③文体不限（除诗歌、戏剧外）；④文中请回避与你相关的人名、校名、地名等。

这道命题作文我们可以这样来审题：“**如星子划过夜空**”是什么？通过提示语，我们知道，这里的“星子”不是指天上的星星，是个比喻，把我们初中生活中留在心底抹不去的记忆比作闪亮的星子。如关爱、教诲、汗水、欢悦、泪光、烦恼等。为什么说“如星子划过夜空”？因为它已经过去，但是存留在记忆的深处，永远闪耀，无法抹去，是永远的珍藏等。“**如星子划过夜空**”怎么样？这是我们的感悟所在。它给我们带来的人生影响，一段记忆，一段美好人生等。

（四）路径法

这种方法，简单来说就是围绕着某一路径，根据所给的命题进行拓展延伸。这里的路径是指思维路径。如“心中的烦恼”话题可以拓展为一个巨大的话题——成长。每一个人在成长的过程中，都会遇到各种各样的“烦恼”，写作时只需要把“**心中的烦恼**”加一个限制即可，比如：“分数给我的烦恼”“痘痘的烦恼”“‘初恋’的烦恼”“唠叨的烦恼”……这些限制其实就是一个原因，即要告诉读者：“我为什么烦恼”，只要把这个原因有条理有步骤地写出来，就能紧扣文章主题。

看看2011年四川南充中考作文命题“**沟通**”，对此话题我们可以向大的方面拓展：沟通话题—心声话题—交流话题—情感话题；也可以向小的话题延伸：沟通就是为了相互理解，“讲心里话”。以“讲心里的话”为思维基点，层层深入剖析，分析“心里话”对沟通的意义所在。只要说明白几个问题：心里话是什么？为什么要说出来？能不能引起别人的共鸣，达到沟通的效果？心里话跟什么事件有关系？跟什么人有关系？沿着这样的路径去思考，就能与文题紧密相连。

有了以上四种方法，学生面对任何形式的作文命题都会尽快锁定内容，明确对象，审准题意，打开思路。

二、如何打开立意思路

立意就是确定文章主题。主题是作者对客观事物的认识和反映生活现象时所表达出来的基本意见和中心。在记叙文中，人们称之为中心思想；在议论文中，人们称之为“基本观点”或“中心论点”；而在文学作品如小说、诗歌中，又称之为主题或主旨。有时它还可以是一种情绪、心境，一种“理”趣，一种“美”。好的文章都是立意高的范本。立意应符合以下几点：①准确；②深刻；③新颖；④集中；⑤有时代感。那么，有哪些具体方法能让我们的学生在作文时选好主题，打开立意的思路呢？

先统一认识：全命题作文是缩小范围的话题作文，半命题作文是有限制的灵活的话题作文，话题作文是扩大了范围的命题作文，材料作文是“边缘性话题作文”，也是多话题作文。

因此，掌握了全命题作文和话题作文的立意方法，其他命题形式的立意也就迎刃而解。

（一）因果法

因果立意法是让文章走向深刻的重要手段。这种方法就是对作文材料加以剖析，挖掘相关事物项的因果联系，从而找到写作的主题。常用的是由因推果或由果溯因，这在议论文中运用较多，其他文体也可运用此类方法。

由因推果是常规的因果立意方法，一般情况是提出一种原因推出一种结果，点明两者之间的联系。落实到具体作文中就是话题（或文题）是行文的原因，文末的感悟、体验是行文的结果。常用的方法是加上因果关联词：因为+话题（或文题）+所以……

由果溯因是面对一个结果去探求原因，利用这种思维写作会让文章充满吸引力。落实到具体作文中就是话题（或文题）是行文的结果，行文是原因、是经过。由果溯因法常用设疑：为什么+话题（或文题）+是因为……

以作文题“**我最喜欢的一堂语文课**”为例，可运用由果溯因法来构思立意，采用一果多因法：为什么这是“我”最喜欢的一堂语文课呢？是因为这堂课改变了“我”对语文课的厌恶、对语文老师的反感情绪，“我”从此尝到听课学习是一种享受；是因为“我”意识到自己的愚昧无知、自己的孤傲，发现语文课是精彩的世界；是因为“我”真正认识到课堂学习是追求真理的摇篮；是因为“我”认识到语文课堂是培养情商和综合素质的基地等。

这种方法的实质就是通过对题目加关联词语或者疑问来打开立意思路。

（二）添加法

联想是一种由此及彼的思维方式，即由某人、某事而想起其他相关的人或事，或者由某个事理推到其他事理的思维过程。常用的是相关联想，即联想与该作文话题密切相关的人物事物、名言警句、诗词歌赋、寓言漫画、新闻报道以至影视专题节目等。落实到具体的写作中，最常用的方法就是在话题上添加词语，也可称之为“添加法”。

以作文题“**收获快乐**”为例：

前面添加。通过添加词语，可以得到很多立意角度，如心态平和才能收获快乐、心怀善念才能收获快乐、提升素养才能收获快乐、控制名利欲望才能收获快乐、胸怀博大才能收获快乐等。

中间添加。给“快乐”一词添加定语，有利于打开立意思路，如收获明月清风的快乐、收获雨打芭蕉的快乐、收获纯洁友谊的快乐、收获流水落花的快乐、收获卧床读书的快乐、收获幽径漫步的快乐、收获优美乐曲的快乐等。

后面添加。在文题“收获快乐”的后面添加词语，也可以打开立意思路，如收获快乐才能快乐栖居、收获快乐是喧嚣中的心灵安慰、收获快乐才能坦然面对人生等。

这种方法的实质就是通过对题目添加词语来打开立意思路。

（三）顺逆法

这是发散思维的立意方法，就是沿着不同的方向去思考如何立意。从众多的角度（如作文的材料、感情因素、文本样式等），确定切入点，落实作文的写作框架。常用的发散思维有辐射发散和逆向发散。

辐射发散法是指围绕一个中心多方位地发散思考，此方法可以多角度立意，也可以选用大量素材从不同角度共同对同一话题进行阐释。这种思维方法的关键是建立联想点。具体落实到作文中就是将话题（或文题）和同类联想、不同类联想综合运用打开立意思路。

逆向发散法是指从与习惯性思维或传统观念相反的方向、角度进行思考。落实到作文中就是从话题（或文题）相反的方向思考立意，进行探索，形成新的认识以打开立意思路。如安徽的中考作文题：

十五六岁，正值花季。我们率真，我们自信，我们积极进取，我们充满希望。在与亲人、同学、老师的交往中，在获取知识、参加活动的过程中，我们开始明白，生活中有成功，也有挫折；有欢乐，也有忧伤。我们学会了理解和分享，懂得了感恩和担当……在这个年龄，我们正书写着自己的人生篇章。

请以“**在我们这个年龄**”为题写一篇文章。

本题的提示语就含有同类联想和不同类联想的指向。率真、自信、进取是同类联想，成功、快乐、理解、感恩也是同类联想；挫折、忧伤、分享、担当是不同类联想。因此，围绕文题，我们可以得到两种立意角度：在我们这个年龄，我们天真、直率、好奇、冒险、胆大、独立，也好动、冲动、张狂、脆弱、追星、恶作剧等。

从题目进行反向立意，如不在这个年龄就没有独特的青春体验：不在这个年龄没有富有朝气的人生梦想就少了一份精彩历练、少了青春的雨季，这是成长的缺憾、人生的缺憾，等等。这种方法的实质就是通过发散联想，多角度联想来打开立意思路。

值得注意的是，无论用哪一种方法立意，都应该学会提炼主题。从提示语中或题目中多方面、多角度提炼多个主题，再从自己熟悉的材料中找出相关的材料来立意。作文不能没有主题，但也不能分散或有多个主题，误入立意误区。立意要力求小巧，从小的角度来反映大的主题。另外，材料作文的立意要注意写作主题和材料主旨的一致，切忌为了追求新颖独到而偏离材料主旨，造成文章离题的遗憾。

第九节　文化起点：培养学生的文化意识

新课标强调，认识中华文化的丰厚博大，吸收民族文化智慧。关心当代文化生活尊重多样文化，吸收人类优秀文化的营养，提高文化品位。

写作是传承文化，而文化书写着生活，生活就是文化，生活就是情感，生活就是思想。文化渗入生活的方方面面，吃喝拉撒、衣食住行是文化，黄昏与月亮是文化，黑头发黄皮肤是文化，流动的河水是文化，长空的雄鹰是文化，江南的水乡是文化，集市的吆喝是文化，安徽的黄梅戏、徽商是文化，巢湖的民歌民曲是文化，各地的方言也是文化……

其实文化本身包含了自然、社会、人生、宇宙的方方面面，所以文化的呈现方式是丰富多彩的。王充似的哲学家的呈现，莎士比亚似的戏剧家的呈现，张晓风似的散文家的呈现，冯骥才似的小说家的呈现，余光中似的诗人的呈现，柏杨似的杂文家的呈现，余秋雨似的学者的呈现，侯宝林似的相声家的呈现，李连杰似的演员的呈现……都是文化的呈现方式。

文化精神是文化作文的核心。它的呈现形式是一切文化的材料，无论历史还是现实，无论古代还是当代。无论是用历史作为写作材料，还是以当代生活故事和场景作为写作材料，都要体现文化精神。

正如文化作文创始人谭蘅君所言，我们的一切都在文化的包裹之中，我们的思想情感浸满文化的琼浆，我们的言行举止打着文化的烙印，我们在文化中拔节成长，而后又成为生活着的文化。因此，我们应该引导学生学会在书写生活中创造文化作品。脱离生活的文化是无本之源的文化，是虚伪的文化、假大空的文化。作文只有植根现实生活，才能绽放文化的光芒。在当今"散文化"作文泛滥的今天，引导学生拥有文化良知，担当文化责任，维护文化秩序，重建文化经典，谨防初中生乏"散文化"作文的泛滥，是我们每位语文教师义不容辞的责任和历史使命。

一、谭蘅君先生提出的"文化作文与文化教学新理念"

文化作文与文化教学新理念，是以文化为核心，从历史文脉角度思考文化传承与文化育人而产生新思想，拥有有十大新理念，并在教学实践中形成教师个性教学为核心发展思路的模式。文化作文与文化教学的历史文脉传承理念，建立在中国历史文化的断层理论上。姑不论遥远秦朝的焚书坑儒，仅以宋朝至今，就有五次大的文化断层：

一是南宋涯山之战。数十万南宋文化与科技精英被元军屠杀或赶下大海，元朝蒙古人野蛮的统治使中国传统文化遭受极大破坏。

二是清军入关。除对汉民族文化进行破坏外，采用更具阴谋的修书方式，造成文化内伤。吴晗说，清人纂修《四库全书》而古书亡矣！

三是近代"新文化运动"。特别是"五四"特定历史背景下的文化愤怒，带来积弱国力下民族文化的自卑与自残，终于使"西学东渐"成为主流。传统文化断层痕迹明显，最显著的标志，是白话文取代文言文，中国人价值观、世界观趋向西化。中国人的精神世界发生剧变。

四是"文化大革命"。中国文化变化巨大。

五是改革开放。文化缺根之际迎来改革开放，西方文化乘势占据处于文化空白的中国人的精神空间。中国人价值取向日益西化。

从教育角度讲，新中国成立，中国进行了两次大的教育调整：一是成立之初，从教学理论、课堂模式到教材编写理念，照搬苏联模式；二是改革开放，放弃苏联模式，大量西化。两次调整，独独忘记了自己的教育传承。

文化作文与文化教学理论，要立足于民族教育文脉传承，以世界唯一五千年未完全中断的文明为底色，吸收世界先进文化因子，创立了完整的文化育人新理念。

二、文化教学

文化教学理念产生于中国文化荒漠的现实，着力于推进教育文化化。唯有教育实现了文化，才能续传文脉，才能让中国未来有文化。推进教育文化从四个方面入手：①教育内容文化化；②教育过程文化化；③教育对象文化化；④教育结果文化化。

在文化教学中，我们提倡文理兼备。1948年时任清华大学教授的梁思成先生讲过，我们现在的教育培养出的是半个人。这就是批评文理分得太开。应将文科的人文精神与理科的科学精神，将人文情怀的浪漫与科学世界的求真品质结合起来。

如何理解文化教学？我们从四个方面来理解。

1.文化教学的概念。

狭义的“文化教学”是以课堂的文化内涵为本质特征的教学理念。以文化的课堂形态和过程达成文化传递和文化人的养育的一种教学方式。它在教学思想、教学设计、教学行为、教学过程以及教学结果上都围绕文化内容的传递、文化精神的培养、文化人格的塑造来展开；教学方法简捷高效，直击最短教学；课堂具有一定的文化内涵、文化情怀、文化思辨，教学效果实现素质教育与应试教育结合的目标。

广义的“文化教学”不仅指课堂，是以文化育人为本质特征的教学思想。涉及教学内容与教学艺术的文化性、文化传承与跨文化思辨等文化终极意义上的人的培养。。

余秋雨在《千年庭院》里说，教学，说到底，是人类的精神和生命在一种文明层面上的代代递交。这句话与文化教学在精神上是相通的。

2.文化教学的三个关键点。

核心：文化人格的养育。

过程：实现最短教学距离。

结果：应试教育与素质教育结合。

3.文化教学三观。

（1）史观（底蕴），包括了文本史、教法史、文化史、考题史。

（2）格观（境界），包括课堂格式、思维格局、文化视野，人格胸襟。

（3）情观（倾向），包括了视野、思辨、情感。价值判断与选择。

4.文化教学课堂模式。

（1）人格模式：活动+素学+导学+练学+考学+拓学（学力培养）。

（2）升格模式：素教+艺教+个教。

因此，文化教学追求的是文化育人，养育具有中国文化特征的中国人，实现中国文化复兴与文化崛起。其课堂原则是文化课堂与生命课堂，贯穿始终的是应试教育与素质教育的结合，文化人格是其教学的最高体现。

三、文化作文

文化作文是表现一个民族或人类文化精神的作文，或者以文化的视角审视话题，以文化的眼光关照社会人生的作文，或者富有文化色彩与浑厚的文化底蕴的作文。

文化作文的最高形态，就是文化创作，写出能够体现本民族群体的内在心理、生存状态等充盈着文化精神的作品。所以，文化作文是社会进步到一定程度的必然选择。

文化精神是文化作文的核心。它的呈现形式是一切文化的材料。无论是历史还是现实，无论是古代还是当代，无论是用历史还是以当代生活故事和场景作为写作材料，都要体现文化精神。

文化的呈现方式是丰富多彩的，文化作文的呈现方式同样丰富多彩。可以是散文、小说、记叙文，也可以是戏剧、寓言、议论文等；可以是生活化真情作文的方式，也可以是哲思化的个人感悟方式。

文化作文不仅仅是名人、名著、名句，焦点、热点、侃点，还包括历史与现实、想象与生活在内的所有内容。它扩大了写作的空间，提升了作文的文化品位，将引领作文未来的发展方向。

1.文化作文十大追求。

浑厚的文化底蕴，深刻的文化认知，丰沛的文化精神，较高的文化品位，鲜活的文化生态，时尚的文化前瞻，灵性的文化体验，独特的文化风情，生动的文化特质，丰美的文化语言。

2.文化作文十大目标。

培养文化的意识，拥有文化的良知，探索文化的轨迹，传承文化的精神，肩负文化的责任，维护文化的秩序，净化文化的生态，养育文化的人格，重建文化的经典，迎接文化的振兴。

3.文化作文十大思维。

用文化的眼光审视话题，用文化的材料表现话题，用文化的思辨挖掘话题，用文化的笔法写作话题，用文化的意蕴丰美话题，用文化的品位提升话题，用文化的沧桑厚重话题，用文化的想象浪漫话题，用文化的细节生动话题，用文化的情怀升华话题。

4.文化作文十大新理念。

（1）文化作文三大层级：入格、升格、破格。

（2）文化作文三大阶梯：素写、仿写、创写。

（3）文化作文三大眼光：用生命的眼光看万物、用诗人的眼光看生活、用文化的眼光看世界。

（4）文化作文三大目标：回归教育本质、打造现代文言、重塑中华文化。

（5）文化作文三大定律：系统同步定律、整体发展定律、双向转换定律。

（6）文化作文三大根基：经典、游学、悟化。

（7）文化作文四大素理念：素读、素解、素写、素教。

（8）文化作文三大特训方法：仿写、盲写、音训。

（9）文化作文三大和谐原则：人品与文品的和谐、文凭与文化的和谐、考试与素质的和谐。

（10）文化作文九步课堂教学模式：活动、素写、展示、范例、仿写、创写、自评、互评、盲写。

5.文化作文五大演变。

内容上：名人名句—古代文化材料—当代文化材料—古今文化思辨—描写生活文化。

形式上：大散文—议论文—小小说—文学体—创新文体。

以上为谭衢君先生的文化作文教学观。文化作文教学的理念是先进的。

然而，当下的高中生作文有“散文化”的严重倾向。

请看下面摘录的高考满分作文片断语言及分析：

> 与你为邻，让我感受到自信的人生是多么精彩。你是李白，你放荡不羁，像野马。总希望奔驰在世界上，展现自己的才华，但是就是有人不认识你是匹骏马，官场上的种种失意不要紧，因为你是自信的，自己的才能只有自己最清楚。才华横渡的你不再“摧眉折腰事权贵”，而是举杯邀明月，大呼“天生我才必有用”的感慨。我欣赏你，无论什么困难

你都能勇敢面对。读你的文字，与你为邻，让我明白：自信的人生可以如此精彩。你绣口一吐，便是半个盛唐，是你自信才能成为流芳百世的“诗仙”。

（摘自《与你为邻》）

【分析】 这个抒情散文的片段，写了与李白为邻，套用了别人写此人的文段，不是自己在写。语言通顺，但本文未能表达出考生的生活体验与感受，选材立意缺乏新意。

荷尔德林曾说，充满劳绩，人还是要诗意地栖居在这片大地之上。若我们只是一味追求实用的劳绩，纵使有丰硕的穗粒、有甜美的饭食，却依旧只是匍匐于地的生灵。若当真如此，我亦要赞美人类谦卑的神态与丰厚的劳绩，却哀伤于灵魂的羁旅无依。你可曾听说，灵魂，是大地上的异乡者？是美，让人的双膝直立行走，傲然挑战烈日！是真诚，让人之间萌生称之为爱的强韧纽带，让人性溢满芬芳！是善，让这群大地上的异乡者将根基所向土地深处，却始终向上生长，不生旁枝！海德格尔说，精神乃是涌向天空、追逐上帝的狂飙。是真善美创造了人的无限可能！人对内在生命无数次的重生与再造，无不是以美为明亮的焰火，善为摆渡的舟身，真为手中的拄杖。（摘自《我与真善美诗意栖居》）

【分析】 文章引述荷尔德林、海德格尔的诗思哲语，对人性的审美价值进行有效剖析，富有象征意味的结尾升华照应主题，结构严谨，韵味悠长。美中不足是中间论述事例略少，个别语句略显生涩。

众只云凡·高成功是偶然，却不见那个终日于阿尔小镇拥抱阳光并付出身心的青年；众只知体操王子童非成功是偶遇名师指点，却不知年少时的他在老师门前为求一见而不停地翻着跟斗；众只道周杰伦偶然被人提携而渐成为华语天王，却忘记当年的他日夜写歌，将梦积累成厚厚一叠歌词卷……总有一种成功被误读成“偶然”，然而其背后总氤氲着“必然”的辛酸！没有一种成功只倚仗着“偶然”，通向它的路上一定有“必然”的血汗！没有一种成功只青睐着“偶然”，成功往往铺堑着一块又一块努力的金砖！偶然的成功？请用必然的意志绘就！

（摘自《偶然？必然！》）

【分析】 众只云……”排比三个点例。后半部分，三个排比段，用比喻的形式来揭示“偶然”背后“必然”的艰辛，揭示成功由“偶然”与“必然”组成的奥秘。

于是，我开始背上悦读的行囊，体会阅读所带来的幸福滋味。采撷一本唐诗宋词，寻觅一处安静的地方，轻轻地诵读着，笑容绽放于脸上。我体会到了陶潜“采菊东篱下”的悠然，李白“仰天大笑出门去，我辈岂是蓬蒿人”的自信旷达，范仲淹“先天下之忧而忧，后天下之乐而乐”的爱国情怀，文天祥“人生自古谁无死，留取丹心照汗青”的铮铮铁骨。在一次次的沉吟中，我陶醉着……

要想体会到这种幸福的滋味，我们必须选择有内涵的书籍，细细品味，深深汲取其中的精华，我们不仅获得了享受，还得到了诗文、华美乐章的熏陶。

（摘自《背上悦读的行囊》）

【分析】 语言清新，返璞归真。很多学生认为精美的散文便是华丽的辞藻，便是诗词的引用，便是那旁征博引的素材，抑或是高考作文屡见不鲜的江南水乡……总之，要有浓浓的书卷气。

当岁月的年轮穿过无数夜雨春风，当人生的道路留下深深浅浅的坎坎坷坷，舍之于人生也更显必要。舍弃意味着另一种得到?小时候的爱因斯坦曾梦想成为帕格尼尼一样的小提琴家，但他实在没有天赋，长大后的他不再执著于少年时的狂热，适时舍弃了，却在另一个领域打开了一个伟大时代的大门。人生求胜的秘诀——因为想要得到从而必须放弃——只有那些经历过挫折失败的人才了如指掌，这个看似悖论，实则最为真实。因为在想要得到的过程中难免要失败，舍的意义才显得那样深远。适时的舍弃才真正赢得了人生物质和精神的双重成功。

（摘自《舍是幸福生活的密码》）

【分析】 语言表达略有欠缺，逻辑性不强。行文中有个别语句表达不甚清晰，如“因为在想要得到的过程中难免要失败，舍的意义才显得那样深远”，文章并未进一步阐述清楚，因此因果关系的建立就显得比较牵强。

梦里穿越泛黄的书卷，我站在冷风凄雨中静静聆听那悠悠飘来的天籁，风动轻，幡院静，回首前尘岁月，烛影摇红。素腕秉烛，灯如红豆，一缕暗香若有若无，流淌浮动中，人欲醉。迷离之中，阅尽多少繁华沧桑，又化作缕缕青烟，在那千古文人骚客的梦中细细萦绕。

（摘自《黯然神伤》）

【分析】 个别句子，略显晦涩。作者追求语言的诗意、华美，使得个别句子显得晦涩，游离于主题之外。

山，若遇上了春风，就换上嫩绿的新装；若沐浴了夏雨，就变成葱郁的模样；若披上了冬雪，就着上素裹的银装。山在变，山亦不变，变的是颜色，不变的是沉稳。水，跌入山谷，就成了歌唱的小溪；路遇悬崖，就成了一帘壮丽的瀑布；奔腾到入海口，就欢快地融入海洋。水在变，水亦不变，变的是形式，不变的是灵动。滚滚红尘，利诱万千，人生途中不乏诱惑满目，而真正留下的只是那些坚守的足迹。

（摘自《红尘中，坚守我的原则》）

【分析】 原本朴素的道理被作者“整齐的句式”“繁多的意象”搞复杂了。

三、初中生作文出现“散文化”现象

初中生“散文化”作文有哪些表现呢？具体表现为：文体意识不强，文章文体特征不鲜明。如记叙缺乏具体动人的情节，议论没有严密的判断推理；内容上人、事分离，人、文分离。文章取材不能紧扣学生的思想、生活实际，没有真情实感，过分追求“时代性”，如环境保护等，而又感受不深、大而无当；为追求所谓的“个性”而主题低迷，缺乏新时代青少年的精神面貌；表现形式上追求“考场作文”化，即机械模仿近年来考场作文中出现的一些新形式，如滥用题记、后记，乱用小标题的结构形式等；表达方式单一，叙述过少，描写、议论等使用得多，语言空洞，无表现力，所引材料皆为人知并无新意，辞藻华丽却言之无物。

出现此现象令人不安，引人深思。通过对教、学、评价等多方面的反思，我认为形成这一现象的主要原因是：

第一，长期以来，写作教学中过于追求写作的功利倾向，规定学生在作文中表达伟大的理想、积极的意义、高尚的情操等，扭曲了写作本应具有的作为个人表情达意的功能，容易造成学生说假话、大话、空话的现象。学生缺乏实事求是、尊重规律、崇尚真知的科学态度。学生在相当程度上习惯说套话、空话、假话，不敢说真话。这都是教育不当带来的。实际上也是缺乏真诚，也是缺乏人文精神、缺乏探究的表现，如解读文本时人云亦云，没有自己言之成理的独立见解等。

第二，传统作文教学模式以教师为主体，以教师的作文讲解为导向，局限了学生的思维，导致学生不敢写，不能写，不想写真实的生活、真实的自我与真实的体验。为文造情，不能做到人、文合一。

第三，沉重的课业负担使学生生活单一，难得有时间走进生活，深入生活，思考生活，缺乏对生活的细致观察，缺少社会生活体验，不善于观察思考社会、人生，结果取材范围狭窄，仅囿于个人狭小的空间。写不出反映生活的作文。

第四，学生为写作而写作、为考试而写作和过早“文学化”的写作，导致学生对作文普遍的抵触与乏味。把写作当作应对考试的美文，写作成了对范文的重复模仿，成为一种高强度的技术操练，导致虚情假意的“伪圣”之作泛滥。学生作文学习的目的不明确。很多同学的写作不是为了提高自己的语言运用能力、表达交流思想，而是为了作文考试，其结果是“无病呻吟”“哗众取宠”，文章没有血肉，缺乏真实的思想情感，只求形式的热闹，不懂作文形式之要义，如有的就不知道题记的作用而乱用，形式不能服务于内容表达的需要。

第五，老师和学生为了应付考试只注重文化积淀而忽略了对生活的积淀。日常积累出现方向性错误，只重视看各类作文选，而忽视或懒于读典范性的文章、经典名著，结果文体概念模糊，文化积淀不够，语言表达形式化、雷同。甚至一些学生为获得考场作文高分背范文模仿宿构作文，为迎合阅卷教师的心理过分追求华丽的辞藻只重视形式的表达而忽略对内容的追求。

第六，中考作文命题方向的影响。近年来中考作文文体全面放开，自选文体，淡化了文体要求，不再局限于记叙文、议论文等，书信、寓言、戏剧、小品、演讲稿、病历、审判书等纷纷登场，甚至实验报告也亮相其中，这无疑为考生自由发挥、展示个性提供了广阔的空间。但随之而来的是，一些同学产生错误认识，认为不限文体就是不讲求文体，怎么写都行；有的淡化了文体训练意识，平时不注意记叙文、议论文等常见文体的训练，忽视作文技巧训练，不注意审题、立意、构思等基本功的练习。

第七，中考文化带来的影响。各类中考满分作文选等出版物空前活跃，良莠不齐的书刊深深地影响了广大同学。大家盲目追求所谓新的作文形式，结果丧失了自我，为追求新奇而故意选用一些“非常规”文体，比如戏剧，又写不出精彩剧情，只把记叙文以戏剧的形式写出，内容全无“戏剧味”，结果不伦不类，寓言、童话缺乏想象力，内容干瘪。

四、教师应对策略建议

第一，教师要突出“生活作文”的价值取向。

写作取向应适应实际需要的现代文写作能力。强调写作要根据日常生活需要，重在从学生的生活视野和感性经验中取题立意、引发真情实感，以求得写作的个性化和独特性的导向更加鲜明突出。为此，教师要切实关注学生的生活世界，引导学生写反映生活的作文构建作文与生活、与自身成长的内在联系。强调为自己写作，作文是记录自己生活、自己内心世界的自我反思、自我愉悦以及对现实生活的反映。养成写日记、写读书笔记、开博客的习惯和兴趣。重视日常应用文的写作。因为这些文体都是与学生的真实生活紧紧连在一起。

第二，从语文教学和各类活动中培养学生对生活的感悟能力。

无论是课内还是课外的文本阅读赏析、审美都要时时不忘联系学生生活、联系学生的自我、联系现实生活，在此基础上读出自我，读出感受，读出个性见解，培养敢于表达真实想法的胆量。如学习胡适的《我的母亲》，我们可以让学生联想自己的母亲从而感受不同亲情的具体表现，感受母爱的博大与深厚。读《斑羚飞渡》，可选读“飞渡”片断，从悲壮的一幕，感悟整体精神、群体意识。读《皇帝新装》，可将故事的主题和现实生活结合起来，与自己联系起来，从而揭示要脱去虚伪的外装，呼唤“真”的回归，得出自己的感悟：人应脱去虚荣外装，接受真善美的洗礼。要大力鼓励学生标新立异读课文。

要特别重视语文实践活动和社会实践活动的开展。①开展语文活动，如每周抽出一节课，让学生自行组织开展语文活动，将班级分成12个左右的兴趣小组，每组6人，口头表达上的好、中、差生均有，各小组推选一名组长负责准备工作。活动的内容可以是讲故事、演讲会、讨论会、辩论会、座谈会等。活动的题目由学生自选或师生共选。要求内容上尽量贴近学生的生活。要确定学生愿意说、好说的题目。如“怎样搞好班级卫生”的讨论会，“我的理想”演讲会……每次活动的主持人均由学生自己担任，先由口头表达强的同学如班长、课代表担任，再逐步让其他同学轮流主持。让学生放开胆子，自由地开展活动，教师只是监督者和引领者。还可以开展当一次节目主持人、当一次老师等活动。②开展社会实践活动。如利用假日时间，开展让学生推销商品，调查当地资源状况等活动，就当前的社会热点问题，人们普遍关心的问题调查采访。可先由采访校长开始，了解学校的教育教学现状等问题，再让学生走向校外，去厂矿、商场、贸易市场、乡村调查采访。让学生在亲历的社会实践中培养交际能力和感悟生活的能力。让学生在一次次失败的采访中得到启发，在一次次成功的调查中得到提升。

第三，教师要改变传统作文教学的思维模式。

以学生的体验为基础，以主题活动或生活中的现象或学生感性的生活内容、事件等为导向，引导学生发现适合自己的写作资源并进行有效的整合。教师始终作为活动的参与者、引导者、推动者。为学生设计一个好写的写作题目，寻找贴近学生生活的突破口，让学生在情境中自然地走进自己感兴趣的有意思的生活，让思维的火花在生活中闪现灵光，让写作的激情完善手中的妙笔，在厚积的底蕴中熠熠生辉。如我们可以就班级同学打架、随地吐痰、逃学、起绰号、抄袭作业、欺骗父母等现象开展主题活动，运用讨论会、辩论会、自编情景剧等活动形式，让全体学生参与活动，再进行资料整合，以此为写作资源，为学生写作话题提供引子。我就曾经以学生打架、逃课为主题活动开展了讨论会和辩论会，然后以**“拳头”“我心中的那份期盼”**为话题进行命题写作，这两次作文，主要是从学生的日常生活现象、事件入手来打开学生写作思路，引导学生发现适合自己的写作源泉。学生自己的感知，自己的体验为基础，结合讨论合作的相关资料，在情境中自然引入写作话题，学生有话可写，感到好写，让联想的触角不断延伸，激活了写作思维，触发了灵感，多数同学文思泉涌，找回了写作的感觉，不再为写好作文而犯难。树立了写作信心，也培养了写作兴趣。教师的作文教学思维在学生写作中的引导、推动技巧是至关重要的。

第四，教师在作文教学中，注意训练的方向。

（1）教师在作文教学中要把课堂作文的导引训练和日常应需作文的训练有机结合起来。

教师在作文指导中，引导学生把对文化的积淀和对自身、身边生活，如自然、学习、家庭、课外、人生、感悟、想象、审美等生活内容联系起来。课堂作文是限时作文，能提高学生的写作速度，训练写作思维，有效地遏制抄袭现象，但也会抑制学生写作思路的扩展，甚至会出现“为情造文”现象。应需作文是生活作文，假条、通知、申请书等日常应用文和日记、口头作文、随笔等，易于表达学生的真情实感，这是学生写课堂、考场作文的好素材。“我手写我心”，这样的文章才是耐读的佳作。应需作文的训练弥补了课堂作文的不足。文化积淀和生活积淀完美地结合起来，作文才是真正文质兼美的美文。生活与文化正像酒与酒鬼、恋人与恋情的关系一样密不可分。学生真正乐于写自己、写生活并形成习惯，文化积淀与之自然相融，这便是作文教育教学的最大成功了。

（2）教师在作文教学中，有意识增强学生的文体意识。教师在作文教学的指导与训练中，既要重视命题作文、半命题作文、材料作文、话题作文的训练，又要重视记叙文、议论文、说明文三类文体和童话、小小说、散文、诗歌、喜剧等文学样式的写作导引训练。让学生对这些文体、文学样式的写法特点娴熟于胸。

第五，以互动评改为作文的主要评判方式，侧重对学生的写作过程的评价。

教师在作文的评判上，要更多地关注学生在活动和整个写作过程中的体验程度以及态度、情感和价值观。把生活的真实、文化的积淀、文体的掌握、学生的写作态度、写作过程的表现等都作为评价的内容。如主题活动作文，在进行评判时，把学生对活动的参与热情、参与程度、对收集的资料信息的整合情况、对资料的运用情况等都作为评价的重要内容。在评改的方式上坚持自改互改为主，自评、互评、师评三者结合的互动评改方式。教师彻底抛弃包批包改的裁判者身份，成为服务员和资料收集者，将学生摆在平等位置上，对学生的评价不能随随便便从教师的好恶角度来取舍，要不失时机表扬肯定他们，使他们主动参与评改并畅所欲言，保持永久的兴趣。

五、学生应对策略建议

第一，学会做人。作文首先是做人。无论是口语交际还是写作，把说真话当作第一位的要求。培养文性首先要培养人性。这才是真正培养人文情感、人文精神。同时，在探究学习的过程中培养实事求是的科学态度。

第二，大胆写文。学生要确立写真实文、大胆写文的思想。突破以往写作思维局限的定式，写自己想写的东西，明确作文就是写生活、写自己。突破作文指导的条条框框，多写自由作文、主题活动作文以及日常应需作文如日记、札记、随笔、短评和通知、假条、申请书等应用文体。

第三，注重积累。要注重生活积累与文化积累的完美结合。要有“事事关心”的热情，善于拓宽自己的生活空间。多观察社会生活，了解社会变化，如住房、民生、医疗、就业等市场经济下的一些社会问题。多关心人生，思考人生；关心自然，引发思考，并勤作记录。走出书斋，走出校园，积极参加社会活动，丰富生活阅历，增强情感体验。拓展了解社会的渠道，通过看报纸、电视新闻、听广播等方式了解社会。这样文章才有思想、有张力、有时代精神。同时，广泛阅读，注意正确地积累。摘抄、记诵课内丰富的语言材料，认真学好课文，透彻掌握各种文体范式；扩大阅读视野，不只停留于阅读作文选，而应广泛涉猎多种体裁的典范性的文章、经典的文学作品，从中汲取精神养料，提高思想修养，获得规范的各种文体的概念规则，增强文体感，积累语言材料，丰富自己的语言储备。在作文中将生活与文化有机结合起来，做到内容与形式的完美统一。

第四，重视基本功。端正写作态度，不能急功近利。写作能力是人的一项基本能力，写作活动是我们生活中的经常性活动，在学生时代我们应下苦功夫练好这一生活本领。要重视基本功的训练，学习常用文体的写作，掌握基本的作文技巧。

第五，认真训练转化。把读与写结合起来，将阅读中所获取的知识运用于作文实践。要练就一手“硬功夫”，擅长一两种文体的写作，以不变应万变。要多练几种“好功夫”，平常也应大胆尝试不同语言风格、不同文体的写作，从容应付。

第六，要善于选择。作文时，要把平时的积累展示出来，还应学会应变。选择自己擅长的文体，以发挥优势，张扬个性；选择适合自己素材的文体，初中生的积累毕竟有限，素材有时不一定适合某种文体，甚至自己所擅长的文体，这就要根据材料去定；选择适合命题要求的文体，有的题目适合记叙，有的适合议论，也要区别对待；学会稳中求新，在自己能驾驭的基础上创新。

初中生的“散文化”作文是当前学生作文的不正文风，如果不高度重视会不断蔓延酿成恶果，这将是语文教育的一大失败。但只要教师、学生、社会共同重视，从上述角度着手，是完全可以克服的。

第十节　运材起点：作文素材的选择与运用

写作素材的运用如何，直接反映了文章内容质量的高低。要写出高品位的作文，首先要在内容上吸引读者的眼球，而运用的素材是否鲜活，是内容上是否取胜的保障。但从多年来中考阅卷场反馈的情况分析，我们不难发现，初中生作文在作文素材上存在着诸多问题。这些问题集中体现在哪些方面呢？如何解决好这些问题？下面就这两个问题谈谈自己的看法。

一、写作素材运用存在的问题

1.内容方面：

（1）内容脱离生活实际，叙述失真。

选材要贴近生活，这是新课标对初中生写作的一个要求。不少老师在平时的写作训练中也对学生反复强调作文要“真实”，但由于缺乏对生活的细致观察了解，作文成了不需要实证的“思辨”。在考场上，很多同学想当然，本来应该反映生活而作文，变成了为了作文而编造生活，甚至伪造生活。如话题作文“美就在身边”，有个考生编造了一个自己是爸妈领养的孩子，后来爸妈有了自己的孩子，因为经济水平负担不起两个孩子而放弃了自己的孩子，以此虚假的故事来表现养父母的高大，表现“美就在身边”。

（2）事件和论述不合情理。

在写议论文时，或记叙文中发表议论时，文中列举的事例，或记叙的某一事件要和议论的内容有机统一结合，合情合理，恰到好处。但考场上不少同学只顾叙述事例，却缺乏深入分析，有的素材有广度，但没深度、密度。造成议论文中论点和论据分离，记叙文中记叙和议论脱节。如以“磨炼”为话题的作文，有考生把“磨炼”片面地理解为“挫折”，没有深入挖掘，进一步表现文章的主题。有考生直接把作文提示语段上的事例摘录下来，然后发表议论：“人也是一样，要想成功你必须经过痛苦地磨炼，在你越接近成功时，也就会越痛苦，就像茶叶沉浮得越厉害，泡得越多次，茶水越芳香。人也是一样，你历经越苦，你也就越成功，就像珍珠一样，之所以这样灿烂，是因为经过的磨炼。”提示语是告诉人们：“人生需要磨炼。”而作者是借提示语中的材料告诉人们：越要接近成功就会越痛苦，历经越苦就越成功。”很明显，论据和论点分离。

2.手法方面：

（1）叙述平淡。

“文似看山不喜平。”写文章要有起伏变化，否则会给人单调无味的感觉。从叙事类文章看，应写出事件的波澜。或者选取生活中有趣、有味、有意思的小事，从而挖出深意。这样的文章耐读。很多同学写人记事时只会平铺直叙，泛泛而写，文章读起来索然无味。

（2）缺乏铺垫，情感转折突兀。

写文章材料的组织很重要。先写什么，后写什么，要有安排；从第一个材料转入第二个材料，要有过渡；开头和结尾的内容要有照应。恰当的过渡语能交代上下文之间的联系，也能使叙事与议论、抒情的内容转折得比较自然。运用铺垫（也就是衬托）、伏笔、蓄势等能使行文连贯、情感自然流畅地表达出来。但同学们习惯于想到哪写到哪，缺乏细致的描写，缺乏必要的铺垫，情感转折突兀。

（3）缺乏根据，没有说服力。

我们写议论文，光有自己的观点不行，必须有充分的根据来证明观点的正确，否则观点再新颖也是站不住脚的。也就是说，论据要确凿、典型、新颖、充分，才有说服力。但同学们写议论文时常常是一个劲地说理，甚至观点偏颇，缺乏事实根据，没有说服力。如命题作文“学会留心”，不少同学写成议论文，但事实论据不足。请看这一段：

在社会，我们更需要留心。我们一句温暖的话语，一次温馨的对话或一次不经意间的帮助，都会让别人有莫大感慨。我们通常会忽略他人的感谢，但此时我们留一下心，也会发现，我们也无时无刻不在他们的帮助之中。

围绕分论点“在社会，我们更需要留心”，举例不够，缺乏有力的论据，内容空泛。

二、写作怎样选材与用材

1. 生活素材:选取身边熟悉的事物作文。

选取身边熟悉的事物，就是从同学们熟悉的自然、学习、家庭、课外、社区、社会等方面去选取材料来进行写作。自己的独特经历中的感受深切的小事，生活中有意思，有趣的材料等。这些材料容易写出真情实感，因而最能感动人、最能唤起情感的共鸣而且我们从中得到的体验感悟也是真实独特的。但要注意，不能脱离文章中心胡乱罗列材料或生编硬造为情造文。要选择有一定深度的给人以教育和启迪的典型事例，以“小中见大”。也就是要选取生活中看起来很小而能反映出深刻意义的事情来写。

2.知识素材：搜集信息，让叙述符合事理。

搜集信息必须确定范围，如今获得信息的渠道很多，如教科书、其他图书、电影电视、广播、网络、报告会、演讲会、辩论会、图书馆、博物馆、展览馆、布告栏、报廊、各种广告等，自然风光、文物古迹、风俗民情，国内外重要事件，学生家庭生活，日常生活话题，等等，都是可搜集的信息，都是重要的写作资源。整理好这些生活信息，作文时根据中心表达的需要来进行选材，将选好的信息进行深入的理解分析解读，也就是挖掘信息，让叙述符合事理。要注意，不是所有的信息都是有用的，应确定搜集信息的范围。范围确定后，广泛收集信息，越多越好，你对这方面内容就了解得越广泛、深入，为下一步筛选作准备。对搜集到的信息进一步分类，整理根据写作需要，分清主要的、次要的。并对信息进行分析，去伪存真，去粗存精。保留下对自己有用的信息。把筛选后的内容变成自己所要表达的内容，反复推敲，看看有没有漏洞或知识性错误。

3.适当剪裁，让故事精彩。

适当剪裁，让故事出彩，就是选材时围绕主题选材，即根据文章主题需要决定材料取舍。要选择典型材料，就是能够深刻揭示事物本质，具有广泛代表性的材料。要先选择亲历的后选择传闻的，选择贴近生活的、自己熟悉的、真实的、准确的、有趣有味的材料。先选择近的后选择远的，先选择鲜为人知的，后众所周知的，着重选择新颖生动的材料。新颖的材料就是那些具有时代感和足以反映现实的材料。要从自己的独特经历中选取小事，以小见大。因为每个人经历不一样，这样的材料有个性。还可联系现实，发挥想象虚构现实生活中某个场景、事件，而此场景、事件能揭示较深的社会内涵。也可故事新编，从老故事中演绎新故事，揭示新主题。

不要只顾平铺直叙，记叙一两件事了事。要运用一些表达技巧，这很重要。叙述一波三折，语言生动、幽默、形象、含蓄，都能故事精彩。行文有波澜，可采用设悬念、抑扬、意外、巧合、张弛、虚实等。语言适当运用一些修辞，如比喻、拟人等。还要学会运用描写、议论、抒情等多种表达方式。

4.注意过程，突出描写重点。

我们通常说文章应以情动人，以理服人，然而，情感的抒发，应是自然而然水到渠成的，否则，很难做到以情动人。同学们作文往往出现多空洞的呼喊，少自然而然抒发的情况。实际上高明的作者总是注意过程的描写，让读者从过程中逐渐感受、感悟，在不知不觉当中受到感染，心灵受到触动。

注意过程，就是重视细节描写。细节描写有语言细节、动作细节、心理细节、神态细节、外貌细节等。细节描写正是过程的具体化体现，是特写镜头，是打动人心的镜头。细节描写要求我们有敏锐的观察力，善于捕捉感动你的瞬间。同时，要选择准确的语言把它表达出来。注意过程，就要写出过程，应具体真实，而不能过空过简，应有侧重点，不能面面俱到。具体化会给人真实可信感觉。这是打动读者基础。突出描写重点，就是突出中心所在。突出中心打动人的应详写，是重点。

要避免缺乏必要铺垫，情感来得突兀，给人以无病呻吟之感。要注意，不是不需要情感抒发，而是感受蕴含在描写过程中，蕴含在优美，准确生动的文字里。过程结束以后，可以水到渠成，点出感受、感动、感悟。这是自然流露，会起到画龙点睛突出中心的作用。

5.例子典型、新颖、准确，增强说服力。

很多同学写议论文没有说服力，有一个重要原因是缺乏根据，更多的是缺乏事例来证明。要么无例子可举，要么举例不好。要增强文章说服力，举例应典型、新颖、准确。

事例的典型性，即事例应有代表性、敏感性，大家公认的事例，而不是默默无闻的，不具代表性的。首先必须掌握大量的事例。如语文、政治、历史等课本中有大量真实的古今中外的名人轶事，都是很好的论据材料，报纸、杂志、电视等媒体经常报道的事例，也是我们收集的对象。

但是，要避免堆砌事例和语言拖沓。要注意，不要不加分析地随便运用事例。要驾驭好手边的事例。要对事例进行分析，应把事例能够证明论点的内在联系揭示出来。同时，应注意举例的语言是概括简洁的，而不是把事例展开讲故事。不少同学，举例时，不明白记叙文中的叙述和议论文中的叙述的差异，把议论文中叙述的事例拉得很长，文章显得不伦不类，不知是议论文还是记叙文。总之，对事例进行分析说明与论点有机结合，要么先叙后议，要么先议后叙，要么边叙边议，而不能只叙不议。

第十一节　训练起点：牵手十大母题

写作要训练，但它指向的不是写，而是悟。写是手段，悟才是目的。一切能导致学生自悟的写作教学行为，都可以成为写作练习。写作教学虽然要注重写，但也应重视理论讲授，要做到目标明确、理论到位、重点突出。写作练习，不但包含教师的讲与学生的练，还包含读、议、评、改等内容。课堂写作练习也可以说是教师的启悟、导悟’与学生的求悟、自悟的统一。学生的写作练习主要应靠课外的写作练习与学生自主的练笔。周森龙教授写作练习观是，写作教学有其特殊的规律和要求。一般来说，学习写作主要靠“悟知”。缺乏悟性，既不可能“读知”，也不可能“练知”，更不可能“授知”。所以，写作教学的战略应该“以练为主”，其要求有三：传授的知识有新鲜感，能刺激学生的学习兴趣；创设学生产生“悟知”的“路径”或情境；创设积极的、轻松的教学氛围。

本部分根据近十年全国中考作文命题内容，试图提炼出具有共性的和规律性的十大母题，既反映命题特点，又结合初中生成长的规律，作为训练的母题。母题涵盖面较广，涉及众多领域，几乎牵涉到生活的方方面面。本部分提供的仅仅是训练题目，作为训练的起点。教师在进行写作训练时，可以围绕母题，自行拓展命题，举一反三。

母题一：珍　惜

一、母题解读

“珍惜”母题，体现了人们的心灵的关注。有珍惜生命的，有珍惜情感的，有珍惜时光的，有牢记过去的，也有把握现在的，有引导学生珍爱人生经历的，有引导学生收藏有价值的人生点滴的等等。懂得珍惜是一个人有修养的体现，也是树立学生健康的人生观、价值观，净化心灵，培养高尚情操的体现。针对初中生普遍存在的不懂得珍惜生活的现状，学生应该如何学会珍惜过去，珍惜所拥有的，如何正确地关注生命、情感、人生……这正是中考作文命题者所关注的课题。近年来，珍惜类中考作文题目的不断出现和递增，充分说明了这一点。

珍惜类话题的子话题通常有**珍爱生活、储蓄人生、留住美好、珍重自我、珍藏情感、礼赞自然**等。**“珍爱生活”**是指我们自己所生存的自然生活、学习生活、家庭生活、课外生活中的人、事、景、物、情等方方面面包括我们自己的存在与价值都是值得我们珍爱、珍惜的。**“储蓄人生”**是指我们的人生经历中的快乐美好、酸甜苦辣甚至健康与美丽等都值得我们品尝、玩味、反思，精心收藏。**“留住美好”**是指要学会以健康的心态对待生活、生命、人生，要积极向上，乐观进取。一些青少年学生存在的心理阴暗和不健康现象值得深思，也是不可取的。**“珍重自我”**是指善待他人的同时也要善待自己，塑造良好的个性品质。**“珍藏情感”**是指将自己对人、对物、对事等打动自己的亲情、友情、师生情等各种感情悉心收藏，积累人生经验、丰富自己的情感和快乐。**“礼赞自然”**是指对山川河流、自然环境和景观等的热爱和保护。由对人类生存、成长环境的赞美、歌唱而表达对大自然的热爱关注。

二、子话题展示

话题1.**珍爱生活**

这个世上我们可珍惜的东西太多太多，亲情、友情、爱情值得我们珍惜；生命、人生、生活值得我们珍惜；山川、湖泊、大海值得我们珍惜……我们每一个人都是世间的一个奇迹，我们应该看重自己的存在，看重自己的价值。

请以“**学会珍惜**”为话题，写一篇不少于600字的文章。

话题2.**储蓄人生**

银行里开个户头，就可以储蓄金钱，以备生活中的不时之需，解决燃眉之急，并使生活的空间更舒适。物尚如此，健康、美丽呢？不仅同理且更为重要。储存的“爱、信任、宽容、理解”越多，我们的健康、美丽就越多，生活中的幸福与快乐就越多，我们的生活质量就越好。

请以“储蓄美丽”为话题，写一篇不少于600字的文章。

话题3. 留住美好

请以“留住____”为题作文,将题目补充完整，不少于600字。

三、延伸命题

1. 珍重自我

以“别和自己过不去”或“留点空间给自己”为题，写一篇不少于600字的文章。

【思路点拨】　写这两个题目要注意文题就是写作中心，要突出文题，突出善待自我的重要性。第一个题目选材的范围十分广阔，可以写他人也可写自己，第二个题目只能写自己。这两个题目可以写成长也可以写生活中的任何事，可以写体验快乐也可写反思劝诫。这两个题目要写好贵在以情动人，最好写自己亲身经历或耳闻目睹的发生在身边的人和事。虚假的故事和空洞的抒情是很难打动读者，引起心灵震撼和共鸣的。

2. 珍藏情感

以“心坎里抹不掉的____”为题写作，将题目补充完整，不少于600字。

【思路点拨】　补题要力求出新，扣人眼球，可以是记忆中的人，物、景，情，也可以是某个瞬间、某个场面情景、某个风景画面，甚至是某个动作、某个神态、某个言语等。无论你选取哪个方面来确定文题，都要是真正触动过心灵的，在心灵深处留下深刻印记的。要用第一人称来写，因为是心坎里抹不掉的，是藏在心里的，只有自己表达出来的心里情感，才真实，才感人。写这个题目要注意细致的细节刻画描写，特别是心理活动的刻画。最佳的文体是记叙文和散文。

3. 礼赞自然

大自然，一个亲切的名字，让人有无限感想。大自然和人类息息相关，实际上是大自然在养育着人类社会。大自然是什么？有人说，大自然是伟大的艺术家，有人说大自然是一种文化，有人说大自然是一种精神，有人说大自然是一种毅力，一种信念和信心……

在你的心目中，大自然是什么呢？请以“大自然伴我成长”为话题，写一篇不少于600字的文章。

【思路点拨】 这个题目写作范围十分广泛。自然界的山川河流、花草树木、虫鱼鸟兽等动植物都可以入笔。赞美自然风景、突出环境保护等问题都可以。要注意运用第一人称来写，突出大自然对你成长的意义。立足自己身边的小人小事或运用想象的手法能出新。写成小小说、童话、寓言更好。

母题二：情 谊

一、母题解读

“情谊”母题，体现了人与人之间的真诚、友好、善待。这些中考作文题中，有关注与他人交往融洽相处的，有团结协作的，有关注情感道德养成的，有关注自身生活情趣的，有引导学生培养爱心的，有引导学生学会交流情感的，有父母之情的，有同学之谊的，有朋友情结的，有善待他人情怀的。培养学生高尚的情操与趣味，文明地进行人际沟通和社会交往，发展个性和合作精神，是语文新课标总目标的要求，也是语文教育的重要内容。关注生活，关注心理成长，就得关注生活中必不可少的情谊。针对独生子女中普遍存在的“任性”、以“自我为中心”、情感脆弱的特点，情谊类话题将越来越成为中考命题者的首选之一。它在中考作文命题中占有一定的比重，近年明显增加。这一话题受到中考作文命题者的关注。

情谊类话题的子话题通常有**难忘情结、生活情趣、真情厚谊、悠悠情怀、合作帮助、和睦融洽**等。**“难忘情结”**是指在我们的人生经历中给我们留下深深印记的人、事、景、物等，触动着我们的心灵，留在我们的心底，常常激发我们的情思，唤起我们心中情感的涟漪。让我们的生活多了一份绵绵的情愫。**“生活情趣”**是指我们生活中发生了的有意思、有趣味的个性生活情趣，这是一种独到的生活情调，是健康的、积极向上的，是值得我们细细品味的。**“真情厚谊”**是指我们在生活中与他人产生的珍贵友谊，这友谊是坦诚无私的、友好的、经得起考验的，是扎根在我们心里，怎么也抹不去的那种。**“悠悠情怀”**是指我们对自然、社会、家庭、人生、祖国、人民、家乡等的浓浓情爱，它是我们情感的发源地，是我们胸有大爱，怀有高尚情操的体现，也是我们具有丰富情感内涵的体现。**“合作帮助”**是指我们善待他人与他人友好相处，合作帮助的能力，它是一种为人处世的品德，一种人生修行。这种合作帮助而得的情谊，是充满自豪和幸福的，是高尚的。**“和睦融洽”**是指我们与他人交往中的默契、和谐，心中洋溢着激情、兴奋、快乐和幸福的，这种“其乐融融”的境界是令人向往的、陶醉的，让我们永远感念生活、快乐健康地成长。

二、子话题展示

话题1.**难忘情结**

请以“记忆，在____”为题，将题目补充完整，写一篇不少于600字的文章。

话题2.**生活情趣**

以“我的生活情味”为题，写一篇不少于600字的文章。

话题3.**真情厚谊**

有人说，友谊是冬日的阳光，友谊是夏天的凉风，友谊是雨后的彩虹，也有人说友谊是森林里的啄木鸟，有了它，我们的心林才青翠欲滴；友谊是花丛里的蜜蜂，有了它，我们在心里才能酿造甜美；也有人说，友谊是连接你我的纽带，是你我终身的伴侣……朋友，请放飞你手中的信鸽，让我们共同架起一座友谊的桥梁吧！

请以“友谊”为话题写一篇文章。题目自拟，不少于600字。

三、延伸命题

1.**悠悠情怀**

喜怒哀乐都是情。“慈母手中线，游子身上衣”说的是亲情；“人生得一知己足矣，斯世当以同怀视之”说的是友情；“曾经沧海难为水，除却巫山不是云”说的是爱情；“苟利国家生死以，岂因祸福避趋之”说的是爱国情。

请以“难以割舍的那份情愫”为题，写一篇不少于600字的文章。

【思路点拨】 这道命题作文要注意甚好题目中的限定语“难以割舍的”，这是我们写这篇文章的重点。提示语告诉我们写各种情感，但这道题要求我们必须写出的是难舍的、动人的情感，因此一定要真，最好是写自己亲历的，多些细节描写。故事要写出波澜，情感要刻骨铭心，抒发情感要情真意切。最合适的文体是记叙文和散文。

2.**合作帮助**

新华网成都5月26日电（记者冯昌勇　黄堃）　汶川大地震后，人们非常关注灾区儿童的心理状况，近日，联合国儿童基金会、国务院妇女儿童工作委员会办公室和民政部等机构，联合在四川进行震区儿童心理重建工作。26日，他们特意组织专家对心理服务志愿者进行了培训。

专程从北京赶到成都的联合国儿童基金会驻中国办事处工作人员Kirsten Di Martino（自取中文名马思婷）说，她们来这里是为了帮助在地震中遭受心理创伤的儿童，及时提供心理干预和救助。她说，联合国儿童基金会有这方面的经验，此类自然灾害通常会给许多儿童带来痛苦的经历，遭受心理创伤的儿童95%能通过集体活动等措施较容易地恢复，但仍有5%的孩子需要接受专业心理咨询师的特别治疗。

国务院妇女儿童工作委员会办公室的宋文珍说，联合工作组从23日开始就已经在绵阳、德阳等地灾区实地考察了儿童的心理情况，将相关结果通报了有关政府部门，推动了对灾区儿童的关注。她说，为了更好地为灾区儿童提供心理服务，联合工作组特意在26日组织心理专家为志愿者提供培训。

（摘自《新华网》2008年5月27日）

阅读材料，以“合作帮助真美”为话题，写不少于600字的文章。

【思路点拨】 这个句式话题，代表了一种观点，因此“合作帮助真美”是写作本文的中心。可以选取生活中的与他人协作的经历，学习中的、家庭中的、活动中的等都可入笔。也可以写议论文，通过古今中外合作与孤立独行的正反事例，结合现状与自身来谈合作帮助是什么，得出你个人的理解感悟，从而突出他是美的，是我们的共同追求。写记叙文要尽量选取学习生活以外的有意思的经历，写出如何团结协作，要让读者感到过程是美的，结果也是美的。写议论文要注意观点的新颖，可议论抒情相结合。

3.和睦融洽

以“和____相伴的日子里”为题，将题目补充完整，写一篇600字的文章。

【思路点拨】 这道半命题作文补题的范围很广。可以写人，也可以写自然中的动植物、河流山川、自然景观，还可以写书籍、疾病等等。无论写什么，都要突出与其相伴的喜怒哀乐之情，写出相伴过程中和睦融洽或有不和睦不融洽到和睦融洽的过程，这样才能写出情谊，写出情味来。

母题三：心　声

一、母题解读

“心声”母题，彰显了真实、不虚假的特点。有诉说心中秘密的，有心灵呼唤和沟通的，有表达心中渴望的，有张扬自我个性的，等等。引导学生说真话、实话、心里话，不说假话、空话、套话，引导学生关注现实，热爱生活，表达真情实感，这些是新课标对作文教学的要求。这类中考作文命题大都以第一人称命题，这易于学生在选材上贴近自己的生活实际，易于写出自己，易于动笔，也易于表达真情实感。要关注生活真实，就必须关注真实心声。随着中考命题改革的进一步深入，这类话题所占的比重会越来越大。近年中考作文命题中这类话题备受青睐。

心声类话题的子话题通常有**内心触动、心田絮语、心底愿望、心灵选择、心理换位**等等。“**内心触动**”是指生活中给你带来心灵震撼的那人、那事、那景、那物、那情等，给你带来真切的情感体验，这种体验是来自心坎里的。“**心田絮语**”是指敞开心扉诉说你心中的秘密，心中的喜怒哀乐，酸甜苦辣等。“**心底愿望**”是指表达埋藏在我们心底深处的期盼、希望、憧憬，我们的生活因此添色。“**心灵选择**”是指在成长过程中，我们时常面临着抉择，或取或舍，或真或假，或美或丑，或善或恶，或高尚或庸俗，或远大或狭隘等等，这些都难免进行一番心理的较量搏斗。“**心理换位**”是指要善于理解他人，善于和别人沟通，学会换位思考，心灵就多了一份关爱，多了一份情愫，我们就在渐渐长大中多了一份成熟。

二、子话题展示

话题1.内心触动

“感人的歌声留给人的记忆是长远的”，跳动的音符，优美的旋律，触动着我们细腻而敏感的心灵。歌声让我们流连忘返，歌声让我们快乐陶醉、告别烦恼，歌声让我们充满青春活力，提升着我们的生活品位……歌声震撼着心灵，歌声承传着历史，歌声改变着人生。

请以“**触动心灵的歌**”为话题，写一篇不少于600字的文章。

话题2.心田絮语

新华社北京2月27日电（记者白瀛 李菲） 全国妇联27日发布的一项调查显示，学校和家庭给儿童双重学习负担，超半数中小学生视学习压力为最大烦恼。

调查中显示，有97.5%的学生每天放学回家后，要用一定的时间完成学校布置的家庭作业；有66.1%的学生每天要用一定的时间完成家长布置的课外补习作业；30.4%的学生上补习班，21.7%的学生上兴趣特长班。

阅读上述材料，请以“**我心中的烦恼**”为话题，写一篇不少于600字的文章。

话题3.心底愿望

守住一方净土，留取自由空间。面对现实的不如意，打造理想的领地，表达心底的渴望。经营自己的乐土，收获富有的果实。让心灵在神往之地驰骋。

以“心灵神往之地”为话题，写一篇不少于600字的文章。

三、延伸命题

1.心灵选择

来自心灵的抉择

【思路点拨】 这道命题作文要注意协作的重点是“来自心灵的”，要写出心理斗争较量的激烈过程。最好写成记叙文，从身边的小事入手，如误会、吵架、欺骗等，写出情节的波澜。写议论文要注意运用自己平时积累的有关取舍的名言警句。也可以运用拟人的手法，从动植物的视角来写人类情感的变化。写成童话、寓言等都可以。

2.心理换位

以“和____（妈妈、老师、小河……）换位思考”，将题目补充完整，写一篇600字的文章。

【思路点拨】 写这道题要尽量选自己熟悉的人、事、景、物等，尽量不选括号内的词语。也就是说尽量做到补题出新。题目确定后，要特别注意通过具体的生活细节和心理细节的描摹刻画来揭示主题，如教育问题、环保问题、情感沟通、美德等。通过自己的独特感悟来体现立意的深刻。深挖主题更能彰显行文的亮点。

母题四：美　德

一、母题解读

“美德”母题，体现了做人的价值，人格和尊严，人伦，人际的和谐，赡养与尊敬，知行的统一等。有审美的，有仁爱的，有宽恕的，有礼仪的，有勤劳俭朴的，有感恩的，有孝行的，有诚信的，等等。有引导学生养成热爱集体、助人为乐的优良品德，有塑造高尚的道德境界。在学习语文的过程中，培养学生的社会主义道德品质，逐步形成正确的价值观，提高审美情趣，这是语文课程标准总目标的要求之一。针对青少年道德品德令人担忧的现状，这类话题必然进入中考命题者的视线。纵观近年来的中考作文命题，不难发现，这类话题占有相当的比重，近年中考作文命题，美德话题会继续保持应有的席位。

美德类话题的子话题通常有**文明礼仪、助人为乐、诚实谦虚、知恩图报、勤劳俭朴、仁爱宽容、正直顽强**等。“**文明礼仪**”是指一个人仪容、举止、表情、服饰、谈吐、待人接物等。它是一个人的思想道德水平、文化修养、交际能力的外在表现，是一个国家社会文明程序、道德风尚和生活习惯的反映。“**助人为乐**”是指人们社会生活中处于互助、互爱、互帮的人际关系的情感意愿，它体现了人们对自己与他人良好社会关系的追求。它是一种价值实现，体现了一种自尊。“**诚实谦虚**”，诚实，就是真诚实在，没有真诚就不可以信任。对自己要诚实，对待他人更要诚实。诚实是力量的一种象征，它显示着一个人的高度自重和内心的安全感与尊严感。谦虚就是虚心向别人学习，去掉别人的缺点，吸取别人的优点。谦虚是尊重别人，谦虚也让你得到尊重。“**知恩图报**”是指多一份爱心，多一份感恩的心，懂得感恩，懂得报答他人，乐于奉献。“**勤劳俭朴**”是指要有热爱劳动，尊重劳动，艰苦朴素，厉行节约，反对浪费的良好品德。“**仁爱宽容**”是指要有一颗仁慈博爱之心，要有宽容他人的气度。“**正直顽强**”是指为人处世，工作生活中大公无私，不偏不倚，有强烈的正义感，有舍己救人的牺牲精神。遇到挫折有不屈不挠的拼搏精神和昂扬的斗志。

二、子话题展示

话题1.文明礼仪

元朝有个文人叫胡石塘，很有才华，在当地颇有名气，但不拘小节。后来他胸有成竹地到京城应试，元世祖忽必烈亲自召见了他。

上朝时，胡石塘的斗笠戴歪了，自己没有察觉。元世祖问他：“你平常所学的是哪些学问?”

“全是治国平天下的道理。”胡石塘自豪地说。

皇帝笑道：“你连自己的斗笠都戴不好，还谈什么治国平天下呢?”

结果皇帝没有任用他。

原来，失礼是会使才华贬值的，礼仪也是一种才干。

阅读上面的故事，你有何感想？你联想到生活中哪些见闻或经历？请自选角度，自拟题目，写一篇不少于600字的文章。

话题2.助人为乐

自5·12四川汶川地震发生以来，受到了社会各界的关注，“一方有难，八方支援”，在灾难面前体现了社会的大爱、博爱。人们的人格灵魂得以净化，中华民族的道德品质在救援和帮扶中得以升华，成为人类最高尚的道德。

请以“生活离不开帮扶”为话题，写一篇不少于600的文章。

话题3.诚实谦虚

以“告别欺骗”为主要内容，写一篇不少于600字的文章。

三、延伸命题

1.知恩图报

我们的父母帮我们付出很多，然而我们却熟视无睹，体会不到。认为是天经地义的事，不知道父母无私的爱，不懂得回报……

请以“那次____（洗碗、拖地、捶背、洗脚……）”为题，将题目补充完整，写一篇不少于600字的文章。

【思路点拨】 写这道题前，要选一个你感受最深生活情景来确定词语，再补好题目。最合适的文体是记叙文，要通过具体的个性细节刻画来写你对妈妈或爸爸的孝行，表达你的感恩、尊敬、爱戴和亲情的可贵。

2.勤劳俭朴

“夫君子之行，静以修身，俭以养德，非淡泊无以明志，非宁静无以致远。”“俭以养德”，语出诸葛亮的《诫子书》，是先生向其子提出的做人之道，其基本意思是：以节俭的生活方式，修养高尚的道德情操。此语意味深长，所以一直为后世所传。

今天，你是如何看待“俭以养德”的？请联系实际，谈谈自己的感想，题目自拟，写一篇不少于600字的文章。

【思路点拨】 这实际上是一篇议论文。结合自己的实际来谈感想，要注意旁征博引，有理有据，观点要力求新颖，但不能偏颇。可以结合社会上浪费现象特别是青少年中节约观念淡薄，追求时尚讲排场等来谈，还可以结合当今贪官污吏腐败现象这一热点来谈。但观点要鲜明、集中，论述时要指出“俭”的重要性在哪，“俭”和“德”的关系。

3.仁爱宽容

“争一争，行不通；让一让，六尺巷。”安徽桐城至今保持着清乾隆年间的“六尺巷”，当时身为宰相的张英，“以和为贵”化解矛盾，显示长者的风范。他的大度待人一直被人们传为佳话。

以“学会大度待人”为话题，写一篇不少于600字的文章。

【思路点拨】 写作这道题贵在立意深刻，感悟出新。如大度待人是一种气量，是心胸开阔的表现，是善待人，也是善待自己，是博爱，是善良，是一种难得的修行，大度让我心中充满快乐美好，大度让我赢得了尊敬，获得做人的尊严，丰满了我的人格，大度出和谐，大度出境界，等等。这话题任何文体都适合。

母题五：责　任

一、母题解读

“**责任**”母题，体现了一种理性的职责、权威的特点。有担承责任的，有倡导播种与付出的，有追求完美人生的，有引导学生勇于面对困难挫折的，有引导学生全身心投入生活的责任心的，等等。培养学生树立正确的世界观、人生观、价值观，就必须要培养学生对社会、对人生、对家庭的责任感、使命感。因此，这一话题成为中考命题者的重要内容之一。近年中考作文试题，责任话题会继续占有一席地位。

责任话题的子话题通常有**恪尽职守、乐于承担、神圣权威、勇于奉献、敢于面对**等。“**恪尽职守**”是指在生活中要遵守承诺，尽忠职守，时刻牢记自己的责任，从小就要培养一种责任感。“**乐于承担**”是指要有积极的人生态度，在生活中特别是与他人共同活动中，遇到困难或问题，要主动承担责任，而不是埋怨，或退缩，或推诿。敢于对他人、对社会负责任，克服那种以自我为中心的自私自利心理和行为。“**神圣权威**”是指把自觉地对他人、对社会的负责任当作真理一样去捍卫，去坚守，甚至不惜生命，赢得人们的尊重，这种高尚的道德节操，在人们的心中树立了威望，代表了品德权威。追求高尚完美的人生价值。“**勇于奉献**”是指有正确的价值观和人生态度，对待生活，对待他人，对待社会要勤于默默播种，勤于无私奉献，不求回报。也指民族危难或人民财产、生命安全受到侵害时，不顾生命危险挺身而出，置个人生命于度外。“**敢于面对**”是指为了崇高的道德感、责任感和使命感，我们应该敢于面对生活中发生的一切困难挫折甚至危害灾难等，敢于面对自己的缺点、错误、失误等，这些是个人修养和高尚道德情操在生活中的最好体现。

二、子话题展示

话题1. **恪尽职守**

以“**值日**”为话题，写一篇不少于600字的文章。

话题2、乐于承担

汶川特大地震中，谭千秋老师在危急存亡的瞬间，用自己的双臂支起了孩子生命的天空，承担了人民教师的责任，塑造了高尚的师魂。生活中，我们应该勇于承担责任，学会为他人支撑一片天空，让我们的人生多一份精彩，多一份美好。

请以“学会支撑”为话题，写一篇不少于600字的文章。

话题3.神圣权威

以“责任是____”为题，将题目补充完整，写不少于600字的文章。

三、延伸命题

1.勇于奉献

以“生命原来是用来奉献的”为题，写一篇不少于600字的文章。

【思路点拨】 这道命题作文，要审好题，题目中的“原来是用来奉献的”这是文章写作的重点。一定要详细写出得出这个结论的过程，要写出波折。所写的事情是发生在过去的，但得出的感触却是现在的。写成议论文或散文要有奉献和索取的例证，运用比喻、类比等手法，重在写出哲理。

2.敢于面对

材料一：

据新华社电　对于多哈亚运会上出现的台球选手周萌萌状告队友田鹏飞殴打自己的事件，中国台球协会26日宣布，对二人做出国内禁赛一年，取消国家队资格一年等处罚。（摘自《山西新闻网》2007年1月27日）

材料二：

一名普通的社会人，其实际行动一定要对社会负责。作为一名台球运动员，既要具备对社会的责任感，还要有为国家争光的使命感，这亦是全世界所有运动员的共同标准。另外，对自己的所作所为，要在对社会认真负责的基础上对所代表的体育团队负责，对自己所造成的任何后果，都要敢于承担相应的责任。这是一名运动员的基本义务，也是其不可推卸的神圣职责。（摘自《大众网——齐鲁晚报》2007年1月27日）

阅读上述材料，你联想到生活中哪些经历？你有哪些启示？你又是如何面对自己的错误和失误的？请自选角度，自拟题目，写一篇不少于600字的文章。

【思路点拨】 这是一道新型材料作文题。两则新闻材料的主旨体现在第二则材料的第一句话“一名普通的社会人，其实际行动一定要对社会负责”中。再根据提示语，不难看出，材料的主旨是：生活中，我们要有责任感和使命感，要敢于面对自己。材料隐含着没有责任感和使命感将会受到惩罚，给国家蒙羞等含义。围绕材料主旨和内涵写自己的经历或写自己如何面对错误等的启示或谈自己的看法都可以。

母题六：品 味

一、母题解读

“品味”母题，体现了人的品质，趣味，情操，修养。有感受生活快乐滋味的，有美好回味的，有体验经历的，有自我反思的，有欣赏风景的，有品味文学的。有引导学生提升品格修养的，有引导学生提升文化修养的。培养学生高尚的道德情操和健康的审美情趣，是语文新课标对语文教学的建议。让学生受到高尚情操与趣味的熏陶，发展个性，丰富自己的精神世界，这是语文课程目标总目标的要求。因此，品味类话题历来受到中考作文命题者的重视。此类话题会仍然引起中考命题者的高度重视。

品味类话题的子话题通常有**经历体验、情趣回味、自我心得、生活哲思、揣摩思量、个性感受**等等。“**经历体验**”是指由自己的亲身经历体验，得出的一种反映个性特征的人生体悟，发人深省。“**情趣回味**”是指生活中值得我们细细品味的人、事、景、物等，充满情调，是一种高雅的格调。“**自我心得**”是指个人品味艺术作品，引起心灵愉悦或震动而得出的个性体会，引发诸多的思考，净化着心灵，得出人生启示，如读书后的随笔等。“**生活哲思**”是指因生活中的小人、小事、小现象受到启发，悟出生活哲理，有一定的理论深度，引人思考，值得他人借鉴与启示。“**揣摩思量**”是指对生活、艺术等进行的理性思考，反复掂量，让自己的生活品位得到提升。“**个性感受**”是指自己对生活与他人不一样的感触，是来自心灵深处的各种触动，其感受是真切的。

二、子话题展示

话题1.**经历体验**

当代作家刘心武说，错过，即“有所失”，我们要习惯它。错过也往往构成另一种得，我们要品味它。人生如奔驰的列车，车窗外不断闪动着变幻不定的景色，错过观览窗外的美景、奇景并不是多么不得了的事，关键是我们不能错过预定的到站。

你是如何理解这些话的？又产生了怎样的联想？有过怎样的体验？请联系自己的亲身经历，以“**错过也是一道美景**”为题，写一篇不少于600字的文章。

话题2.**情趣回味**

生活中有了回味就多了一份美妙和精彩，多了一份浪漫和温馨，多了一份执著和期待。有人说，回味是五味瓶；有人说，回味是七彩桥；

有人说，回味是粉色的水蜜桃；有人说，回味是青绿的橄榄……

请以“回味____”为话题，自选角度，自定文体，自拟题目，写一篇不少于600字的文章。

话题3. 自我心得

语文学习和阅读是进行真善美的教育。就你学过初中的课文中，那篇文章你感触最深？为什么？你在课外阅读中，哪部作品让你的心灵受到真善美的震撼、洗礼？让你细细品味？

请任选一篇你读过的课文或一部作品，谈谈你读后的真实体验感受。不少于600字。

三、延伸命题

1. 生活哲思

人的一生，曲直而漫长，面临的事很多，但我们不能把一切都背负在身上。在获得的同时，还须懂得有所放弃，只有这样，在生活之路上才会获得轻松、愉快的心情。

请以“得与弃”为话题，写一篇不少于600字的文章。

【思路点拨】 这种关系话题重在写出哲理。写记叙文，要从身边生活入手，写出曲折来，得出“得与弃”的个性思考，表达你对生活、人生的新的看法。写议论文，要运用典型事例和相关的名言警句来阐述二者的关系，你的观点要新颖独到又不偏颇，令人信服。

2. 个性感受

人的一生充满了滋味。有人说少年不知愁滋味，中年尝尽忙滋味，老年最怕孤独味。生活中处处有滋味：成功失败的滋味，爱与被爱的滋味，快乐幸福的滋味，坚强勇敢的滋味，误解冷落的滋味，失落寂寞的滋味，思念忧伤的滋味……

请以“感受生活的滋味”为题，写一篇不少于600字的文章。

【思路点拨】 这道命题作文的写作重点是“感受”，可以写具体的心理感受过程，可以写感受生活滋味的种种表现。可以写感受后的种种心理满足或不满足的情味。最适合的文体是记叙文和散文。也可以写成小小说和童话等其他文学样式。

母题七：追　求

一、母题解读

“追求”母题，体现了超越、进取、完善的特点。有生活活力的，有不断进取的，有理想信念的，有心理满足的，有精神快感的，有物质享受的，有引导学生大胆求索的，有引导学生进行真善美的追求等。培养学生正确的价值观，是语文课程目标总目标的要求。因此，追求类话题一直是中考作文命题的热点。

追求类话题的子话题通常有**执著信念**、**艰难求索**、**放飞梦想**、**大胆探险**、**设计策划**、**价值理念**等。“**执著信念**”是指无论生活中遇到怎样的困难，无论是顺境还是逆境，人心中的信仰，心中的念头都不会改变，它是我们生存和生活的精神支柱，是值得我们用生命来坚守和捍卫的。“**艰难求索**”是指为了神圣的理想而付出的不畏艰难困苦的追求，心中充满了乐观的情态。“**放飞梦想**”是指心中充满梦想，它是我们前进的方向和动力，有了梦想就有了理想，就有了希望。青春年少的我们，期盼梦想，我们是在期盼和梦想中长大的。“**大胆探险**”是指应该具有的探索精神，这是人类进步的源泉，这种精神正是人类创新精神的体现。“**设计策划**”是指大胆展现我们的个性追求，我们的个性发展在个性设计和个性策划中得到充分的体现。“**价值理念**”是指我们应该树立正确的人生观、价值观，如偶像的追求，时尚的追逐，都要展示当代青少年的崭新风貌，都要体现着高尚的价值观和审美情趣。

二、子话题展示

话题1.执著信念

材料一：他叫严义明，今年44岁，上海律师，主业范围是打涉外官司。1998年被誉为“中国证券市场维权第一人”。2002年被美国《商业周刊》评为年度“亚洲之星”。2005年又联合两位律师发起“倒顾（雏军）”的“独董运动”。

材料二：3月13日晚11点，在山东出差的严义明接受了本报记者的电话采访，详述他作为一位律师13年来的心路历程。

…………

记者：你动摇过吗？

严义明：动摇过，反复思想斗争过，就不会再动摇了。我所在城市司法部门的一项制度，曾让我对我国法制进程是否有希望产生过怀疑。为此，1996年我曾经离开过律师行业，想 学习做生意，但1997年初我又回来了。

记者：为什么？

严义明：后来这项制度被取消，它唤起了我的希望，让我感到我应该参与到推动中国法 制进程的工作当中。

…………

我维权，就是为自己的信念活着，为自己活着。很多人在忙着挣钱的同时，淡忘了自己读书时与同学一起聊起的理想。人过一辈子，仅仅挣钱是不应该的。人是社会的人，应该在自己工作范围内做一些有益于社会的事情。（摘自2007年3月15日《东方今报》）

阅读上面的材料，请以“为了心中的信念”为话题，写一篇不少于600字的文章。

话题2.艰难求索

以“我心中的那份追求”为题，写一篇不少于600字的文章。

话题3.放飞梦想

90后学生理想是否缺失已成为当今人们关注的热点。

一种观点认为，在物质更加丰富的时代，90后孩子们越来越趋向于物质化的理想，而忽略了高尚的人生追求，他们犹如被剪断翅膀的肉鸡，已经缺失了应有的人生理想。

另一种观点认为，90后学生的理想少了成为“这个家那个家”的所谓“远大志向”，但更表现了务实、扎根现实追求平静的生活的特点。他们不唱高调，将理想变为了更贴近生活的一种态度，并非只有物质追求。因此，理想并没有消失在这代人身上，而是他们拥有了更加务实的人生理想。

阅读上述文字，请以“我的理想翅膀”为话题，写一篇不少于600字的文章。

三、延伸命题

1.大胆探险

一个极地探险家，先后征服了南极、北极，获得了无数枚勋章，但他后来失去了双脚——被极地严寒冻坏了。到了晚年，一位记者问他：“你是为获得勋章感到自豪，还是为失去双腿感到后悔呢？”老探险家闭上双眼，沉默许久，才喃喃地说：“那洁白的极地荒原，多么令人神往！”

材料所叙述的事情唤起了你的哪些联想？引发了你怎样的思考?请结合自己的经历或感受，选择一个角度，自拟题目，写一篇不少于600字的文章。

【思路点拨】 这则新型的材料作文给我们提供了广阔的写作空间。材料的主旨是人的探索追求不在于荣誉和结果，而在于探索过程中的美景享受。围绕这个主旨我们可以进行命题写作，不论从哪个角度立意，只要文章的主旨与材料的主旨一致就行了。提示语告诉我们可以写自己的联想，写感想，写看法。实际上是要求我们写出真情实感。记叙文如童话、神话等，散文，议论文，小小说，都可。

2.设计策划

50年后的地球会变成什么样？你会有怎样的变化？是成为了科学发明家，还是自然探险家？20年后的家又会是什么样呢？20年后的我、房子、车、学校、公园……

请以“**50**年后的______”为题，发挥想象，写一篇不少于600字的作文。

【思路点拨】 先确定你最想写的熟悉内容去补题，这样有助于你把所写内容具体化。由今入明的推想、借助梦境、由实入虚等想象都易于发挥。但要注意中心明确集中、以小见大，想象自然合理。

3.价值理念

青少年偏爱流行文化，有较强的自我表现意识和追逐时髦的心态，在时尚方面是一支不可忽视的力量，往往成为追逐时尚的主 体。

他们追逐的时尚主要集中在阅读时尚、音乐时尚、服饰时尚和运动时尚等几个方面。当代青少年阅读时尚已不再是纯粹的文学和与个人生活密切相关的题材，他们更关注或者更喜欢介绍明星动态的手册、影视刊物、休闲生活杂志等。青少年是流行音乐的最主要受众群体，从柔情蜜意的港台情歌到充满激情的中外摇滚以及纯真的校园民谣，从清新典雅的中国名歌到旋律优美的英文经典，都曾经或正在流行着。追逐时尚的青少年，名牌意识比任何一代青少年更浓重，他们追求各种名牌服饰，尤以名牌运动服、鞋帽为胜。青少年活泼、好动好胜表现出作为一个富有朝气的群体对运动的特殊的爱好，他们在体育运动、健身休闲上热情也是最高的。

时尚已成为青少年生活中不可或缺的组成部分，它渗透到青少年生活的方方面面，在青少年群体中掀起了一阵阵的时尚热潮。时尚对青少年的生活观念、价值取向产生了多方面的影响。你是如何看待时尚的？请以“我的时尚观”为题，写一篇不少于600字的文章。

【思路点拨】 这是一个当代青少年十分热衷的话题，也是普遍的社会现象，由于十分贴近我们的现实生活，同学们写起来有话可说。联系现实分析会使此话题显得对同学们的成长有一定的指导教育意义。可以

谈自己对时尚的感触，提出应有什么样的时尚观，可以谈自己的时尚观形成的原因、过程以及对自己的影响，也可以写这种时尚观给自己带来前进的动力，还可以写有的时尚观让人失去自我。关键是确立什么样的时尚观以及追逐时尚的方式。

母题八：成　长

一、母题解读

“**成长**”母题，体现了青少年在成长中不断认识自己、完善自己的过程。有心理承受的，有磨炼意志的，有热爱生命的，有渴求自主独立的，有适应生存的，有青春活力的，有充满自信、努力向上的，有审美、情感体验的等等。培养学生坚强的意志品质，高尚的道德情操，树立远大的理想，是青少年德育工作的主要内容。培养学生明辨是非的能力，培养他们积极向上的人生观、价值观，培养他们乐观精神、健康的心态，是语文教育的重要内容。因此，成长类话题，一直成为中考作文命题的热点。

成长类话题的子话题通常有**青春生命**、**成熟自信**、**健康体魄**、**体验挫折**、**战胜脆弱**、**提升品位**、**渴望独立**、**积极进取**等。“**青春生命**”是指充满朝气的青春生活，充满旺盛的生命状态，是我们充满喜怒哀乐又美好的难忘生活，它记录着我们成长的脚印。“**成熟自信**”是指告别年少，身体和心理都长大了。经历了风风雨雨的磨炼，我们坚强了，自信了，懂事了，可以自己独立了。“**健康体魄**”是指身体的结实强壮，是生存的本钱，将来打拼事业、施展理想抱负的基础。为了健康进行的各种运动也带给你诸多的人生启示。“**体验挫折**”是指在成长过程中遇到的各种困难经历过程并由此而获得的深刻的情感体验。“**战胜脆弱**”是指成长中要有坚强的意志力，有很好心理承受能力，这样才能保持乐观的精神，健康的心态。“**提升品位**”是指通过经历的一件件事情发现自己的长处和短处，不断完善自我。如素质修养、生活情调、思辨能力、审美能力等。“**渴望独立**”是指我们在成长中渴望摆脱和成年人打交道，渴求自主，张扬个性的心理和行为。“**积极进取**”是指成长中努力向上的进取心，在学习中、活动中等生活的各个方面。它是我们成长的动力，和我们的青春梦想是紧紧地联系在一起的。

二、子话题展示

话题1.**青春生命**

活力是什么？活力是同学们在课上的有声有色，课间的神采飞扬，操场上的顽强拼搏。活力是蓬勃的朝气，活力是旺盛的生命，活力是和谐温馨，活力是不懈的追求……

请以“我们与活力相伴”为话题，写一篇文章，题目自拟。

话题2.成熟自信

成熟本指植物果实的成熟，后指人长大了。人的成熟是指身体、精神、心理的成熟。是一种健康的心理状态。人生是磨难的过程，青春的消逝迎来成熟，让我们拥抱成熟。走向成熟就是磨出生命的光亮。

请以“走向成熟”为话题，写一篇不少于600字的文章。

话题3.健康体魄

以“跑”为题，写一篇不少于600字的文章。

三、延伸命题

1.体验挫折

请以“那次____（遭遇、失败、批评、淘汰……）是刻骨铭心的”为题，将题目补充完整，写一篇不少于600字的文章。

【思路点拨】 这道半命题作文要注意扣住“那次”，是一次，不是许多次，突出“刻骨铭心”，写作的重点是补出的词句。根据括号内所给的词语，补出的词句要尽量是与失败、挫折的经历相关的。这次失败、挫折的经历，留在你心底的情感体验是深刻的。题目就让我们决定了选材的范围。记叙一定要具体，描写要细致，不要泛泛概述，要写出一波三折，切入点要小，从身边小事写起。还要写出这次经历给你带来的心灵震撼。写散文要结合那次经历的具体细节发表你的多种感悟，从而达到突出“刻骨铭心”的作用。

2.战胜脆弱

青少年阶段是人生心路历程中最为躁动不安的阶段。在这个阶段里，一方面，强烈的自尊心与过高的期望值常常使他们幻想一切顺利、事事成功；另一方面，在越来越实际的现实面前，他们又面临着各种压力，要承受各种困惑、烦恼、挫折、忧伤乃至不幸。处在这种现实中的青少年，面对挫折和失败，心理承受能力往往不堪一击。比如前一段时间在网络上热传的偷了面包自杀的11岁孩子，就是因为自身的心理承受能力特别差，导致了这样严重的后果。成长中，我们应该自觉培养自尊，自重，自强不息精神，促进自我肯定。

成长中，你有没有战胜脆弱的经历？你是如何面对自己的脆弱的？

请以“**我终于告别了脆弱**”为题，将题目补充完整，写一篇不少于600字的文章。

【思路点拨】 这个命题作文要注意运用第一人称，扣住题目中的“终于”，必须写出你告别脆弱的经历过程。要选择具有坚强特点的动植物或给你带来坚强意志的人物、事件、情景甚至是一个微笑、一个明眸等。要注意选材的真实，贴近生活，贴近自己，真正打动过你。要注意心理活动的刻画。

母题九：文　化

一、母题解读

文化类中考作文试题，体现了文化民族性、科学性、大众性的特点。有关注地域文化色彩的，有引导学生关注文化遗产价值的，有引导学生进入古诗词、语文等领域的等。有物质的，有精神的，有自然风光的，有风俗民情的，有文物古迹的，有素质涵养的等等。认识中华文化的丰厚博大，吸收民族文化智慧。关心当代文化生活，尊重多样文化，吸取人类优秀文化的营养。这是新课标的要求。传承中华文化，创新中华文化是语文学习的大方向。因此，文化类作文试题已经越来越受到中考作文命题者的关注。

文化类话题的子话题通常包括**风情文化、时尚文化、传统文化、民俗文化、创新文化、反思文化**等等。“**风情文化**”是指自然现象和自然风光、人文景观、文物古迹建筑等，也指各省各地区特定的历史文化现象，或特定的文化潮流。“**时尚文化**”是指当代流行的各种文化如服饰、饮食、休闲、各种新兴的文化潮流等。“**传统文化**”是指民族遗留下来传承的文化，它往往是民族文化的精华，是一个民族的骄傲，如国家或个人以种种不同的方式，纪念历史文化名人，或纪念一种文化现象等。“**民俗文化**”是指反映地方风俗民情的文化，有浓厚的地方特色。“**创新文化**”是指在文化的发展中，思想观念及文化精神可能会不断地更新与进步。它是一种进步的文化，是文化发展的结果。“**反思文化**”是指对过去某一历史时期的文化怪现象或当下社会中的一些恶俗文化现象的反思与思考，也是一种文化批判。

二、子话题展示

话题1.**风情文化**

月球是地球唯一的天然卫星，它围绕地球回旋不息。自从它诞生四

十多亿年以来，从未离开过地球，是地球最忠实的伴侣。600多年前，中国明朝官员万户将自己绑在捆有47枚自制火箭的椅子上，两手各持一个大风筝，点燃后冲天而起，开天辟地写就了中国历史上飞天梦想的壮举，也成为人类文明史上飞天尝试的第一人。作为一个诞生了“嫦娥奔月”“吴刚伐桂”等神话传说的国家，古往今来，月亮也不知触动了多少文人的遐想，有关月亮的诗词歌赋是一种中华文化。

阅读上述材料，请以“**月亮遐思**”为题，写一篇不少于600字的文章。

话题2.时尚文化

时下校园内流行对课桌信手涂鸦，对自己的课桌乱刻乱画现象，有的同学认为课桌可篆，这是校园文化的体现，有的认为不可篆，这是破坏公物。

你是怎么看的？就此写一篇不少于600字的文章，谈谈你的看法。

话题3.传统文化

京剧是我国的国粹，是流行于全国的重要剧种之一。迄今已有200多年的历史。为弘扬民族文化，教育部决定，义务教育阶段音乐教学中加进京剧的内容。

对此，你想到了什么？又有什么看法？请以“**京剧走进课堂**”为话题，发表看法，写一篇不少于600字的议论文。

三、延伸命题

1.民俗文化

古今之人都十分眷恋自己的家乡，因之，对“家乡”一词倍觉亲切，并赋予许多高雅质朴的代称，且常见于文人雅士的名篇和诗作中，今人对家乡则统以“老家”二字呼之，尤显得亲切感。

考以桑梓二字代称“家乡”，最早见于《诗经·小雅·小弁》：“维桑与梓，必恭敬止。”盖古人住宅旁边常栽有桑树和梓树，是他们父母或长辈所种的，后人用来比喻“家乡”，是对它表示敬意。此外，还有以“故乡”“故园”“梓里”等等代称。如：

桑梓　柳宗元《闻黄鹂》诗：“乡离何事亦来此，令我生心忆**桑梓**。”

故乡　李白《静夜思》诗：“举头望明月，低头思**故乡**。”

故园　杜甫《上白帝城二首》诗：“取醉他乡客，相逢**故园**人。”

家乡 贺知章《回乡偶书》诗："离别家乡岁月多，近来人事半消磨。"

梓里 刘迎《题刘德文戏彩堂》诗："吾不爱锦衣，荣归夸梓里。"

请以"夸夸我家乡的____"为题，赞扬家乡的民俗文化，将题目补充完整，写一篇不少于600字的文章。

【思路点拨】 写这个题目要注意补题时补出自己熟悉的家乡某一民俗，如生产劳动中的、日常生活中的、传统节日中的、社会组织中的、成长阶段中的等等。具体的如节日、红白喜事、民间诗会、歌舞、休闲等等。要写出这种民间风俗的内涵、情趣，揭示家乡的风貌，赞美家乡的民俗文化，表达对家乡和家乡人民的热爱。可以运用游览观光的形式，也可运用拟人手法来写。

2.创新文化

校园文学伴我成长

【思路点拨】 这是一篇歌颂校园文化的命题作文。校园文学如校刊、文学社、班刊、黑板报、主题班会活动等。可以选取校园内开展的各种文学活动，如定期出刊、举办作文辅导会、习作评改会、各种作文竞赛，举办文学讲座，开展朗诵会、演讲赛、辩论会，还参加调查采风等各种社会实践活动等。也可以写参加省市课题研究等。写出过程、经历，从而写出情趣，写出你的成长收获，歌颂校园文学提升了你的文学素养和品位等等。

3.反思文化

网络语言已成为网民在网上交流必不可少的"通行证"，然而在日常生活的应用中，由于一些词汇沟通障碍，网络语言在带给人们新奇感觉的同时，也给人们的交流造成不便。这个问题也引起各方面的关注。

你是如何看待网络语言的？请结合身边的实际，谈一谈该不该在作文和书面语中使用网络语言？题目自拟，不少于600字。

【思路点拨】 这是一篇议论文。如何看待网络语言？观点一定要鲜明。可以从交流困难，语言障碍带来误会，不尊重，不文明来谈其不利，也可以谈这是个性语言的展示，是创新，是特色。可以从热爱祖国的语言文字来谈不能使用，也可以从文字应该不断进化来谈祖国语言文字也要顺应科技发展的需要等等。

母题十：自 然

一、母题解读

自然话题类的中考作文真题，彰显了和谐、宁静、自由、美好等特点。有赞美山水风景的，有感悟自然的，有保护自然环境的，有报答大自然养育之恩的，等等。培养学生关注自然，热爱自然，力求表达对自然的独特感悟和真切体验，这是新课标对初中生写作上的一个要求。因此，自然话题一直受到中考作文命题者的关注，这一话题目前命题的比重不是很大，我们相信，今后会有所加大。

自然话题的子话题通常有**平和释然**、**和谐相处**、**自由翱翔**、**诗意追求**、**感悟自然**、**宁静安逸**等。“**平和释然**”是指大自然养育着我们，大自然的美景给我们带来心灵的平和，让我们赏心悦目。“**和谐相处**”是指我们要遵循自然规律，保护自然，和大自然友好相处。破坏性地利用自然必然要遭到自然的惩罚和报复。“**自由翱翔**”是指回归到大自然的本真，我们的生活就多了一份质量。大自然的自由本性正是人类自由本性的体现。“**诗意追求**”是指人是大自然的一部分，应该尊重自然，融入自然的美景之中，陶情冶性，方能获得真正的快乐。“**天人合一**”是诗意的人生追求。“**感悟自然**”是指人在大自然中获得的有益启示，带来诸多的发明创造，改造自然的本领，也获得诸多人生启迪。“**宁静安逸**”是指带给我们的是宁静祥和，我们要学会欣赏，学会珍惜这份美好。

二、子话题展示

话题1.**平和释然**

请以“**倾听雨声**”为题，写一篇不少于600字的文章。

话题2.**和谐相处**

自然无处不在，我们与自然相依相伴，自然让我们尽情享受它的宁静、祥和、美丽。我们要学会与大自然和谐相处，保护大自然的种种美好。

请以“**守护大自然的那份美好**”为话题，写一篇不少于600字的文章。

话题3.**自由翱翔**

纵情山水、泛舟湖上、徜徉竹林……或遁入山间，倾听松涛阵阵，或流连田畴，欣赏稻浪滚滚；或踏足小径，感受浓浓的乡土气息；或春天踏青、夏日避暑、秋天野炊……大自然的美景会洗去我们的身心疲劳，让我们享受无拘无束的自由，沉醉其中而流连忘返。

请以“在大自然的美景中”为话题，写一篇不少于600字的文章。

三、延伸命题

1.诗意追求

以“我的诗意生活”为题，写一篇不少于600字的文章。

【思路点拨】 这道题的重点是“诗意生活”，当然要运用第一人称。这种生活可以是设想的，也可以现实的。无论是陶渊明田园式的还是王维的山水式，都离不开美丽大自然的相伴。这道题最合适的文体是散文和小小说、童话。

2.感悟自然

“春江潮水连海平，海上明月共潮生”是张若虚对大海的赞美，“大漠孤烟直，长河落日圆”是王维对塞外奇景的描绘，“飞流直下三千尺，疑是银河落九天”是李白的山涧瀑布的夸饰。我们在尽情享受大自然的同时，应该思考和感悟自然。

请以“大自然的启示”为话题，写一篇不少于600字的文章。

【思路点拨】 写作本话题重在写出理性思考。自然界的景、物和发生在自然中的人和事，你如何感动，又如何深受启迪，写出令人深思和启示的话语才能高人一筹。从不同角度写感悟能出新。如可以从生命的角度，可以从人生的角度，也可以从社会的角度来写。无论哪个角度，切入的角度要小。文体上可用日记体、镜头式、戏剧体、书信体、科幻体、故事新编、散文等多种文体。

第十二节　备考起点：揭秘四类题型的神秘面纱

全命题作文、半命题作文、话题作文、材料作文是当下作文命题常见的四种题型。这四类题型的考查，其命题形式：全命题作文、半命题作文、话题作文、材料作文、选题作文。

命题作文=全命题作文+半命题作文。全命题作文是“他命题作文”，我称“唯他命”，半命题作文我称“半死不活”题，话题、材料作文统称“自命题”。

简述四类题型特点：全命题重在审题立意，半命题重在“活”字，话题重在自由，要切入角度小巧，材料作文重在扣旨“分割”话题。四种题型中，只要掌握命题作文的写法，其他命题都会迎刃而解。2012—2016年中考作文题型参见表2。

表2　2012—2016年中考作文题型一览表

题　型	2012年（126道）	2013年（119道）	2014年（130道）	2015年（140道）	2016年（135道）
全命题作文	19%(24道)	26.9(32道)	39.2%(51道)	35%(49道)	36.3%(49道)
半命题作文	17.5%(22道)	18.5(22道)	12.3%(16道)	17.1%(24道)	20%(27道)
话题作文	12.7%(16道)	10.1(12道)	8.5%(11道)	5.7%(8道)	2.2%(3道)
材料作文	5.6%(7道)	10.1%(12道)	4.6%(6道)	3.6%(5道)	5.9%(8道)
选题作文	45.2(57道)	34.4%(41道)	35.4%(46道)	38.6%(54道)	35.6%(48道)

一、探究题型转换规律

1.重点题型：四大题型，五种形式，只要掌握四大题型就行了，因为遇到选题作文，我们只要选择自己喜欢的擅长的一种题型去写就行了。而四大题型中我们只要掌握好全命题作文这一大题型其他题型的写作就能迎刃而解。

一个观点：命题作文是缩小范围的话题作文，半命题作文是有限制的灵活的话题作文，话题作文是扩大了范围的命题作文，新材料作文是“边缘性话题作文”，也是多话题作文。

2.题型之间的关系：研究真题，抓住“关键词”“核心词”能揭开真实的面纱。

（1）从“关键词”看四大题型与话题作文的关系。

“关键词”确定其他三类题型写作内容，是写作的话题；

“核心词”确定其他三类题型写作的重点，是对写作话题的限制。

如**“触动心灵的歌”“美丽的智慧”“你是我最____的人”**（从“贴心”“感激”“牵挂”“欣赏”四个词语中选择一个补题），关键词依次是“歌”“智慧”“‘贴心’‘感激’‘牵挂’‘欣赏’”，是写作内容，也是写作话题，核心词依次是“触动心灵”“美丽”“‘你’‘我’‘最’”，是写作重点。

（2）从“核心词”看话题作文与命题作文的关系。

“核心词”是对话题的限制，是文章的重点，也是决定命题作文是否扣题的关键。

如**“我心中那一道阳光”**扣住核心词“我心中”就扣住了文章重点和题

目的关键，“书香做伴”扣住核心词“做伴”就扣住了文章重点和题目的关键，“温暖的旅程”扣住关键词“温暖”也就扣住了文章重点和题目的关键。

3.各类题型的转换方式。

（1）从写作范围看，由补题的前缀和后缀来转换。

如：**“心态”“渴望”**话题，加上前缀和后缀，就缩小写作范围，变成命题作文：**“乐观的心态”“心态平和”“心中的渴望”“渴望自由”**，按照这些命题作文来写“心态”“渴望”话题，都是扣题的。换成其他的前缀或后缀，亦是如此。

（2）从题目的结构看，由成分的角度来转换。

如：全命题作文**“敞开心扉”**是动宾结构，“敞开”和“心扉”话题，侧重“敞开”话题。全命题作文**“我们的心近了”**是主谓结构，“我们的心”和“近了”话题，侧重“近了”话题。全命题作文**“师生之间”**是偏正结构，“师生”和“之间”话题，侧重“之间”话题。

（3）从材料的主旨看，由分割话题自命题来转换。

以2006年安徽省课改区材料作文为例：

> 阅读下面的文字，按要求作文。
>
> 五岁的晶晶在院子里玩耍，不小心摔了一跤。两天后，妈妈发现晶晶的左手举不起来了，原来女儿的锁骨受了伤。妈妈又急又疼，可是晶晶却有了一个意外的收获：“妈妈，我现在知道哪边是左边了！”晶晶太小，一直分不清左右，这下好了，她知道了：痛的那边就是左！
>
> 晶晶摔了一跤就分清了左右的经历，给了我们许多有益的启示：受挫折的过程往往就是获得真知的过程。走过崎岖小路，才能真正体味生活的欢乐；穿过茫茫迷雾，才能深切感受阳光的明媚。不经风雨，怎见彩虹；不吃一堑，难长一智！……
>
> 晶晶的故事是否让你联想到生活中的某些经历或见闻?是否让你获得某些感悟和认识?请你拿起笔，自选角度，自拟题目，写一篇文章。

审读材料和提示语，材料的观点不难看出。材料的中心句是：“受挫折的过程往往就是获得真知的过程。”关键词是：挫折、过程（经历）、启示。由材料引出的不同启示就是材料的不同观点，当然，由材料获得的独特启示，也可以看做是归纳、提炼的观点。依据材料中的不同观点，我们可以从不同角度去命题写作，可以看做是给材料自定话题作文。我们可以从生命和成长两大类话题来命题写作。如**“遭遇挫折”“遭遇困难”“面对磨难”“享受挫**

折”“成长历练”等为话题写作，但必须扣住材料的主旨，与其一致。

（4）从写作的要求看，由立意选材的取向来转换。

如：半命题作文“**不会变的是_____**”，补题的内容即是话题，如“**秦楼月**”“**掌心温度**”等，全命题作文“**另一种爱**”，如果“**另一种爱**”是反向立意，指的是严格要求或批评，那么这道命题作文实际上就是“**批评**”话题作文。

（5）从思维的路径看，由拓展延伸来转换。

如：命题作文“**我真想睡个好觉**”，可以沿着思维路径拓展话题：**我真想睡个好觉—我心中的渴望—渴望—成长中的渴望—成长**，拓展到“**我心中的渴望**”“**渴望**”“**成长中的渴望**”“**成长**”四个话题，最大的话题是“**成长**”。

二、中考作文复习哪些内容？

1.题型训练（建议3课时）：重点写好命题作文；掌握四类题型转换的方法。

2.母题或类话题训练（建议5课时）。

（1）母题：

从近年全国各地的中考作文真题中，寻找中考作文命题具有规律性的本质东西，可以提炼为十大母题：成长、追求、珍惜、情谊、心声、美德、责任、品味、文化、自然。

围绕这十大母题，进行四类题型的作文命题写作。重点题型：命题作文。只要你稍微留心一下，你会发现作文题都属于其中的一个母题。

（2）类话题：

依据近年中考作文命题的内容，可以提炼十大话题：**自我成长、素质情感、社会生活、想象创新、文化思辨、家庭生活、校园风景、理想追求、处世接物、自然环境**。

依据每一个话题，进行四类题型的命题写作，重点题型定为命题作文。

母题和话题训练，二者选取一个就行，最好是母题训练，能确保万无一失。

3.技法训练（建议3课时）。

八大技法：反弹琵琶、虚实相生、标新立异、巧妙对比、以小见大、一波三折、名句点缀、绘声绘色。

五个个性细节：语言细节、动作细节、神态细节、心理细节、环境细节。

四种修辞：排比、比喻、拟人、夸张。

4.素材训练（建议2课时）。

（1）整理好自己的素材库。

内容可包括：日记、周记、写过的作文；课本素材；名著素材；古今诗句名句；人物、事件故事；哲理意林故事；热点素材；片段素材。

（2）将素材按专题整理，对每则素材内涵进行解析，并写出在记叙文、议论文、散文中如何运用，在某一具体话题中如何运用。

专题可分类：**梦想、追求、宽容、诚信、感恩、生命、欣赏、心声、情感、责任、角度、幸福、自然、文化、个性。**

5.文体训练（建议4课时）。

记叙文、议论文，文体特征要鲜明。其他文学样式如散文、小小说、寓言、童话、剧本等要符合要求。

6.新题训练（可以不占课时，直接印发给学生）。

教师应该是全能的，优秀教师就是命题专家。教师首先要学会解读文题，特别是对真题的解读。这是语文教师在作文教学中必备的内功。解读文题主要包括四个方面内容：命题特点、审题立意、写作思路、注意的问题，或者是命题特点、写什么、怎么写最好、注意的问题。再针对当地考区及全国近年真题从内容和形式上把脉进行预测。给学生提供20～30道新题预测和思路点拨。注重命题作文。

综上所述，本部分从备教、观察、认知、生活、阅读、情感、悟化、思路、文化、运材、训练、备考等，谈如何养育作文，内容广泛，几乎涵盖作文教学的方方面面。

第四章　养育作文的课堂实践

第一节　作文教学实录与设计

一、“烦恼”主题活动作文教学实录

一、导入新课

师:今天进行“‘烦恼’主题活动作文”评改课，请同学们看学生佳作《长高的苦恼》。

（生阅读佳作）

二、评改活动

（一）改中评

师：哪位同学能把这篇习作朗读下？看看整篇习作给你留下什么印象？想想长高为什么苦恼？

（生朗读）

师：好，你读过后，你认为这篇习作主要写了什么？

生1：写了作者在学习、日常生活、休闲娱乐等方面因长高带来的苦恼。

师：很好。你用一句话概括了这篇习作的内容。文中内容侧重于“长高”还是“苦恼”，为何痛恨长高？我们先对这篇习作进行圈点批注。大家还记得如何圈点批注吗？先从哪地方开始批注？

生（齐）：题目（声音不高）。

师：大声一点。

生（大声，齐）：题目。

师：然后呢？从哪些方面着手？

生：从文中修辞、写作手法和文中关键词入手。

师：很好，请坐下。那么，大家会批注吗？

生（大部分）：不会。

生（小部分）：会。

师（微笑）：声音不够响亮啊，底气不足。这样吧，老师先作个示范？

生（齐）：好。

师：好。先看题目。

师：题目叫“长高的苦恼”，每个人都希望长高，为何长高了还苦恼？文章的标题引发疑问，很新颖。通过标题还可预测，文章主要突出长高的苦恼。

屏显批注一：长高为何苦恼？题目新颖有趣。

师（环视全班）：有的同学习惯很好，知道动笔记录和批注了。好，再看文章第一段。

师（边读边赏析）：文章从广告词引入“真讨厌长高”，为什么讨厌长高？引起读者的阅读兴趣。

屏显批注二：开篇由广告词引入。而“我”为何“痛恨”增高？引起阅读兴趣。

师：接着看下一段。

师（边读边评）：“我今年十二岁，却有了一米六五的身高。对于个子较矮的同学说话，我得低着头，而他们要仰着脸”，这里的“低”和“仰”形成了高矮的反差。后面的“可真羞啊”，“羞”，人的一种心理感觉。“我和妈妈上街，遇到妈妈的熟人，人家第一句话总是：真像姐妹俩。”“妈妈就虎着脸”中的“虎着脸”进一步突出长高给我带来的苦恼。最后一句中的“怨”，突出因个子高带来苦恼，充满无奈的心理。这些都是日常生活小事来表现长高的苦恼。

师：把老师刚才说的重点句子和词语，在讲义资料上划一下，批一下。

生动笔圈点勾画。

屏显批注三：自己和同学说话、和妈妈逛街都是日常生活小事。“低”与“仰”，妈妈“虎着脸”皆因个子高矮的反差所致。“羞”“怨”二字突出了个子高给我带来的“烦恼”心理。

（二）改中悟

师：接下来，大家模仿老师的所做的批注，来批注第三段。在批注时，要尽量把那些关键的动词、形容词、副词，议论的句子和描写句子，觉得有意思的地方也要划一下，并用简要的语言概括出来。讲义资料的第一页就有关于圈点批注的方法，可以参看。

师巡视并指导，生做批注。

师：还有两分钟，我们看谁最先批好。

师（三分钟后）：好，时间到。第三段批注好了吗？批注好的同学，请举手。

大部分学生举手。

师：没有批注好的同学举手。

少数学生举手。

师：好，接着批注。已经批注好的同学看看批注是否准确，也可以接着批注下一段。

师（又过两分钟）：批注好了吗？没有批注好的同学，请举手。

师：还有一位，抓紧啊。

师走近该生。该生完成批注。

师：现在都批好了。哪位同学先来，展示一下自己的批注成果。

生2：“脖子伸得老长的，像只长颈鹿”细致地写出了小作者抄题时的动作，突出“我”是近视眼，为下文“我”向老师提出调座位做铺垫。“心像被猫抓一样”运用了心理描写，突出“我”看到别的同学下课在外玩，自己却因为近视眼不得不利用课间补写作业题的内心的焦急，这些都表现出长高在“我”学习生活中的苦恼。

师：这一句哪个词写出小作者内心的焦急？

生2：像被猫抓一样。

师：你说的是词吗？到底哪个词？

生2（不好意思地笑）：猫。

师：这一句运用了什么修辞手法？

生2：比喻。生动形象地写出人物的动作和情态，突出长高的苦恼。

师：还有比喻吗？

生2：有。“像只长颈鹿”也是一个形象的比喻，也是夸张手法。

师：很好。继续。还有表现长高苦恼的地方吗？

生2：还有老师说的话，“你这么高，坐在前面不挡了后面的同学？”一句话问得我哑口无言。这里的“哑口无言”，表达了高个子给“我”带来的苦恼。另外，“高人一等”这个词新颖有趣，写出我的无奈。“气不打一处来”，写出了长高在我玩时也给“我”带来苦恼。

师：请坐下，你分析得很详细啊。其他同学有没有作补充的？就是刚才这位同学没有批注到的，或者你对她的批注有不同的看法。有的，请举手。

生举手。

师：没有的，举手。

生没有一个举手的。

师（微笑）：呵呵，大家如此高度一致啊。但老师想说：是啊，课间大家都想玩，而"我"却要在课间"奋笔疾书"，长高的确很烦恼啊。大家注意一点，在点评时语言尽可能简洁些。

屏显批注四："像只长颈鹿"，"眼睛眯成了一条缝"等课堂上的怪异举动写出高个子带来学习上的困扰。"心像被猫抓一样"写出自己想课间活动放松的心态。

"高人一等"，幽默的语言，写出自己的无奈。"不仅……也……"这一复句将身高拟人化。"气不打一处来"，写出身高带来气恼了。

师：现在我们接着批注第四段，这一段内容少，比较简单。大家仍然独立完成。大家现在找到感觉了吗？

生批注，师板书课题："烦恼"主题活动作文

师来回巡视指导。

师（两分钟左右）：现在大家批注好了吗？回答我。

生（齐）：好了。

师：那么第四段，哪位同学来赏析一下？

大多数学生举手。

师：前面这位同学来说说。

生3："独树一帜"在此处有点贬义色彩，突出"我"的个子高。"像大姐姐带着小妹妹"进一步说明"我"的个子过高，也为下文餐厅服务员产生误会做铺垫。

师：还有吗？

生3："真别扭"深刻表达出小作者不想这么高的心声和无奈。

师：说得在理。请坐下。其他同学有补充的吗？

生4："独树一帜""像大姐姐带着小妹妹"生动形象地说明了小作者和同学身高相比过高了，这也是苦恼的一种。

师：还有补充的吗？我想请后面老是不愿意发言的同学来谈谈自己的看法。

生5：这一段是写我不想长这么高。

师：好，还有哪位同学要补充的？

生6：这一段是写自己和同学一起去吃肯德基，个子高给“我”带来的烦恼。

师：你概括得很好。大家回答得这么准确，看来大家都认真做了批注。刚才我看到有的同学对第五段批注了一半，下面大家接着批注第五段。看得出大家批注水平提高了，那就五、六两段一起批注吧。

师（一分钟后）：这回我看谁最先批注好，先批注好的，先举手。

教师来回巡视指导。

约四分钟后，两位同学完成批注举手。

师：已经有两位同学举手了。

学生陆续举起手来。

师（笑出声）：我看谁最后一个举手。

师（笑）：这么快都批注好了。好，请后面这位女生展示一下自己的成果。

生7：第五段写“我”和同学去餐厅吃饭，被餐厅服务员阿姨误会成“小姐”，“整个餐厅的目光都射了过来，随之爆笑，阿姨也被弄得不知所措。我呀，头快埋到地上了，脸上像被开水烫了一般，火辣辣的，手不停地搓着衣角”，这里运用了动作描写写出了“我”的窘迫和尴尬，还有朋友们后来的“挖苦”，“我”的“不好意思”，都是突出长高给“我”带来的烦恼。

师：这里具体运用了那些动词？

生7：“埋”“搓”准确传神地写出我被阿姨叫为小姐后的焦急和尴尬。

师：哪位同学还有补充的？

生8：“脸上像被开水烫了一般，火辣辣的”，这句运用比喻的修辞手法和神态描写，突出“我”的窘态和尴尬。

师:非常好，你读得很仔细。还有吗？

生9：再看这一句“全场的目光都射了过来，随之爆笑”，我们要理解这里的“射”与“爆笑”的含义，因为这两个词更突出身高的窘迫啊。

生10：写窘迫是强化身高给“我”带来的苦恼感。

师：你的“苦恼感”用得好。还有补充的吗？

生11：这应该是写长高在“我”娱乐方面带来的苦恼。

师：嗯，很好。

生12：这段是从吃的方面表现长高的无奈。

师：你说得很好。这段是从饮食生活来表现长高的苦恼。最后一段哪位同学谈谈自己的看法？

生13：最后一段是直抒胸臆，呼吁烦恼带给我的苦恼。“再”“折磨”突出烦恼带给“我”极度伤害的苦恼。

师（笑）：“烦恼带给我的苦恼”，这话怎么说啊？什么烦恼？

生13：长高。

师：对啦。措辞应该准确些。还有吗？

生14：“呜呼”写出作者希望长高不要再折磨自己。反映作者对长高的痛恨。

生15：“呜呼”后的“——”写出长高带来的烦恼悠长。

师：这个破折号，让人感到这个烦恼让人挥之不去啊。真是个“烦恼”啊。

好，请坐下。下面我们试着给佳作作一个总的评价。总的评价围绕两方面：分两段“写了什么”“怎么写的”。（屏显）“写了什么”就是文章写了什么内容，“怎么写的”就是作者的构思、文章的结构、语言表达有哪些创新的地方。这篇佳作“写了什么”和“怎么写的”两个方面，最值得我们借鉴的突出的亮点在哪？要求大家可以合作完成，三到五分钟时间。

师来回巡视指导。

师：哪位同学先来？

生16：小作者先从日常生活入手，又写到课堂上抄作业，课间的奋笔疾书，这是学习上的苦恼，最后写到吃肯德基，写出我对长高的痛恨。

师：还有吗？列举几个事例？用“写什么”和“怎么写”的方式来回答。

生17：作者从生活、学习中的小事入手，运用了细节、动作、神态和心理描写，并运用了比喻和夸张的修辞方法。

师：他们没讲到的，有补充的吗？从“写了什么”“怎么写的”两方面考虑。

生18：文章写“我”只有十二岁却有一米六五的身高，在日常生活、学习生活、饮食生活中带来的种种苦恼，列举的事例丰富，有详有略，有层次，布局合理。语言诙谐幽默，通篇是轻松风趣的叙事基调。

师：写的时候运用了哪些手法？

生18：有描写？

师：什么描写？

生18：细节描写、神态描写。

师：如——

生18：“搓衣角”“火辣辣”等。

师：还有吗？

生18：心理描写。

师：对了。我们今天是“烦恼”主题作文。写“烦恼”必须突出“心理过程”。

还有什么？

生18：动作描写。

师：很好。修辞手法呢？

生18：运用了比喻、夸张。

师：现在大家清楚了吗？通过刚才这些同学的精彩点评，我们就叫“同窗视点”吧。我们大家在一起学习，是同窗好友嘛。通过同窗视点，我们发现，作者取材的定位在哪？

生（齐）：生活。

师：很好。植根生活。

师(边说边板书)：植根生活。

师：是不是单独写学习生活？大家都说说。

生自由说。

师：对了，选取了学习生活、日常生活、饮食生活。也就是说选材的角度很多。写的谁？

生（齐）：自己。

师：对了，书写自我，多角度（板书）。写作手法呢？

生（齐）：心理描写、动作描写、神态描写、语言描写。比喻、夸张等修辞手法。

师：很好。心理描写等 比喻、夸张等修辞（板书）。除此之外，我们探究下本文的行文思路。

屏显：

看行文思路：长高的苦恼—日常生活的烦恼（ — （小学六年级时课间休息时间被剥夺，气恼）— （现在吃肯德基被服务员误称“小姐”，尴尬至极）—（呼吁长高别再“折磨”））。

依据提示填空。

（学生合作交流探讨）

生19：小作者和同学说话，和妈妈逛街这些是日常生活小事；接着写课堂上的烦恼。

生20：然后写到去肯德基吃饭让我尴尬至极；最后呼吁不要再长高了，突出我的烦恼。

师：很好，下面我们一起来归纳下。小作者分别从日常生活、学习生活、饮食生活最后呼吁，直抒胸臆。

我们再看看作者思维的路径：我的烦恼—青春的烦恼—成长的烦恼—长高的烦恼，都是以烦恼为主题的，烦恼是成长的一部分。（屏显）

烦恼是什么—为什么烦恼—烦恼的结果。突出烦恼的心理过程。（板书）

师：因此，我们可以尝试通过三问来打开思路。“烦恼是什么？我想到了……”“为什么烦恼？我想到了……”“烦恼怎么样？我想到了……”

三、书写“烦恼”

屏显材料：

材料链接：

新华社北京2月27日电（记者白瀛 李菲） 全国妇联27日发布的一项调查显示，学校和家庭给儿童双重学习负担，超半数中小学生视学习压力为最大烦恼。

全国妇联于2007年开展了全国未成年人家庭教育状况抽样调查。调查报告说，学生在每天紧张的学校生活之外，仍要花大量时间学习，包括完成学校作业和家长布置的课外补习作业、上补习班和兴趣特长班等。学业压力沉重使学生娱乐、游戏、玩耍和睡眠的时间减少，造成部分学生的负面心理情绪。

报告说，有97.5%的学生每天放学回家后，要用一定的时间完成学校布置的家庭作业；有66.1%的学生每天要用一定的时间完成家长布置的课外补习作业；30.4%的学生上补习班，21.7%的学生上兴趣特长班。

报告称，53.4%的城镇中小学生和53.8%的农村中小学生自述，他们“最大的烦恼”是“学习压力”。 （摘自《安徽日报》2008年2月28日）

师朗读材料。

师：你们有烦恼吗？

生（齐）：有。

师：那好，我们就谈谈我们的烦恼，有多少讲多少。

屏显：说说我的烦恼。提示：可以从学校生活开始。在学校，在家庭，在课外（含热点）。

生21：作业太多，考试考不好。

师：在学校里不仅有学习上的烦恼，同学之间，师生之间交往时有小摩擦。有吗?

生（齐）：有。

师：那么，还有那些烦恼呢?

生22：和同学产生误会，在学校里怕犯错误，怕给老师留下把柄。

师：有学校的，家里有吗？课外生活呢?

生23：父母太过于关心我的学习，总是唠叨，让我感到烦恼。

生24：爷爷很干净，每次帮我整理东西，但是整理好后我的东西就不见了，让我感到了代沟。

生25：有时候，事情到底是做还是不做？如作业到底是抄还是不抄？心里很矛盾，很纠结。

师：有时候，生活就是这样，想做吧，不好，不想做吧，也不好。这些都是让你们心里感到纠结的烦恼。今天，我们就来写一篇关于纠结的文章。

屏显：**书写烦恼**。

1.新题展示：

生活充满了快乐，却也充满了纠结。因为谁都有思绪纷乱，心情烦闷的时候。人的思绪、心情是不断变化的。纠结常常充斥着我们的生活，苦也纠结，乐也纠结。有人说，纠结就是困惑；有人说，纠结就是无奈；有人说，纠结就是矛盾；有人说，纠结就是六神无主；有人说，纠结就是不自在；有人说，我们在纠结中成长……

请以“**让我纠结的____**”为题，将题目补充完整，写一篇不少于600字的文章。

师：从提示语看，要突出“纠结”，哪些词语给“纠结”下了定义?

生26：思绪纷乱，心情烦闷。

师：非常正确。这就是纠结的意思。文章突出的是纠结的过程，题目中你补充的词语，是你写作的内容。请借鉴佳作中突出的优点。大家先动笔拟写提纲，提纲可分为两个部分：写什么，怎么写。写好后我们交流，谁先拟好提纲，谁先说，提纲要简洁。

师（一分钟后）：题目补好的举手。

部分学生举手。

师：好，继续。

生27（约三分钟后）：我的题目是《**让我纠结的跟屁虫**》，我用第三人称写校园生活与同学之间的事，书写纠结。

师：比如说……

生27：……

师：没想好是吧？坐下接着想。前面这位同学，你说，他刚才说用第三人称写好吗？

生28：我们的题目是第一人称。第一人称更利于抒情，当然你用第三人称也可以，但不能跑题。

师：是啊，这题目不错。但是不能用第三人称，写着写着就跑题了（师笑）。关键词是什么？

生（齐）：跟屁虫

师：核心词呢？

生（齐）：纠结。

师：那就是所写内容是跟屁虫，重点写纠结。用第三人称的话，跟屁虫是第三人称，只要是第三人称对我的影响。他对我怎么样，是这意思吧？

生27、**生28**：是的。

师：还有要说的吗？

生29：我写的题目是《**让我纠结的淑女形象**》，写我不淑女，爱大笑，闹腾，与我想做文静淑女形成对比来表现纠结。

师：运用那些描写手法？

生29：我用对比手法，运用神态、动作、心理描写，并用夸张和比喻的修辞，再加上做淑女不成功的事例，突出我的纠结。

师：你要写出过程，突出纠结。隔壁这位同学，你对她的写法，有没补充的？

生30：她写做淑女不成功，如何反映不成功呢？这点很重要。

师：你是说，以此突出过程，对吧？

生30：对。

生31：我的题目是《**让我纠结的背影**》，这个背影就是我弟弟的背影。我主要写我做作业时，弟弟找我玩，说他在学校发生的一些事情，可是我又要学习，我不理他，他就会走开，看着弟弟失落的离去的背影，我心里很纠结（哽咽，眼睛湿润）。

师：你是位感情丰富的女孩，看得出你没能满足弟弟，一想到这事，心里是难过的。要他走吧，心里不忍心，不要他走吧，影响做作业，心里很纠结。你打算用什么手法写？

生31：比喻、拟人的修辞，语言、神态、动作、心理等描写手法。

师：其他同学有没有要说的。好，我们今天的课就……

一生举手打断老师的结束语，要发言。

师：好，你请说。

生32：我写的题目是《让我纠结的腿短》，（生大笑）我主要从两个事例来表现我纠结。一是腿短让我跑步总是慢人一截，写腿短的坏处，第二是在跆拳道上又给我带来意外惊喜，写它的好处。我主要用对比的手法，运用细节刻画以及夸张的修辞，来体现我的纠结。

师：好，坐下。有没有同学对他的构思进行补充的？没有的举手。（学生都举手）那么，刚才通过大家的表达，我清楚地认识到，对这样的一个题目，大家的写作思路已经被打开了，知道写什么，知道怎么去写。课后完成好。今天的课就到这里。下课。

附：佳作　　**长高的苦恼**　　◎安徽庐江四中群星文学社　徐志瑶

"某某增高产品见效快，在短短一个月内，您就高人一等……"真讨厌，电视里又在推销增高产品，什么"灌篮高手、增高一号"，五花八门的，那些广告商为了把产品卖出去，把产品吹得天花乱坠。要问我为什么"痛恨"增高——唉，真是一言难尽啊！

我今年十二岁，初中一年级，却有一米六五的身高。对个子较矮的同学说话，我得低着头，他们要仰着脸"恭听"，那样子跟大人教训小孩子差不多，可真羞啊。又比方说吧，我和妈妈上街闲逛，遇到妈妈的熟人，人家第一句话总是：真像姐妹俩。妈妈听了，马上扯开话题。等把熟人应付走了，妈妈就虎着脸说："下回不和你逛街了。"我只好不吭声。这怪谁呢？难道怪妈妈矮吗？当然不是，只能怨我太高了。

上六年级的时候，由于我个子高，只能坐在教室后面。可老天却不公平，偏偏给了我一双近视眼。妈妈又不许我配眼镜。课堂上，老师抄了一大黑板题目，别的同学看一下黑板抄一题，我呢，脖子伸得老长，像只长颈鹿。身体向前倾，都快和课桌粘在一起了，眼睛眯成了一条缝，都快看不见了，从远处看过来，还以为我坐着打瞌睡哩。这种怪异的动作，我至少要持续十秒钟，然后才能慢慢吞吞地提笔抄题。如此一来，我的课堂作业往往要拖到课间十分钟才能“奋笔疾书”。看着别人在外面活蹦乱跳的，我的心像被猫抓一样。我曾向老师申请换座位，可老师苦笑了一下，说：“你这么高，坐在前面不挡了后面的同学?”一句话问得我哑口无言。没办法，只有继续过“高人一等”的生活。身高不仅给我学习上添乱子，在我玩的时候竟也不松口气歇歇。想到这事我就气不打一处来。

一个星期天下午，我和同学去吃“肯德基”，站在他们中间，我高她们一个头，“独树一帜”的，像大姐姐带着小妹妹们一样，真别扭。

来到餐厅，一位阿姨热情地问我：“小姐，您要点什么?”快嘴的李佳立刻尖叫起来：“什么？……‘小姐’？她才六年级呀!”这一叫可好，整个餐厅的目光都“射”了过来，随之全场爆笑，阿姨也弄得不知所措。我呀，头快埋到地上了，脸上像被开水烫了一般，火辣辣的，手不停地搓着衣角。真是“奇耻大辱”！打那以后，朋友们有事没事地老挖苦我，我多不好意思啊。

“长高”啊，你不要在“折磨”我了，呜呼——

（本课荣获2016年第五届全国初中语文教师教学基本功大赛一等奖，金星闪执教）

二、如何开启中考命题作文的写作思路教学设计

【复习目标】

1.学生能明确中考命题作文的形式；

2.在教师的引导下，学生归纳出命题作文的写作思路。

【教学重难点】 归纳出命题作文的写作思路。

【教学方法】 点拨法、讲授法、训练法

【课时安排】 一课时

【教学准备】 课件制作

【教学过程】

一、思路导入

中考命题作文的形式有哪些?（全命题、半命题）

二、思路探究

（一）思路方向

多媒体展示：

①2010年上海市中考作文题（全命题作文）：黑板上的记忆

②2010年安徽省中考作文题（半命题作文）：

水有时是雪，有时是露，有时是冰凌，有时是雨珠……变的是形态，不变的是晶莹；日子，有时是甜，有时是苦，有时是幸福，有时是酸楚……变的是感受，不变的是真实。生活中，许多变化的人、事、物，都有不变的地方。

请以“不会变的是____”为题目，将题目补充完整，写一篇不少于500字的文章。

教师边提问边点拨：本题的写作对象是什么？①题的写作对象是“记忆”，是写作内容，是写作的话题，也是这个题目的“关键词”，那么，本题的限定词是什么？“黑板上”，限定词是写作重点，是题目“核心词”。②题的写作对象是什么？要我们自己补，补题内容是写作内容，是话题，是关键词。那么写作重点呢？是“不会变的”，也是题目的“核心词”。

得出结论：作文题目的关键词是写作对象，写作内容，也是写作话题，核心词是写作重点。（学生齐读一遍。）

教师指出：这是我们写作思路的方向。

那么，有了方向，如何打开思路呢？

（二）思路方法

（此环节在教师的组织下，师生共同归纳梳理开启思路的方法。）

方法：以“黑板上的记忆”为例，师生共同归纳打开思路的方法。

可安排学生思考3分钟，教师再提问。或者教师讲解。

学生讲自己的思路，教师适时点拨，归纳方法。

如：黑板—知识—风采—人、事的回忆：你的名字、成功和失败的、渴望知识、师生情谊、成长的思考等。

记忆：激励奋进的、黑色忧伤的、成长记忆等。

黑板是空间的：媒介 诗词典故

记忆是时间的：落脚点 美好或忧伤

归纳：

①审问法（三问法）：就是对所给的全命题作文或者你已经补全好的半命题作文进行三次疑问：“文题或话题”是什么？为什么“文题或话

题”？“文题或话题”怎么样？从而打开写作思路。

这里实质就是通过问产生联想，每一问后，你想到了什么？这样来打开思路。

②因果法：常用的是由因推果或由果溯因。由因推果是加上因果关联词：因为+文题或话题，所以……。由果溯因常用的方法是设疑，为什么+文题或话题，是因为……。由此打开写作思路。

实质就是通过加关联词来联想。

③顺逆法：文题或话题+同类联想+不同类联想。

实质是发散联想。

…………

下面，我们把2010年安徽省中考作文题补好，看看能不能用刚才我们大家一起归纳的方法来拟思路。

三、思路实践

（一）拟思路。学生就自己补好的题目，试着选用归纳的方法拟出思路。

（二）说思路。让学生自由说出自己的写作思路。

（三）评思路。诱导学生相互议评，指出思路的优劣及理由，补充新的思路，教师适时点拨并参与活动。

（此环节教师注重学生的实践性、学生的思维的发散性及思路的多样性，多鼓励、肯定学生思路成果，关注反馈情况。）

四、思路验证

（此环节重在巩固、强化学生对思路方法的理解，从学生满分作文实践中获得启发和信心）。

请学生完成印发资料后面的问题**（也可课前发给学生完成）**。

2010年安徽巢湖市庐江阅卷点一篇中考满分作文《不会变的是秦楼月》。

学生动笔拟出该文的写作思路并指出是运用什么方法打开思路的。

学生点出这种思路好在哪里。教师适时点评。

五、自我总结

学生总结本节课探讨的内容或谈自己的收获。

六、课外练笔

阅读下面的文字，先拟出写作思路，然后任选一题作文。

1.在我们强调尊重学生、维护学生权利的今天，一些地方和学校也

出现了教师特别是班主任教师不敢管学生、不敢批评教育学生、放任学生的现象。《中小学班主任工作规定》中明确："班主任在日常教育教学管理中，有采取适当方式对学生进行批评教育的权利。"

请以"另一种爱"为题，写一篇文章，不少于600字。

2. 有人说，路过是一种缘分；有人说，路过是一种心情；有人说，路过是一种态度；有人说路过是一种美德；有人说，路过是一种美丽……

请以"**路过____**"为题，将题目补充完整，写一篇不少于600字的文章。

（2011安徽省庐江县中考复习研讨会示范课，金星闪执教）

第二节　叙述、描写导写

初中生写记叙文最容易得高分，但如果记叙文特征不明，不清楚记叙文的特点，也最容易得低分。

记叙文的主要表达方式是叙述和描写。

叙述是记载、述说人物活动的一般情况和事件发生发展的经过，把人物和事件的基本情况交代清楚。对于写景来说，叙述就是介绍观察或参观的简要过程；对于写人来说，叙述就是对人物所作所为进行概括介绍；对于写事来说，叙述就是对其发生、发展与结束的粗略交代。简要、概括、粗略是叙述的最基本特征。叙述的语言有的凝重，有的轻快，有的幽默，有的朴实……

描写就是细写，是对人、事、物进行客观的描绘和刻画，分为正面描写和侧面描写两类。正面描写是对描写对象的肖像、语言、神态、动作、心理的直接摹写，侧面描写是通过描述相关的事物来烘托、突出描写对象。

附：名家美文

入厕阅读

◎方方

入厕阅读，我相信是很多人一生中深觉快意的事情。据说外国人还专有供入厕阅读的杂志报纸，足见世界上国别不同人种不同语言不同习俗不同，但人类寻找的享受方式却总是很雷同的。

我家入厕读书的头人自然是我的父亲。我们从南京搬来武汉后，居住的房子厕所较大，分大、小便池两间。设计者想来也是个好入厕读书之徒。记得我父亲每天中午下班回来第一件事便是绷紧着脸找书，找到一本后，便直冲厕所。待他挟着书再出来时，脸上则尽呈惬意之感。有时候，父亲在急于上厕所那一刻死活也找不到他要看的书，常常憋得脸色发青，却依然一边发脾气一边不屈不挠地翻找，大有无书不入厕架式。弄得母亲经常不得不放下手中家务前去帮忙。有一次，父亲在入厕前欲找《乐府诗选》，找来找去竟找不到，我和母亲都出动了，却依然遍寻不见。父亲真是痛苦万分，最后实在无法，只得随手抓了一本我借的小说。待他出来时，没有寻常那种志得意满之态，只淡淡地把小说往我面前一甩，说："这种书有什么看头？"《乐府诗选》是父亲上厕所时很喜欢看的书，可惜直到父亲死也没有找到。也不知它是怎么失踪的。父亲常叹说："看一本不喜欢的书，屙屎都没劲。"

因为父亲的如此这般，我们一家人自然也都如此这般，包括我的母亲。我母亲读《红楼梦》不下五遍，我相信至少有两遍是在厕所里读完的。说出这话来，可真对不住曹雪芹。

1966年，我家两间房子变成了一间，隔壁搬来一家邻居。厕所由一家专用变成两家公用。邻居家的人也爱读书，一来见我家上厕所人人手持一书，大喜过望，立即加入了这支入厕阅读的队伍。邻居老太太眼睛近视，看书时眼睛距书只一寸远，我们常笑她看书不是看，乃是闻书。就这，她老人家居然也在上厕所时毫不犹豫地带上了书，且自笑曰："既闻书，又闻臭。"

只是入厕读书的人一多，弊病就显示出来了，这就是厕所不够用。都是上学上班一族，出门和在家时间比较集中，凡入厕皆携书，没有半小时如何出得来？若遇上一本有趣的书，一边排泄一边笑读，何曾会记得外边有人正憋得痛苦？这一来，厕所就成了每天必不可少的事和每天必不可少的话。我的父亲最痛恨在他欲进厕所时，有人抢了先。这时候的他总是暴躁而又急剧地在家里来回走动。设若在厕所里看书的久蹲不出的是他的儿女之一时，他便会忍耐不住地前去"哐哐"踢门。门外响声如此，门内的人焉能不魂飞魄散？哪里还敢安心消遣下去？甚至拎了裤子逃出后仍然惴惴不安，恐有责骂上身。只是待父亲挟了书从厕所里出来时，多半已心平气顺了。他若开口，多也是谈适才厕所里的阅读内容，谈得高兴，还会大笑。到此时，先前占了厕所的我们之一，才能放下心来。

要命的是在父亲下班回来意欲入厕时，厕所里蹲的很可能是邻居。那父亲就惨不忍睹了。你无法对别人家的人发火，只得忍受。而邻家人在厕所里也是要看书的，看得高兴时也是不记得厕外的人事的，满怀耐心地等他出来着实也不易。父亲这时候通常很是无奈地表现他的愤怒，有时不得不板着面孔下楼到对面一栋厕所去。当然，去时仍然会在胳膊下挟上他的一本书。

入厕读书，算不上是什么好习惯好风气，尤其医生和图书馆员定是怀有反感。但的确有许多人都喜欢这么着。其意义自然不是为节省时间，想必更多是为了一种快乐。现在喜欢读书的人越来越少了，厕所的光线也越来越差，不知还有几多人会挟着书匆匆地冲进厕所，也不知会有几多人怀有手中无书，誓不入厕的气概，就像我的父亲当年那样。

（选自《方方文集》）

【技法鉴赏】

上文，如“我家入厕读书的头人自然是我的父亲”“甚至拎了裤子逃出后仍然惴惴不安，恐有责骂上身”等等，叙述语言概括、简要、幽默，体现了叙述的特征。叙述不难做到，那我们又如何做到描写的新颖、生动传神呢？

首先，要做到描写内容的个性化。即选择个性材料来描写，就是要选择日常生活的小人、小事、有趣、有味的人事，别人不屑写的材料来描写。如上文选择的“入厕阅读”这个写作内容本身就彰显了个性。作者详尽叙说了父亲“入厕阅读”的喜怒哀乐，家人、邻居曾对入厕阅读的热衷，同时表现了作者对今天喜欢读书的人越来越少的现象的担忧。

其次，要注重个性细节描写刻画。即注重描写个性肖像细节（外貌、衣着等）、个性语言细节、个性神态细节、个性动作细节、个性环境（即特定的自然环境和社会环境）。如上文中写父亲是家里入厕读书的头人，进行了四处细节刻画：“每天中午下班回来第一件事便是绷紧着脸找书，找得一本后，便直冲厕所”是动作细节描写；为找到要看的书，“常常憋得脸色发青”，入厕读书后，脸上“尽呈惬意之感”，是神态细节描写；痛恨厕前“有人抢了先”，这是心理细节描写。还有个性化的语言细节描写，如：“父亲常叹说：‘看一本不喜欢的书，屙屎都没劲。’”语言朴实无华，自然流畅，表达了父亲爱读好书的强烈愿望。

最后，要综合运用修辞手法来描写刻画。如上文第五段就运用了反问和夸张的修辞手法，把父亲急于入厕阅读的形象淋漓尽致地表达了出来。

但是，描写时应注意：

1.恰当。描写要有目的，不能乱用，要围绕中心去描摹刻画。

2.生动。描写要美、妙、巧、新。到该描写的地方不要信“笔”开河，乱加形容，滥用形容词或生造词。这样会影响阅读效果。自然、贴切、真实的描写才是成功的描写。

附：佳作示例

校园快乐也精彩

◎安徽庐江四中群星文学社　金娜

校园中，快乐无处不在，充满精彩！

Oh，我的头！

老师曾说过一句经典名言，“上课时要专心听讲，哪怕是‘头’掉了也不许捡。”同学们都虚心接受。

一日，老师在堂上滔滔不绝地讲得起劲，我听得入神，耳边却传来同桌珺的央求声：“喂，娜，帮我捡下笔。”我正准备弯腰拾笔的那一瞬间，不料半路杀出个程咬金。旁边的“美丽天使”郡拉了我一把，向我使了一个奇怪的眼神，并煞有介事地小声说：“千万不能捡，忘了老师的名言了吗？”我讪讪而笑，连忙向珺指了指我的头，拒绝了珺的要求。她也不好发作，一节课听得也不自在，落寞地坐着发愣。

“丁零零——”下课铃声终于响起。珺以迅雷不及掩耳之势，弯下瘦小的身躯，刚触到笔尖，便惊天动地吼叫起来：“Oh，我的头！”同学们像被定了身似的，一动不动，看着她一个人表演。珺觉得气氛不对，问了一句：“你们大家都没事吧？我是因为和‘笔笔’团聚而感到高兴呀！”这时，老师说话了：“做什么呢？一惊一乍的，我说下课了么？”全班同学一阵爆笑。只有珺紧紧地握住那只笔，脸上像盛开了玫瑰花一样，映得满身通红。

“?”的肖像权

班级布置黑板报时，贴了一张关于大熊猫的照片。大家都很喜欢，可健非厚着脸皮，要找班长算账，算什么账呢？对话如下：

健：（急忙地）“班长，我要投诉！”

班长：（蔑视地）“就凭你？别让别人投诉你就不错了。”

健：（高兴，奸笑）“放心吧，不会有人投诉我的，谢谢你的关心，不过你还是先担心你自己。我要投诉的就是你！”

班长：（无所谓地）“那好吧，你说，我洗耳恭听。”

健：（故作清高）“哼！（咳嗽一声）听好了，我投诉你乱用别人的东西，侵犯我的肖像权。”

班长：（无辜，疑惑）“什么肖像？”

健：（趾高气扬）“就是那幅熊猫图呗。”

班长：（神采飞扬）“哼，你也配。好吧，那熊猫是你对吧？赶快把我们给你照相的钱拿出来，班费还等着补缺呢。”

健：（一脸无奈地走开）“啊？敢情不是免费照相啊，那就算了吧。”

大家听到这番话，早就笑得前俯后仰，直不起腰来了。

0+0=蔡依林

班上搞笑人物非“国宝”健所属。下课时，有人问了一个问题“7+1等于几？健像小精灵似的一下子窜到人群中，用他的那“男高音”扯着嗓门喊道：“不是‘丑’就是8，也有可能是71。”“回答正确！那么0+0=?”健绞尽脑汁也没想出来，便像霜打的茄子——蔫了。没过几秒钟，只见他又神采奕奕地回答：“0+0=蔡依林！”那人被这意想不到的回答惊住，瞪大了眼睛，简直不相信数字相加还能得出一个明星！

珺的夸张动作，健的机灵可爱……那一幕幕轻松搞笑的校园生活喜剧，每天都在我们周围上演，带给我们无穷的欢乐与精彩。

【点评】　作者以幽默风趣的笔墨，描写了班级三幅快乐图景。与一般同学仅仅取材于学习生活不同，选材贴近学生生活，真实新颖地展现了初中生忙里偷乐、活泼可爱的个性形象。“时尚化”的个性语言——运用学生化语言“笔笔”“敢情”，使人物个性鲜明，读来让人忍俊不禁；形象准确的修辞及恰到好处的成语，如“半路杀出个程咬金”“脸上像盛开了玫瑰花一样”“霜打的茄子”等，渲染了快乐的气氛，增添了文章的戏剧效果，而一些成语如“绞尽脑汁”与“神采奕奕”形成对比，主人公“健”可爱的形象跃然纸上。

附：妙语采撷

趁人们午睡的时候，悄悄地去到药房买消炎药片。药房就在那家平民化电影院的隔壁，中午时分，街上少有行人，蝉在响亮地鸣叫，阳光从梧桐树叶里洒下，闪闪烁烁的，叫人睁不开眼。柏油马路在汽车轮胎下柔软地起伏。我赤脚穿一双凉鞋，齐膝的花格子裙里的折磨，只有我自己知道。我走进药房，说要买消炎片。心下紧张地盘算着，假如别人问我是什么地方发炎，我将怎样回答。　（摘自王安忆《忧伤的年代》）

风凄凄的摇荡着窗外的枇杷树，雨萧萧地滴在我的心上。灯光暗淡地照着母亲的头发，母亲的头发如丝一般的乱，如霜一般的白，母亲的泪如潮一般的流着，我抱住她的消瘦的颈，也号啕大哭了。

有一滴泪，从母亲的眼中落了下来，滴在我的眼上，和我的泪融合

在一起，渐渐地汇成了一道河。我溯着河流走去，进了母亲的眼帘，一直到了母亲的心坎上。（摘自王鲁彦《灯》）

那天，当我们所有的女生一窝蜂地跑进教室又一窝蜂地翻越窗子时，男生们不明白我们究竟要干什么，只是一旁起哄，如同助威。田老师远远看见我们进了教室，果然欢喜异常，然而当他走到教室门口时，脸色却骤然大变，他身体晃了一晃，仿佛是晕眩，手上的粉笔盒从备课本上滑下，粉笔“哗啦啦”撒了一地。那时的我们正在窗外偷看，许多女孩发出嘻嘻的笑声，然后一哄而去。我离开得最晚，我被田老师的表情震动。大约便是那一天，有一个画面就永远嵌在了我的脑子里：那是一个胖胖的大人呆立着露出一副失魂落魄的神情。

（摘自方方《永远的内疚》）

我夸妈妈腿瘦了，过好了，她就一脸愁云地说：“身体不行了”。这不是夸人的话么，妈妈不应该高兴么？

我夸妈妈牛肉烧得很好吃，她就淡淡地说：“好吃你就多吃点。”这不是广告词么，我又纳闷了。

我夸妈妈新衣服真漂亮，她就欢喜起来，说：“我看着也觉得很好。”这莫非就是女人的天性？

我对妈妈说，我最爱你啦。她就用下巴点点我的额头：“嗯，我也最爱你。”（考生《我和妈妈相亲相爱》）

第三节　说明文导写——以“学问”话题为例

一、写作题目

日常生活中，蕴藏着许许多多的学问，自行车、家具电器下的轮子，是克服摩擦的学问；脱水机是运用了离心力的学问；电风扇是运用了动力学原理；电暖器是运用了电能转化热能的知识……只要仔细留意就会发现生活中的学问无处不在。

请以“学问”为话题，向人们介绍某一方面知识，要科学、准确、有趣。写一篇不少于600字的文章。

二、话题分解

这是一道要求介绍事物原理的事理说明文，也是科普说明文，限定了文体，但选材范围宽泛。要求我们取材于生活常见的某一事物如自行车、家具、脱水机、电风扇、电暖器或其他有科学原理的事物，要对其原理进行揭示。提示语告诉我们，选取的事物必须是你熟悉的，而且要弄清这一原理。

1. 抓住事物特点、知识要点，联系生活现象，有重点、有顺序地揭示科学原理。如我们写摩擦，就可以举出生活中许许多多摩擦的例子，如跑步、滑冰、骑车、搬东西……再设想没有摩擦会出现什么现象，一步一步把生活中摩擦现象讲明白。假如我们写一个有趣的实验，就要说明一个实验的过程和结果。解剖家兔，先麻醉再剖肚皮，看内脏，与课本图画对应，了解家兔内脏结构。

2. 要写好这类科普性说明文，还要把知识性、趣味性和文艺性结合起来，需要做一些生动形象地说明。它需要借助描写，用形象化的手法，对事物特点作一些必要的描绘；需要运用比喻、排比、拟人等修辞手法，穿插一些与事物有关的诗、文故事。这样写不仅生动有趣，而且明白易懂。如我们可想象没有摩擦的种种现象：你起床没了行走能力，刷牙拿不起杯子，自行车无法行走……

三、佳作示例

说　摩　擦

◎佚名

冬天，在冰面上，小孩儿们都喜欢猛跑几步；农民使用锹镐锄镰在田间劳作的时候，常常喜欢往手心吐口唾沫……在这些司空见惯的小事中，人们都在自觉不自觉地运用着一种原理——摩擦。某些物理现象，不论你是否意识到了，它都确确实实存在于你生活的每一个角落。

假如你的自行车生锈，骑起来吱吱作响，既吃力又骑不快。其实，这又是摩擦在作怪。也许，你因此会说："摩擦真讨厌，要是没有摩擦该多好！"那么，我们来设想一种全无摩擦的情况：

清晨起来，你下床刚刚走动，只听"啪"的一声，你会发现你与大地是如此"亲近"——没有摩擦，也就没有了行走的动力。你要刷牙，并不沉重的漱口杯此时却无论如何也拿不起来了，只好像杂技演员那样小心翼翼地托着；你好不容易来到街上，却无法去学校；你毫不费力地蹬着自行车飞转，可是车子却始终没有向前挪动一步，由于担心迟到，你只好回过头来大声喊："妈妈，帮我一把！"——奇迹出现了，你说话时喷出气流，居然使车子向前滑动起来，平稳轻快，惬意极了。不过，如果遇到障碍或需要拐弯，一口气吹得不对劲，就会毫不客气地摔你一跤……好不容易跌跌撞撞踉踉跄跄来到学校时，你已经“吹”得头晕眼花。进入教室，你会发现，一个个鼻青脸肿的同学正在热烈讨论如何去医院看望摔伤的老师呢！此时此地，此情此景，你还能觉得摩擦讨厌吗？你也许会说：“摩擦的重要作用我已经知道了，可是机器运转时摩擦会消耗很多能量，机器温度增高，磨损加大，甚至会发生事故；搬动重物时，由于摩擦过大，往往使人吃尽苦头，这又该怎么办呢？”不要紧，我们还可以想办法减小摩擦，降低损耗。自行车轴承里的滚珠，重物下垫起的滚杠，使摩擦变成滚动摩擦。这会使你省不少力气。物体的表面尽量保持光滑，再加上些润滑油，也是降低摩擦，减少损耗的重要手段。

生活处处有学问，只要我们不断地去观察、学习，不断地去运用中改进，世界一定会在我们的手中变得更美好。

【点评】 这是一篇介绍摩擦原理的事理说明文。作者联系生活中的种种摩擦现象，展开联想和想象，列举生活中大量正反实例，层层推进，把抽象的摩擦原理介绍得具体明白。思路开阔，文字幽默诙谐，语言生动有趣。

四、写法总结

说明文是以说明为主要表达方式的文章。它是介绍客观事物，阐明事理而又能给人以知识的文章。从说明对象看，说明文可分为事物说明文、事理说明文、程序说明文。那么，说明的对象主要有哪些？运用哪些方法能写好呢？

1.明确对象。

事物说明文的对象是以事物的外形、构造、产地、价值、功用等为说明对象。事物大多数是可触摸的，它们有形状、结构、重量、颜色、气味等。事物说明文着眼于事物的外形、构造、性能、用途、产地、质料、价格等方面介绍，它在某种程度上与状物的记叙文有类似之处。事理说明则着眼于对事物的原理揭示，科普说明文也属这一类。程序说明文是以某种事物的制作或实验过程为说明对象。广义上讲，也属事物说明文，只不过侧重点在于“程序”。如手工制作航模等工序介绍。

2.恰当说明。

一篇好的事物说明文，必须做到：①真实准确。说明文讲究科学性，即准确地反映事物的本来面目。因此，动笔前要对说明文的事物进行有目的、多角度地观察研究它的外形、构造、用法等，对有些事物除了看以外，还可以听一听、摸一摸、敲一敲、掂一掂。只有掌握丰富的材料和科学知识，才能进行准确、科学的说明。②讲究条理。先说什么后说什么，是要根据被说明的事物的特点和中心的需要来进行安排的。我们可以抓住特点，拟好中心句。一般一句为宜，段的中心句只介绍事物的某一特点。运用好支撑句。支撑句是围绕中心句有层次多角度展开的。③简洁、通俗。说明文写作，要求言简意赅，让人一看就懂。通俗，就是说明要深入浅出，通俗易懂；在语言表达上质朴无华，晓畅明白。

那么，如何写好事理说明文和程序说明文呢？写事理说明文一要弄清科学原理。二要深入浅出。科学原理比较枯燥，可借助一些修辞手法，将客观事物的道理解说得生动、形象。写程序说明文要做到：①熟悉该程序。要准确地说明该事物的产生程序，必须说清楚某件事物各道工序的先后顺序。如手工制作，你要向他人介绍如何制作，自己就得动手练一练、试一试，自己会做，再教别人怎么做。②按操作程序写。步骤多的采用分列条目的写法，把每个步骤列成一条条，逐步写好。步骤少的，可以用“首先”“其次”“最后”等词语表达。③详略得当。就是对某些制作难点用较多笔墨，让人读后，确实能了解该事物是怎么生产出来的，确实能够动手实践。不难的地方少写。

3.妙用说明方法。

无论写哪种说明文，都要恰当地运用说明方法。写说明文不仅要仔细观察、抓住特征，注意顺序条理，而且要巧妙运用说明方法。要根据说明的对象和写作目的来选用，根据事物的特点灵活选用。常见的说明方法有下定义、作诠释、举例子、列数字、分类别、作比较、打比方、列图表等。说明复杂事物，可采用分类说明方法，能层次分明。要增强说明的生动性、形象性，使说明的特征鲜明突出，可采用打比方的说明方法；要使读者准确地区别事物、认识事物、理解事物的本质特征，则用比较的说明方法；运用列数字，可使说明的事物更具体；运用图表说明，能把复杂的事物说得清楚、直观。

五、素材积累

1.有关动物民谚：

对饥饿的老虎不要麻痹，对冬眠的毒蛇不要怜惜。（苗族）

要吼就像雄狮那样地吼，要飞就像雄鹰那样地飞。（哈萨克族）

2.有关昆虫诗句：

夜深静卧百虫绝，清月出岭光入扉。（韩愈）

于今腐草无萤光，终古垂杨有暮鸦。（李商隐）

3.片段：

据统计，一只田鼠在夏季里糟蹋一千克粮食，而一只猫头鹰在同期内可消灭掉上千只田鼠，这等于保护了一吨粮食。可见，猫头鹰对人类的益处很大。尤其在生儿育女期间，母猫头鹰食量增加，为获得较多的营养，就要捕食更多的田鼠。有时它们在饱餐之后遇到鼠类，也要杀死它们，宁可扔掉也不让它们逃脱。

【简评】运用列数字、作比较的说明方法突出猫头鹰的对人类的益处。

苍蝇的生活习惯十分奇特，它不但喜欢追腥逐臭，还喜欢光顾香甜美味；粪便尿液是它的美餐，刚出笼的馒头，刚炒好的菜它都成了不速之客，所以很不讲文明卫生。它用高度发达的嗅觉器官搜寻着每一丝臭味和每一丝香味，凡是被苍蝇叮过的东西，人吃了就很容易感染疾病。苍蝇不但如此，还会爬在人皮肤上，吮吸汗液。

【简评】运用拟人的手法，描写苍蝇的生活习性，生动诙谐，想象丰富，思路开阔。

在鸽子面前放四个一模一样的盒子，四个盒盖上分别画上一个点，两个点，三个点，四个点。鸽子只知道有四个点的盒子里有食物，它就总是先打开四个点的盒子，可见鸽子能数到“4”。美国科学家教一只鹦鹉用英语小木片，能从“1”数到“5”。它还能区分三角形、四角形和五角形。

【简评】运用举例子、列数字的说明方法，向人们介绍了鸽子、鹦鹉能识数字的趣闻。

六、模拟题目

你喜欢什么动物？是忠实守家的狗，调皮淘气的猫，温顺机敏的兔，威风凛凛的老虎，还是喜欢打扮表现的大公鸡？……

请用生动形象的语言向人们介绍一种你最喜欢的动物，题目自拟，不少于600字。

第四节　四类题型之命题作文 “行走在青春的雨季”导写

一、写作题目

成长中，我们泛舟书海，获得心灵的满足，平添生活的惬意，分享人生的情趣，净化平凡的灵魂，塑造完美的人格，升华人生的品位。收获成功，我们能否清醒，前面的道路还很艰辛，还很遥远？享受挫折，我们能否深得启示，收获另一份喜悦？面对失败，我们能否汲取力量，走过阴霾的人生旅程？行走在青春的雨季，我们能否坚信：雨后的天空会出现灿烂的彩虹？

请以“行走在青春的雨季”为题，写一篇不少于600字的文章。

二、思路拓展

以自己成长经历中那些挫折打击为内容写一篇记叙文。把这些挫折打击比喻为青春成长中的风雨。开头简洁地概括自己成长经历中所受挫折的深刻体验：“成长过程中风雨的滋润是甜的”。接着五段细致地记叙描绘自己经历的几件典型事例。如考试失利，比赛失败，身边不如意的小事，家庭内部矛盾的影响等。虽然均有代表性，体验也不尽相同，但有一个共同的本质感受就是“甜的”。再用一段写出总的体验：成长的雨季，的确很长，但我们只要坚信一点，雨季过后就是充满彩虹的美好未来。迈过雨季的成长之路，就能看见了无法形容的美景。风雨路上，敞开了怀抱，用心去感受它,你会发现，这雨是甜的。

以考试引起的风波为内容写一篇剧本。反映家庭教育中给孩子太多的压力反而不能让孩子进步，影响孩子健康地成长与发展，反映教育中存在的弊端。开篇，背景，小天这次考试，成绩又退步了，班主任找来小天的妈妈谈话。幕启，小天妈上，小天妈（满面笑容）：呵，老师，你叫我来有什么事吗？老师（焦急忧虑）：咳咳，是这样的，你家小天这次考试成绩又退步了，我担心这样下去，他的成绩会越来越差，以后就很难再上升了。小天妈（十分生气）：什么？又下降了！你说这孩子！老师，你放心，我这就回去教训他！接着安排小天妈满怀气愤匆匆回家训斥小天，殴打小天的头、屁股、腿，凸显戏剧冲突。小天没辩解的机会。在小天妈边打边追问原因的情况下，小天爸回来了，拦住怒火冲天的小天妈，问：小天，别怕，啊？你就说说你心里是怎么想的吧？小天（眼睛红了，望着爸妈流下了眼泪）：爸，妈，对不起。我知道这次没考好是我的不对（推了推眼镜），但是妈妈，您知道我的成绩为什么一降再降吗？是因为您所给我的压力！再安排两个场景是小天小时候学习成绩很好，但后来妈妈对他要求更高，没有征得小天的同意，为他报了许许多多的补习班。小天疲于作业、补习，无论多努力，成绩却越来越差。上了初中，课程增多，加上那些补习班，小天越来越吃不消了。压力更大了，为了那个第一，拼了命的学习，每次一到考试就紧张得不得了，考差了便更紧张，怎么考得好呢？接着一幕：小天哀求：妈妈，请您给我一片自由的天空吧！最后一幕：小天妈（看着小天流泪了，走到小天身边摸摸小天的头）：小天，对不起，妈妈不知道给了你这么大的压力，是妈妈不对。妈妈答应你，以后你只要尽力就行了，妈妈一定还给你一片自由的天空……小天（靠在妈妈怀里）：妈妈……

以一个舞蹈爱好者的传奇经历写一篇小小说。开头交代自己与她的偶然相遇，这女主人公我取名叫舞姬，就是为舞蹈而生的人。接着介绍她的背景，成绩很好却令老师头疼的女生，用四段描写她长得很美，叙说她的个性特别，她对舞蹈的热爱炽烈。再用五段舞蹈表演的优美，让人惊叹。接着笔锋一转，一次自己和她登山，她不小心被滚下的石头砸伤了踝骨，医生说她不能再跳了，可她凭着对舞蹈的挚爱，坚持跳了最后一支舞。最后感悟：行走在青春的雨季，舞姬是用舞蹈阐释着对生命的这份爱。

三、例文展示

行走在青春的雨季　◎安徽庐江四中群星文学社 文婷

在青春中行走的孩子们有着梦一般的迷境，去寻找，去探索；在青春中行走的孩子们有着五光十色的梦想，去追求，去向往；在青春中行走的孩子们有着琐碎之至的愁思，去面对，去化解……

青春中有雨季，只有直面雨季的孩子才能成为少年。青春呵！抖抖身上的汗给他们来了一次考验。

细雨连绵。有孩子们连续进出这个临时世界。

甲女孩。看到这片连绵阴沉的天，玉琢的小脸上染了一层“黑云”。带着几许不快，脚步缓了下来。雨开始点点打在她精致的面庞，她有些害怕了。在这个鬼天气中，只有她一个人在这里，无人依靠。愈想愈怕。她终于抛开心中的压抑，一下子梨花带雨地哭了出来。命运老人叹了口气。

乙男孩进入。他的脸色随天气变得铁青，雨渐下渐大地打落在铁色的脸上。天色也渐行渐暗，他变得多疑，不断猜测，哪怕只有一点风吹草动也惊心动魄。命运老人看不下去了，关闭了电视。

可他不知道，女孩在后来带着满眼泪痕站了起来，男孩不再害怕，笔直地朝前走去。青春的细雨，终究难不倒这群勇敢的少年啊！跌倒了再爬起，他们的资本总那么丰厚，使他们一次又一次立在黑暗中。

在这个命运老人的游戏中，少年们终究可以达到终点。有人说过："自己选择的路，就算跪也要走下去。"少年的意志竟然如此坚定。是这场雨的缘故吗？谁说不是呢。

在路途中，细雨里，他们却是不断完善自我。在这个雨季中，他们希望能在太空做生意，能在海底寻找龙宫，能在地球拯救世界，一统天下。多么狂妄的少年！有人评论。少年并不在乎，他们有他们自己的信念与追求，又怎么会在意他人的眼光？

在雨季中，他们开始学会用天赐的肩膀挑起那沉重的担子；他们开始用自己的手温暖他人的心；他们开始用敏锐的眼睛去捕捉那瀚海的知识；他们开始用稚嫩的双脚去开拓一条平坦的路……

少年们在雨季中却不乏欢乐，他们懂得了怎样去欣赏这场上帝给予的雨，虽然雨斜斜地打着自己的脸，他们却自豪地昂首挺胸，眺望着那边的太阳……

行走在青春的雨季中，他们也许哭过，也许迷茫过，也许放弃过，也许……但之所以他们能被称作少年，他们一定是面对了这场雨，在雨中懂得了许多许多！

我们虽然不能退出这场游戏，但我们可以昂然地行走在这青春的雨季中。向着那金色的太阳，竞走吧！

【点评】 文章是一篇文质精美的散文，开篇用三个"在青春中行走的孩子们有着……"句子构成排比，而后，紧接着写女孩与男孩在风雨中所表现出来的神态，用命运老人关闭电视的这个举动从侧面反映在青春雨季中行走的孩子们所面临的困难之大，也是为后文写在雨季中的孩子坚强起来蓄势。少年们在雨季中乐观、勇敢，怀着感恩之心站了起来，后几段肯定了孩子们在青春的雨季中成长为少年，挫折与磨难对青少年的重大影响。

四、文题拓展

1.路不是别人给的，是自己走出来的。一个人必须知道自己的目标和理想是什么，知道自己是否有能力，能否吃苦付出代价来实现这个理想。如果你不能控制自己专心读书，就必须接受将来的现实。想成功就必须养成读书和思考的习惯，所有很成功的人无论是什么学历，都必然是喜欢读书爱思考的。

请以“自己的路靠自己走”为题，写一篇不少于600字的文章。

【思路点拨】 这道命题作文核心词语是“靠自己走”，关键词语是“自己的路”。将命题与成长中为理想奋斗的艰苦经历相联系，如对刻苦学习、自觉性、毅力、决心等磨炼。以此为题材行文。

2.独自旅行，寻找流浪的感觉，难道不是人生的惬意？面对现实中的单调枯燥生活，我们常会产生了一个人去旅行或流浪的想法。独自旅行，常常会陷入一种幻想之中，可以幻想自己是一只鸟，在夕阳下飞翔，没有方向。独自旅行，那是个性的经历，会给我们带来意想不到的人生感悟。

请以“一个人去旅行”为话题，写一篇不少于600字的文章。

【思路点拨】 这是一道句式话题作文，核心词是“旅行”，关键词是“一个人”。将此命题与成长中追求个性独立，接受人生的考验与挑战相联系，如一个人去流浪，一个人徒步去观光游玩等，以“接受青春雨季洗礼”为题材来行文，实际上也是一个人行走在青春的雨季。

3.补丁是用来修复某个特定问题或漏洞的更新内容。我们可以理解为一种遗憾，通过精心缝补，可以呈现另一种美丽。生命又何尝不是如此？如果生命出现了裂痕，如落榜、车祸、疾病、失去亲人等，裂痕划破了我们平静的日子。我们必须学会修补，用信心，用坚韧，用爱。生命的补丁，不是遗憾，而是灿烂的美景。

请以“生命的补丁”为话题，写一篇不少于600字的文章，题目自拟。

【思路点拨】 这道话题作文的核心词是“补丁”，关键词是“生命”。在弄清“补丁”含义的基础上，将命题与生活中的阴霾、遗憾、不幸联系起来，通过修补就是人生的灿烂美景，以此来行文。

第五节　四类题型之半命题作文“遗落的____”导写

一、写作题目

请以“**遗落的____**”为题，将题目补充完整，写一篇不少于600字的作文。立意自定，文体自选（诗歌、戏剧除外）。

二、思路点拨

遗落这个词语，字面上有三个意思：①遗失；散失。②遗漏；漏掉。③犹言散失流落。因此，这个词涵盖的内容是广泛的。看得见的具体物象或看不见的抽象物体都有可能遗落。人的言谈举止和思想品德，情感，灵魂等，也可能会遗落。美好的东西，丑恶的东西都可以遗落。遗落本身无所谓好坏，遗落是一种失却，一种忘怀，一种舍弃，一种不由自主的丢失，又是一种迫不得已的丢失。遗落会给人带来追悔、内疚、无奈等情感，遗落也会给人带来新的收获，因此，遗落是舍弃也是收获。不同的人对待遗落会有不同的看法。

我们可以在遗落后面补上触动心灵的词语如思念、约定、故居等来进行命题写作。

写遗落的修身。文明的言谈举止是修身，修心修德是修身，自古修身的人就受人尊敬、敬爱，因为修身可以使人有美好的品德、广博的学识、不俗的谈吐、高雅的气质。孔子重修身，而被尊为圣人，并被推崇至今；唐宋的文豪们修身而写出流传至今仍脍炙人口的名篇佳句。修身是成就事业的基础。因为修身可以使人有不苟的学习态度、认真的工作作风等，这些都是一个成功者所必备的。个人修身不仅饱含了为人、修身、处世的智慧，还包含着始终要有一颗平常心去应对日常的烦恼和不幸。遗落修身，不懂得尊重他人也不会被他人尊重，不懂得感恩，也不懂得孝敬，不懂得待人处事，很难有高尚的情操，宽广的胸怀。不能怀揣平常之心，很难和他人友好相处，很难实现自己的人生价值。试想，一个没有勇气的人，怎能面对奋斗中的重重困难？一个没有毅力的人，又怎能踏踏实实从小事做起？一个没有高尚情操的人，怎能在平凡的岗位上建功立业？

写遗落的信念。信念是追逐梦想的翅膀，是通向成功的道路，是大海中的灯塔，指引我们前行；是山顶的美景，给我们奋斗的动力；是“长风破浪会有时，直挂云帆济沧海”的豪情；是“千磨万击还坚劲，任尔东西南北风”的坚持；是“不畏浮云遮望眼，只缘身在最高层”的自信。信念是坚守也是诚信，是对彼此不会更改的约定，是对他人掷地有声的承诺。遗落信念就像折断梦想的翅膀，就像没有方向的航船，就像没有活力的木偶，就像不守信用的懦夫。

写遗落的情感。美好的情感是人类历史发展长河遗留下来的精神财富。情感的内容包罗万象，如博爱天下、仁爱万物、尊重生命、忧国忧民、亲情、友情、爱情、乡情等。遗落这些情感，会化作记忆，思念，变成一滴雨，一阵风，一朵云，柠檬汁，花香，美味……深深地镶嵌在脑海里，定格在心灵中。

写遗落的风景。匆忙的旅途中，沿途的美景让你熟视无睹，或浑然不知，因为你只管奔往目的地。奔跑在春雨连歇的山野，你不曾注意过那山脚的野花盛放。奔跑在夏日的无边海岸，不曾体会过潮水涌动的清凉。奔跑在湖岸草地，不曾观赏过时近暮色黄昏那波上的朦胧。奔跑在冬季的原野，不曾流连于满目萧然的凛冽之景。过后方知，你遗落过太多的风景。

写遗落的文化。诗词，藏匿于文人骚客的忧伤情愫，不知何时却已被深深遗落。民俗是文化的原生态，一声声文化的吆喝，提醒着我们勿忘自己的生存与表达方式。历史是一座挖不完的金矿，是昨天对今天的复制与粘贴，是人类成长的过程与记录。历史事件、历史故事、历史人物、历史典故、历史传说、历史遗产、历史古迹、历史精神等，谱写的是永不衰竭的生命之歌，精神之曲。民俗文化是生活的写真，记录着文化生态的密码，地域饮食、居住、服饰、生活习惯、语言风格，民间科学技术、口头文学、艺术、娱乐等，再现着文化最原始、最朴实的心跳。是民族最原始的精神之水源。遗落了这些文化就是丢了根，忘了本。

三、佳作展示

遗落的桂香　◎安徽庐江四中群星文学文化社 黄妙玲

总有一股桂香触动我的情思，它飘过我的鼻尖，那种空落，也会溜进心中……

桂香让我回想起往事。记得，门前的那几棵桂树，与阳光相依，散发出的金色，暖洋洋、甜滋滋的，裹着一缕纯质的友谊……踩在桂香下，我常能见到她，我的好友芳芳。我总觉得有那么一股桂香，清泉般地流于我们之间……风，还在温情地抚摸着，阳光，还在柔情地诉说着，可是，那些桂花，显然萎谢许多。直觉告诉我，似乎……

没过几天，父亲从城里买了本珍藏版《草房子》！我欣喜不已，把它在好友面前展示番。可拿给她看后，我发现她的目光粘在书上。离开时，桂香隐约流来，一种预感……

又过几天，抽屉空空的。“我的书呢？我的书呢？”我喃咕着。猛然眼前一亮，我想到了她，便想也没想地跑过去。

在意料之中，她在树下看一本书角都破边的故事书。我气呼呼地抢过手。她从故事情节中跳出来，脸部荡漾着的几缕笑，僵住了。

我丝毫不给她解释的机会。看着我咄咄的眼睛，她眼眶中噙着泪花，躲在桂香中越跑越远。我的声音紧追不舍“我们绝交。”

她头也不回地跑了。桂香间隔的朦胧中，我好似看到她拭泪的背影……

许久，我和母亲走在桂树下，又看到她，我忙得直转头，可她，见了我妈一如既往、甜甜地喊声阿姨。她扫视了背对着她的我，带有和好之意说了声“玲玲……”话没说完，我气不打一处来：“你完了没？别装样子了。”我拉着妈妈的手跑开了。

只是，好似感觉一股凄凉的桂香溜在我后面。

后来，我伴着桂香，踏上远程，跟随父母来到上海。

有一年，我回到老家，发现书柜上多了本旧些的《草房子》，翻开，里面有张字条。

“玲玲，是爷爷把你的书拿去看了。”

我像是被烧灼了，丢下书，急忙跑出去。

意料之外，桂香下，我看不到她了。随后，陆续听见玩伴告诉我，芳芳跟着他父母去厦门了，大家都没她的联系方式。

我狠狠击打桂树，桂花无辜落下，我接过它们，看着它们，惆怅的心绪积满了心，口中念着“遗落的桂香”。

我的思绪，又涌到高潮……

【点评】

巧借桂香赞友情。经过考验的友情更显得美好。友情像桂香一样，“暖洋洋的，甜滋滋的。”小作者围绕与芳芳的相处经历展开，感情溢于言表。

扣住线索起波澜。以“桂香”为线索贯穿始终，从误会到误会的消除，行文情节曲折，吸引读者。语言流畅，富有感染力。

第六节　四类题型之半命题作文“我不再害怕____”导写

一、写作题目

一个人在高山之巅的鹰巢里抓到一只幼鹰，并养在鸡笼里。这只幼鹰和鸡一起啄食、嬉闹和休息。它以为自己是一只鸡。这只鹰渐渐长大，羽翼丰满了，主人想把它训练成猎鹰，可是由于终日和鸡混在一起，它已经变得和鸡完全一样，根本没有飞的愿望了。主人试了各种办法，都毫无效果，最后把它带到山顶上，一把将它扔了出去。这只鹰像块石头似的，直掉下去，慌乱之中它拼命地扑打翅膀，就这样，它终于飞了起来！

这个故事带给我们诸多联想和启示：因为害怕，我们在课堂上不敢大胆回答问题；因为害怕，我们不敢独自走夜路；因为害怕，我们不敢相信自己就是搏击长空的雄鹰；因为害怕，我们无法证明自己和他人的价值……请以“**我不再害怕____**”为题，将题目补充完整，写一篇不少于600字的文章。

二、思路点拨

这是一则故事材料引出的半命题作文。写作内容可围绕“**勇气**”“**信心**”这两大关键词。选材的范围是自由灵活的，有着广阔的空间，命题贴近学生的生活，易于表达学生自己的真实体验感受，写起来不容易跑题。青少年的心理健康问题日益突出，培养独生子女的心理承受能力，已刻不容缓，也是当今青少年健康成长的重要课题。关注学生成长，就要关注学生的心理健康。这是一个永恒的话题。命题内容引导学生培养积极的人生观、价值观，培养乐观的精神、健康的心态，考查学生的人生观、价值观、世界观，这一直是中考作文命题者热点，今后会继续受到中考命题者的青睐。从安徽省近四年的命题内容来看，特别注重学生的自我成长和生活体验、思考。我们可以从以下方面着手写好这道题目。

我不再害怕什么？这是我们动笔前必须考虑清楚的问题，也是补题的关键。从小到大，我们害怕的东西有实物的，有言语的，有虚有的很多。我们就选自己最害怕的对自己影响最大，感受最深的那个。虽然，有语云“初生的牛犊不怕虎”，但是，真的尝到老虎的厉害，还是见虎遁之的。随着年龄的增加，我们曾经的“不怕”也会变“怕”，这是我们心理成长的一个规律。我们会因为爱面子而害怕，失去一个个展示自我的机会：如课堂上，演讲台上，主题活动中……也会因为第一次冲破心中的胆怯而坚强起来，走向成熟：如面对老师的提问，几次跃跃欲试，终于敢于举手回答了；独自一人在家，与书做伴，不再害怕孤独，自己做饭，不再害怕挨饿；常常回忆在一起的趣事，不再害怕离别；迈出第一次主动和别人打招呼，不再害怕见陌生人等等。

我为什么不再害怕？害怕到不害怕，这是一个转变过程。把这个过程写细，写活，就是一篇难得的好文章。我们同学们最容易犯的一个通病就是不善于默写心理变化的过程细节。这个细节是向读者展示我们真实的心理情感体验，也是让读者读后明白你为什么不再害怕的原因。如我不再害怕见人，是因为以前性格内向，见人不敢说话，我试着在姑姑面前当众问候“姑姑好”，经过激烈的内心较量，艰难地从嘴里说出的这三个字后，心里如释重负，没想到，胆量也从此变大了，不再害怕见人了。

我不再害怕后会怎么样？这是自身的经历和体验带来的收获。很多同学会塑造自身的高大或者追求重要意义。我们要避免这种假大空的俗套，只谈谈自己个人真实的点滴体会就行。如这让我们明白胆量或信心是可以培养的，让我尝到生活的某种情趣，让我觉得人生的某种意思等等。

三、佳作示例

我不再害怕雷电

◎安徽庐江四中　阳至

自古以来，多少文人骚客在字里行间留下了对雷电的敬重。你听，龚自珍吟道：“九州生气恃风雷，万马齐喑究可哀。”多么气势磅礴啊！

雷电似乎天生就是天神怒色的号角。小猫、小狗一觉察雷电交加，立马夹着尾巴躲到了某个窄小的角落里，敬畏中带着害怕。

我也曾害怕过雷与电。

多少个阴霾的白天与黑黝黝的长夜，目睹窗外的电闪雷鸣与暴雨倾盆，总是依偎在爸爸妈妈的怀里，惊恐地望着一切，仿佛世界变得那么陌生……

直到有一天傍晚，雷声轻试嗓子，闪电在空中划出一道道弧线。“又是一个暴风雨之夜来到的前奏！”我心里是这样想的，可却见到爸爸欣喜地大跨步地上了二楼，十分紧急似的。

我好奇地等着爸爸下楼来，却等了好久。“咦？爸爸干什么去了呢？”我不禁心生疑惑，但看着乌云密布阴暗的天空，似乎要把人吞噬似的，皱了皱眉头，犹豫了半响，飞快地跳上了楼梯。天空中的雨点洒在身上凉丝丝的。

真奇怪！爸爸正站在阳台上深情地望着天空，那急切的眼神就像是在寻什么宝贝呢！莫非是陨石掉下了，还是……？突然，一道亮彻云霄的闪电把我吓了一跳，凭着本能的敏感，我知道将有剧烈的雷声！我情不自禁地向爸爸怀里靠了靠。

爸爸原本一直全神贯注于天空，发现我碰到了他，看着我一脸惶恐不安的样子，却笑着说："有那么可怕吗？"

我不知所措地呆立，不知是点头还是摇头。

爸爸却更乐了，指着天边一道一现便逝的闪电对我说："它是不是很有艺术感呢？"

……在爸爸的指点下，我真的发现了它的美感，一会儿如古树躯干那样蜿蜒曲折，一会儿疯狂地学习写字，一会儿闪电直插云霄，最后又流露着淡淡的紫色……我不禁看入了迷，这时，发现雷声也不再是那样刺耳，也变成了一种音乐——不是摇篮曲那样轻盈甜美，不是民歌那样和谐悦耳，它是一种庄重雄厚的交响曲！

瞬间，我的恐惧全无，看着"黑云翻墨欲遮天"，我真想化作高尔基笔下的海燕，去接受暴风雨的洗礼！

很多时候，怕与不怕，就如同闪电，在我们心里那一瞬间。

【点评】

内容：细致实在，顿悟独特。小作者选取的是同学们特别是女生最害怕的一个自然现象：雷电。多少次，遇到雷电，总是惊恐地依偎在爸妈的怀里。直到有一天，爸爸指点着依偎在他怀里的"我"，把天空的闪电当作艺术进行欣赏，"我"才真的发现闪电的种种美感，忘却了雷鸣的恐惧，当作悦耳的交响乐。符合学生心理变化规律。从而感悟："怕与不怕，就如同闪电，在我们心里那一瞬间"。但"我"在爸爸指点下，心理变化过程刻画得还不够细致。

结构：思路清晰，层层推进。先由诗句引入猫狗对雷电的害怕，"我"也曾经害怕过；接着，重点细写自己在一次雷电轰鸣的傍晚，在爸爸指点下，发现闪电的艺术美，通过欣赏，恐惧全无；最后有了自己对"怕与不怕"的个性感悟。

语言：语言顺畅，描写恰当。开篇运用龚自珍诗句导入主题，接着以小猫小狗衬托对雷电的害怕，倒数第三段，在爸爸指点下，即以优美的文字刻画了闪电的美丽，来抒写自己由害怕到不再害怕雷电的变化过程。但语言还不够新颖，缺乏个性。

创新：角度独特，感悟出新。小作者选取的角度是一次爸爸指点自己欣赏闪电来排除自己的恐惧，这一角度较独特；文末的感悟则是很朴实，没有故意渲染的成分，也很新颖。但选材普通不够新颖。

第七节　四类题型之话题作文“旅行”导写

一、写作题目

“行万里路，读万卷书。”有人说，旅行是观察身边的景色和事物，让我们惊叹世界的精彩与奇妙；有人说，旅行是一种投资，像是自己给自己买股票，你在旅途的阅历中成长，将会为你的未来加分；有人说，旅行是一种享受，开阔了我们的视野，放松了精神，愉悦了心情；有人说，旅行是创造生命，它会为我们迷惘、苦涩的心灵打开另一扇窗；有人说，旅行是花钱买罪受，旅途劳顿，吃不好，睡不安，消耗了体力，折磨精神；有人说，旅行是一种阅读，阅读社会，也阅读自己；有人说，人生就是一趟的旅行……

请以“旅行”为话题，写一篇不少于500字的文章。

二、写作点拨

写作本话题，可以运用发散思维构思法来打开思路。

发散思维是沿着不同的方向去思考，从众多的角度如作文的材料、立意、感情因素、文本样式等之中，确定一种话题的切入点，形成全文构思的过程。常用的发散思维有辐射发散和逆向发散。辐射法是指围绕一个中心多方位的发散思考，可以用此法多角度立意，也可以用这种方法选用大量素材从不同角度共同对同一话题进行阐释。这种思维的关键是建立联想点。具体落实到作文中就是话题（文题）+同类联想+不同类联想来打开思路。逆向思维是指从与自己的习惯性思维或传统观念相反的方向、角度进行思考。具体落实到作文中就是从话题相反的方向思考，进行探索，形成新认识来打开思路。

话题（文题）+同类联想+不同类联想：如本题，我们可以得到很多思考的角度：旅行去我最想去的地方，游览自然风光、文物古迹，文学旅行，心灵旅行，生命旅行，梦想之旅，情感旅行，等等。

从话题反向思考的：如没有旅行经历就没有独特的愉悦体验，夜郎自大，孤芳自赏，没有旅行经历就少了一份精彩历练，少了旅途阅历是成长的缺憾，是人生的缺憾，等等。

三、立意角度

角度一：心中期盼，理想之旅。

心中有了期盼就多了一份追求，心中有了期盼就多了一份梦想，心中有了期盼就多了一份圆满。去理想的地方旅行，心中的渴望会化作前进的动力。理想之旅，让我们的心中多一份灿烂与豪迈；理想之旅，让我们纯洁的心灵充满幸福与浪漫。

角度二：旅途情思，情感之旅。

人在旅途，我们会被沿途的美景陶醉，人在旅途，我们会思绪万千。人生的失落、彷徨、苦闷……哪怕是万般的不如意，只要踏上旅途，会有诸多的感慨，会有另一番情怀，会有新的感悟，深的理解。误会会在这里消释，亲情会在这里温馨，友情会在这里升华。

角度三：书海遨游，文学之旅。

书海泛舟，获得心灵的满足，净化平凡的灵魂，升华人生的品位。与书相伴，我们深得启示、汲取力量，走过阴霾的人生旅程，永远享受阳光的滋润；与书相伴，处处弥漫书香的气息，我们疲惫的心灵将得到宁静与高雅的眷顾；与书相伴，我们收获着一份份快乐，一份份感动，一份份情趣……

角度四：独自旅行，感悟人生。

独自旅行，寻找流浪的感觉，难道不是人生的惬意？面对现实中的单调枯燥生活，我们常会产生了一个人去旅行或流浪的想法。独自旅行，常常会陷入一种幻想之中，可以幻想自己是一只鸟，在夕阳下飞翔，没有方向。总有一种新鲜感，和原本的生活不同。独自旅行，那是个性的经历，会给我们带来意想不到的人生感悟。

角度五：相伴成长，生命旅程。

成长中，和我们相伴的太多太多。有太多关爱我们的人，太多吸引我们的景，太多触动我们的情，太多与我们相伴的抹不掉的故事……这些陪我们一起走过生命的旅程，是我们生命旅行中的风景，也是生命旅程中的精彩点缀。

角度六：走过往事，心灵旅行。

往事不堪回首，可堪回首。走过往事，记忆的闸门从心灵打开。我们经历的一个个情感故事，正是我们心灵旅行中的一个个驿站。感动的，失落的，悲哀的，高兴的，有趣的，有意思的，震撼人心的……心灵的旅行，演绎着一个个人生的旅程。

四、思路扩展

1.寻访古迹，激发爱国思乡之情感。

寻访中华古迹，心中就多了一份豪迈，寻遍千山万水，黄河、黄山、长江、长城……寻访途中，一座座古代留下来的建筑物让我们仿佛听到了一个个古老中华大地的动人传说，让我们心中顿生无与伦比的热爱。家乡的古迹遗址更激发了我们思乡爱乡的感情。在生我养我的土地上，我们仿佛听到了自己的祖先演绎着家乡历史传奇的脚步声，我们仿佛看到了我们的祖先书写着家乡的历史文化的情景，这一幅幅古画卷，不仅带给我们历史的梦想，还带给我们旅途的亲切，赞叹，自豪，激励……

2.游览景观，感受中华地域的风情。

放眼世界，一流的景观让我们流连忘返，魂牵梦萦。不同的人物风情更让我们多了一份浪漫，多了一份情怀。中华民族地域广阔，著名的风景数不胜数。不同的美景是各地建筑文化、民俗文化、风情文化的缩影。游览名景，我们会感受到不同地域文化的万种风情。

3.漫步故乡，体味家乡山水的恩情。

“月是故乡明”。故乡的山山水水哺育着我们，处处留下我们成长的足迹。哪怕是简陋朴实平凡却也充满了温馨，充满了思念与幸福的情愫，让我们亲爱到永远。家乡的小河，池塘，田埂，瓜田，石头，草地……都给我们留下了美好的记忆。是我们的根，有报不完的养育之恩。

4.走近自然，寻找心灵休憩的住所。

亲近自然，欣赏自然，关爱生命，走入心灵。心灵需要享受阳光，享受空气，享受休憩。谁不向往恬静、自然、快乐充实、无忧无虑的生活处所？大自然不仅养育着我们，也给我们带来心灵的休憩。走近自然，我们会有诸多启示；走近自然，我们就能找到属于自己的心灵休憩所。

5.守住净土，打造理想神往的领地。

守住一方净土，让心灵在神往之地驰骋。面对现实的不如意，打造理想的领地，表达心底的渴望。我们向往美好生活，对现实学习生活的压力与束缚感到厌倦、进行抗争。天空瓦蓝、云朵雪白、田野碧绿、小鸟、小鱼、小鸭、果树、果子、草坪、蝴蝶……竟成了我们的神往之地。在心灵神往的领地里旅行，寻找属于自己的美景吧。

6.点燃梦想，营造富有诗意的地方。

青春是热血，奔腾着数不清的浪漫情愫。我们总想把心灵的港湾建立在梦想的天地里，我们总想营造属于自己的美好世界。成长中的我们总是尽情地寻找那么清纯，那么温馨，那么自由，那么富有诗意的一个地方。点燃梦想，去富有诗意的地方旅行吧。

7.珍惜生活，品味人生之旅的情味。

人生漫长而短暂，美丽而平凡，曲折而精彩。一段人生，一个故事，一段旅程。旅行如人生，人生如旅行。珍惜平凡的生活，咀嚼生活的情趣。人生的旅途中，沿途的风景只有细细品味才能品出情味，才能体味魅力。认识一个人，相知，相识到相印。又何尝不是一段旅程？

8.反省自我，赢得健康心态的旅程。

反省自我，或许是痛苦的心路历程。学会反省，就是学会让心灵经历难忘的旅行。人往往很难面对的是自己。生活中，我们要想战胜别人，就得首先战胜自己。战胜了脆弱的心理，就会赢得健康的心态。磨炼了意志，就能赢得人生的精彩。磨炼了意志，就能战胜脆弱的心理，战胜脆弱的心理过程就是赢得健康心态的一个旅程。

9.飞越宇宙，想象未来的登月之旅。

飞越太空，探索宇宙奥秘，中国人用自己的行动圆了千年的飞天之梦。“神七”载人飞船的成功与回归，是中国航天史上的崭新里程碑。中国人登月已经不是梦想，指日可待了。发挥我们的想象，用我们手中的笔，书写我们未来的登月之旅。写下登月过程中的所见所闻，想象太空的奇景，月球的奇妙，科技想象使我们的月球之旅圆满成功！

10.潜入海底，驰骋奇妙的海洋世界。

海上航行，别有一番风姿。海底世界更是奇妙无穷。去海底旅行更是充满刺激，充满神奇。海底世界被礁石环绕，水族馆、标本馆、淡水鱼馆等原有旅游资源，与依山傍海的自然美景相融合，形成山中有海的奇景。海底世界的风景是丰富多样的，各种海洋动物、生物令人目不暇接。海底旅行，让我们领略天外风光的旖旎。

五、试题迁移

1.迁移到话题**“掌握好自己的人生之舵”**：我们航行在人生的海洋上，开的是小船，但要进行的却是壮丽的航程。要达到成功和幸福的彼岸，你会经历各种“气候环境”：或激情澎湃，或消沉沮丧，或道德考验，或物质诱惑。

而你需要做的，就是掌握好自己的人生之舵。

2.迁移到话题“**跨越**”：遨游太空，胜利返航是跨越；越过心灵的阴霾是跨越；平凡而不平庸是跨越……跨越是一种胆略，是一种精神，是一种境界，是人生高尚的旅行。

3.迁移到话题“**路**”：路在脚下。“地上本没有路，走的人多了便成了路。”这是鲁迅的告诫。人生的旅途中，我们每走一步都会留下自己的足迹。走什么样的路，沿着哪条路走，要靠我们自己去抉择。

4.迁移到话题“**走向成熟**”：成熟本指植物果实的成熟，后指人长大了。人的成熟是指身体、精神、心理的成熟。是一种健康的心理状态。人生也是一种磨难的过程，青春的消逝迎来成熟，让我们拥抱成熟。走向成熟就是磨出生命的光亮。

5.迁移到话题“**青春生命**”：青春生活是充满朝气的，年少的我们充满旺盛的生命状态，青春生命是我们充满喜怒哀乐又美好的难忘生活，它记录着我们成长的脚印，是一段生命的旅行。

“旅行”话题，还可以转换角度，迁移到**理想翅膀**、**大胆探险**、**艰难求索**、**体育锻炼**等话题中。

六、优秀例文

如果能到达夏尔

◎邢子涵

如果我将要远行，我希望在最后能到达夏尔。

一部《指环王》带给我的除了如史诗般让人心生震撼的战争场面，还有让我对土地由衷产生深深热爱的夏尔。

夏尔是“半身人”哈比人的故乡。影片中的夏尔像色彩鲜明的欧洲郊乡油画：有平缓起伏的小山坡；蔚蓝的清澈小河流；鲜绿色的、比地毯更漂亮的草地；不算高大的树木；各种各样的小房子五颜六色，有的外面缀着鲜花，屋外的小篱笆里种着蔬菜——也可能是花草，还有那无比招人喜爱的圆拱小门——它们通常又小又矮，你知道的，哈比人可是被喊作“半身人”的。当落日染黄了天边的云彩，整个村庄被笼上淡淡的金色余晖，像置身于半童话半真实的世界中。

哈比人勤劳友好且乐于享受生活，“他们喜欢鲜花、蔬果、烟草，一切从土中长出来的东西……还有酒。然而，他们最热爱的，还是这片土地。”主人公小哈比人肩负重任摧毁魔戒，他一路从未放弃，我想定是对夏尔、对家乡那片土地的热爱坚定了他的信念吧。

夏尔的天很蓝，云很白，像最好看的调色板。如果我能到达夏尔，在那样的天空下，坐在哈比人的小屋前，看着他们或低下头陶醉在花朵的芬芳中，或二人合力搬起一个巨大的南瓜，或众人围着圆木桶品尝香醇的酒，或面带笑容地卖力锄地，或闭着眼坐在屋前满足地吸着烟……哦，如果我能生活在这里，和这样一群可爱的人做邻居，呼吸着带有泥土清香的空气，那该是多么幸福！

夏尔，夏尔，那一片可爱的土地。如果它真的存在，请让我找到它，我愿将它视为一生旅行的最终点，安详满足地度过余生。

它是我梦中最期盼到达的地方。

它是我所有旅行渴望结束的终点。

在那里充满了和平与幸福，爱与希望，我将看不见现实世界里存在的肮脏，忘记消极的想法，学会和哈比人一样深爱脚下的土地——夏尔。

如果我将要旅行的话，我希望在最后能到达夏尔——

如果它真的存在。

【点评】

每个人的内心，都有一个理想之地，到达心中的理想之地，那将是一次美好的旅行。夏尔就是她心中的理想之地。因为夏尔是一个充满和平与幸福，爱和希望的地方。作者以内心纯真的感受将文章变得灿烂起来，让人沉迷在文中。

文章选材独特、新颖。语句时时透露出作者的快乐。“如果它真的存在”这句话引人无尽遐想，原来如此理想的地方如此迷茫，文末不是文章终结，而是读者思绪的延续。

第八节　心理素养类材料作文导写

一、作文题目

阅读下列材料，自选角度，自拟题目，写一篇作文。

雨后，一只蜘蛛艰难地向墙上已经支离破碎的网爬去，由于墙壁潮湿，它爬到一定的高度，就会掉下来……第一个人看到了，他叹了一口气，自言自语：“我的一生不正如这只蜘蛛吗？忙忙碌碌而无所得。”于是，他日渐消沉。第二个人看到了，他说：“这只蜘蛛真愚蠢，为什么不从旁边干燥的地方绕一下爬上去？我以后可不能像它那样愚蠢。”于是，他变得聪明起来。第三个人看到了，他立刻被蜘蛛屡败屡战的精神感动了。于是，他变得坚强起来。

有成功心理者处处都能发觉成功的力量。

要求：①要自由、有创意地表达出真情实感；②文体不限；③不要少于600字。

二、写作指导

审读材料提示语，不难归纳材料隐含的以下观点：面对挫折和困难，不同心理素质的人有不同的态度；我们应采取积极的人生态度；要敢于面对困难；要用智慧战胜困难等等。材料的中心句是“有成功心理者处处都能发觉成功的力量”。

依据材料中的不同观点，我们可以从不同角度去命题写作，可以看做是给材料自定话题作文。我们可以围绕“**勇气**”这一话题来写，如果当时那个年轻人畏惧困难，而缺少克服困难的勇气，可想而知，他绝难成功。人生就是如此，一个人要想成功，首先要有勇气，因此，成功需要勇气，人生需要勇气，甚至做人也需要勇气。还可以分割以下话题来命题写作。如“**成长需要智慧**”“**遭遇挫折**”“**遭遇困难**”“**面对磨难**”“**享受挫折**”“**成长历练**”等为话题。但都要突出心理素质的重要。那么如何把握好材料，写出新意呢？

(1)以小见大是写好此类文章的关键。可以选取学习上、日常生活上的挫折、困难等种种经历，也可以选取生理上，心理、思想上的种种历练。由此带给你的感悟、体验认识均可入笔。从平凡的小事中挖出大的主题，写出你的深刻独特的情感体验。

(2)你从生活中获得材料中未提及的启示能出新，因为这正是你的个性体验、感受，也是你与众不同的观点。由自然、社会生活中的点点滴滴的现象引出对人生的思考与启迪。景、物、人、事、情、理结合。当然，我们所写的内容必须紧扣材料的观点，不是不着边际的想写啥就写啥。

(3)文体上可记叙经历见闻写记叙文；可旁征博引谈你的人生态度写议论文；还可编故事写小说、童话、寓言……无论哪种文体都要紧扣观点或启示，都要写自己的经历或见闻，写自己的感悟认识，否则就偏题或离题了。文题没有设置审题障碍是审题没什么难度，并非不要审题。认真审读材料和提示语，这正是每位考生在动笔前要特别注意的。

三、佳作示例

神奇的力量 ◎安徽庐江四中群星文学社 邢南瓜

在人云亦云的氛围中，敢于大声说“不”是一种勇气；在片片绿丛中，敢于展现自己的鲜红是一种勇气；在人来人往的大街上，敢于弯下腰拾起那一片纸屑是一种勇气。勇气是通向成功的必经之路，试问，你连闯的勇气都没有，怎可妄想好运降临到你的头上？

生活中，在关键处，往往就需要那么点勇气。

课堂上，老师行云流水般地讲着课，时而大家优美地朗诵，时而展开激烈的辩论。在活跃的课堂气氛下，老师提了这样一个问题：“大家可知《饮湖上初晴后雨》描写的是哪个季节？”这首苏轼所写的诗我很喜欢，诗中是这样描写的：“水光潋滟晴方好，山色空蒙雨亦奇。欲把西湖比西子，淡妆浓抹总相宜。”大家七嘴八舌地讨论开了，有的认为是春季，有的认为是夏季。

“我认为是春季，因为春季的山和雨都是很美的。”“我也认为是春季。”“我也是！”“我也是！”

一时，班上的“拥春派”以绝对优势压倒了“拥夏派”。我凝思着，诗中的“雨亦奇”可否理解成夏天的雨一会下，一会停，很是奇妙呢？可面对高呼的“春季”，我犹豫了。心中有个想法在说：算喽！还是支持春季得了，就算错，这么多人大家一起错，脸上好歹也有些面子啊！可是，这并不是我的初衷啊！为什么不勇敢亮出自己的观点？错了怎么办，很丢人的。丢人？我顿时给自己脑海中冒出的这个词惊住了。什么时候开始，我竟有了这样的想法呢？不，我一定要坚信自己的选择。可……

老师让大家举手表决，“认为是春季的请举手！”“呼啦啦”，一片片手高高地举了起来，像一片小树林。我的手在课桌上欲举又降，悬而未决，心里很矛盾。好友回头见我还没举手，一脸惊讶，用眼神示意我快举。我摇了摇头。在摇头的那一刹那，我觉得自己原本摇摆不定的心平定下来了，有股神奇的力量悄悄钻入我的心房，坚定了我的信念。我明白，即使迈出的这一步是错误的，也是值得的。

我坦然地选择了夏天，当老师问我理由时，我回答得很平静。

事情总是这样。当你勇敢地说出自己的想法时，当你有勇气坚持时，你总会有份意外的好运降临。结果是：我是正确的。

我想，这股神奇的力量就是勇气，它是很奇妙的东西，让你在紧要关头多了一份镇定。

【点评】 题目能引发阅读兴趣，把勇气比作“神奇的力量”，亏你想得出。开头用排比句增强了文章的气势感。你通过典型事例来揭示中心。从小事写起，以小见大，证明了自己的勇气。在课堂上“我”勇敢地选择了“夏天”，因为“我”的这份勇气，所以才会在最后得到了那份意外的好运。通过这件事情，告诉读者要有勇气说出自己的想法，有勇气坚持，总会有意外的好运。得出“这股神奇的力量就是勇气，它是很奇妙的东西，让你在紧要关头多了一份镇定。”的独特感悟。心理活动的描写细腻可信，笔调舒缓，充满童真。

第九节　作文升格导写之巧用细节展才情

每个人的记忆深处，都会隐藏着五彩缤纷的珠链，每一颗珠子，都包含着一段故事。青春的故事是美妙的。青春是热血，奔腾着数不清的浪漫情愫。我们总想把心灵的港湾建立在梦想的天地里，我们总想营造属于自己的美好世界。尽情营造那么清纯，那么温馨，那么自由，那么富有诗意的一个领地。青春是美好的，值得我们细细回味，悉心珍藏。

一、真题回放

请以“我们的心近了”为题，写一篇文章。(2007年安徽省中考作文题)

二、失误作文

我们的心近了　　◎安徽一考生

那年暑假，我和山参加了一个夏令营组织，去体验生活，去感受生活。到了营地，我们穿上了一身军装，便开始了我们新的体验。

项目一：我们去的是炮兵学院，第一项目就是在炎热的天气下跑步、练功、做俯卧撑。跑步时，我不小心地被绊倒，山把我拉起，带着我一起跑，在做俯卧撑时，他为我加油，为我擦去汗水，递上凉水。

我体会到山的体贴。

项目二：自己的事自己干。在这里，要求早上晨练，要把自己的被子叠得方方正正，要像一块“豆腐”，可无论我怎么叠，也不像豆腐，像一块凹凸不平的“海绵”。山叠好了，便过来教我，在他的指导下，我叠得有点像了。

我体会到山的乐于助人。

项目三：自己做饭，在家里，我只会西红柿炒鸡蛋，但在这里，还要煮饭，我顿时呆住了。“我怎么可能会做？”山过来，告诉了我做饭的步骤，现在，我终于会煮饭了，吃着香喷喷的饭，回味无穷。

我体会到了山的能干。

项目四：参观学院的军事基地，这里四周高树围着，里面有许许多多的飞机、火炮，最高的还有一个大火箭，我不明白它们是怎么发射的，山向我一一讲解。

我体会到山的见多识广。

一个星期的夏令营就这样结束了，我和山彼此了解很多。由于他父母工作的原因，去上海上学了，但我永远不会忘记这个最了解最关心我的人。

祖国很大，高山很多，河流很长，可无论怎样，我想也分不开我和山。由于在一起了解了很多，我想就是这个原因，我和山的心分不开，反而我和他的心更近了。

三、升格支招

这是一篇考场二类文。文章层次清晰，分四个活动项目来写山的“体贴”“乐于助人”“能干”“见多识广”，从而表现“我们的心近了”。但文章给人最大的感觉就是不够具体生动。不妨从以下几方面修改：

1. 运用镜头组合或片段组合的形式来写，删去不必要的描写，对典型事例进行具体细致的刻画。如“项目一”中可以侧重记叙跑步或做俯卧撑的事，增加真实的细节描写，这样更能打动人。

2. 注意塑造山的形象。文中的山给人的感觉不够真实，主要原因是缺乏具体的描写。

3. “项目四”与“但我永远不会忘记这个最了解最关心我的人”不相符合。山的见多识广对突出主题作用不大，应该删去。

四、升格作文

我们的心近了　　◎金娜　叶鹏

那年暑假，我和山参加了一个夏令营组织，去体验生活，去感受生活。到了营地，我们穿上了一身军装，便开始了我们新的体验。

镜头一

我们去的是炮兵学院，第一项活动就是在炎热的天气下跑步、练功、做俯卧撑。跑步时，我不小心地被绊倒，一种剧烈的疼痛感袭满全身，听着教官的催促与训斥，我委屈极了，我又不是自己要摔倒的！泪水模糊之间，一双温暖的手却伸向了我。山把我拉起，带着我一起跑，他低声地安慰我，为我加油，直到训练完成，我们一起累倒在地，却绽放出快乐的笑容。

我体会到山的体贴。

镜头二

自己的事自己干。在这里，要求早上晨练之前把自己的被子叠得方方正正，要像一块“豆腐”，可无论我怎么叠，也不像豆腐，更像一块凹凸不平的“海绵”。我不禁有几丝着急，万一赶不上晨练可就糟了。正在这时，山笑着对我说：“怎么，你的豆腐还没做好?”不久，山叠好了，便过来教我，在他的指导下，我叠得有点像了，然后回了他一句：“我这是新世纪的豆腐！”

我们的心近了。我体会到山的乐于助人。

镜头三

自己做饭。在家里，我只会西红柿炒鸡蛋，但在这里，还要煮饭，我顿时呆住了。“我怎么可能会做?”山过来，告诉了我做饭的步骤，然后学父母的腔调说了一句：“孩子，要努力啊！”现在，我终于会煮饭了，吃着香喷喷的饭，回味无穷。

我们的心近了，我体会到了山的能干。

一个星期的夏令营就这样结束了，我和山彼此了解很多。由于他父母工作的原因，去上海上学了，但我永远不会忘记这个最了解最关心我的人。

祖国很大，高山很多，河流很长，可无论怎样，我想也分不开我和山。由于在一起生活了一段时间，我想就是这个原因，我和山的心分不开，反而我和他的心更近了。

五、升格点评

升格文增加了具体细致的描绘。如“镜头一”中“我”对疼痛的感觉，山对“我”的帮助，一起累倒在地的场景。“镜头二”中“我”和山幽默的对话等，这些无不淋漓尽致地表现出了青少年的心理行为特点，也正是这种共通性使得“我们的心近了”，这样文章更加自然，更富有感染力。字里行间都洋溢着青春气息，结尾在对比中结束全文，也给人留下想象的空间。

六、升格启示

要使文章所写的内容真实有情感，就必须根据中心的需要，详细描绘细节。围绕中心，选取典型事例来支持这个中心，就是具体；记叙时，把事件的关键部分、人物言谈举止详加描绘，也是具体；对人物的心理、神态、肖像等细节加以刻画也是具体；绘景时，详细介绍景物的形状颜色等，更是具体。恰当运用对比、比喻、排比等多种修辞手法能使具体内容形象化、生动化，不仅能突出中心，而且能打动人、给人留下深切的印象。

凸现亮点，巧笔描绘，抓住典型，细致刻画，让所写内容具体到实处。这是写好生活，写好自己，抒写真情美文的重要原则和方法。

第十节　作文升格导写之巧用修辞扮亮色

修辞，指修饰文字词句，使语言表达得准确、鲜明而生动有力，有多种表现手法。一篇文质兼美的佳作，离不开修辞的巧妙运用。孔子说：“情欲信，辞欲巧。”意思是思想感情要真实，语言文字应精巧。杜甫有“为人性僻耽佳句，语不惊人死不休”的精神。贾岛“推敲”的故事也让人津津乐道。我们写文章时，推敲并准确地使用生动的词句，巧用修辞手法，能打造出文章靓丽的语言来。

1.准确贴切，明白易懂。

所谓准确贴切就是选择恰当词语准确再现事物的状貌，贴切表达自己的观点、思想及内心的情感。叙事、状物、表情达意都应精选最贴切最准确词语。莫泊桑在谈到学习写作体会时，曾提到他的老师福楼拜教育他：“不论一个作家所要描写的东西是什么，只有一个词可供他使用，要用一个动词使对象生动，一个形容词使对象的性质鲜明。因此就得去寻找，直到找到这个词，这个动词和形容词，而绝不满足差不多……”可见福楼拜对用词的要求的严格。我国古代王安石名句“春风又绿江南岸”的“绿”原不是“绿”。是从“吹”“刮”等多个字中精心挑选出来的。很显然，“绿”把景写活了。鲁迅先生名句：“忍看朋辈成新鬼，怒向刀丛觅小诗。”其中的“忍看”“刀丛”本是“眼看”和“刀边”。“眼”和“忍”，“边”和“丛”，虽是一字之差，效果却大不一样。“忍看”有力表现了作者的愤怒。“刀丛”形象揭露了国民党反动统治的残酷。精心挑选需要有丰富的词汇。而词汇贫乏就无从挑选。因此同学们应下苦功夫去积累词汇。同时注意辨析一些近义词的含义和用法上的细微差别。所谓明白易懂就是每个词在句中含义清楚明白。不能生造词语，不能说“诚实勇敢”为“诚勇”。但可适当吸引一些新出现的词汇如网络语言。所谓生动形象应是在准确、贴切、明白易懂基础上的要求。

2.生动形象，富于感情色彩。

带有感情色彩的语言表现力和感染力都很强。请看下面一段话：

家里人见我爱书如狂，怕我“玩物丧志”，于是宣布禁令：“吃饭不准看书，上厕所不准看书……”我诈降，“明修栈道，暗度陈仓”，各种花招层出不穷。

这里巧用“玩物丧志”，对词语感情色彩易色错位，贬义褒用。“明修栈道，暗度陈仓”，大词小用，创新错位，别有风味，勾画了少年读书迷形象。

3.长短结合，整散相融。

长句和短句各有所宜。长句多宜于用来说理，常用于书面语，能产生精确、严密、细致的修辞效果，表现较为复杂的意思；短句多宜于用来叙述事实，口语中常用短句可产生简洁、明快、有力的修辞效果。书面语中的对语常用短句。写文章时二者结合能兼收二者的修辞效果。结构相同或相似的一组句子整齐地排列在一起，就是整句；意思密切相关、结构不一致的句子交错地排列在一起，就是散句。整句形式整齐，音律和谐，气势贯通，能把内容表达得鲜明集中，有利于突出作者的思想感情；散句不拘一格，自由活泼，富于变化，具有明快生动的表达效果。

我们读过《安塞腰鼓》，无不为文章的磅礴的气势，铿锵的音韵所折服。除了文章运用多种修辞手法外，一个主要的原因是文章长短结合，整散相间。长句悠扬，余余袅袅；短句铿锵，珠落玉盘。我们作文时，采用这种句式，会增加语言魅力和文章韵味。如2005年湖北宜昌中考佳作《风雨之后是彩虹》，考生在文中写道：

我没有涅槃的自由，我甚至不能像陶渊明隐居深山，过着“采菊东篱下，悠然见南山”的惬意生活；我也不能如李白，高吟着“人生在世不称意，明朝散发弄扁舟”，我也没有逃走的权力。我得为中考留在这里，而且还得一心一意地为学业分数操劳。我无路可逃，也无路可退。更何况，还有一个更迷人的理想在前面召唤着我。

为此，我义无反顾。尽管前面未必太平，尽管还要历经数不清的痛苦。

文中语句整散互为，长短相间，语言灵活，富有文采，感情真挚浓烈。

4.巧用修辞，彰显魅力。

巧用比喻、拟人、排比、夸张、对比等修辞手法，能使文章的语言鲜活有力，富有生命力。巧用比喻能使语言生动形象；巧用拟人能使语言逼真传神，感情淋漓；巧用排比，能增强语言气势；巧用夸张能使语言幽默风趣，给人留下深刻印象；巧用对比，能使平淡的语言产生神奇效果。

如2005年安徽中考佳作《万紫千红总是春吗?》，考生在开头写道：

自然之声浑厚嘹亮，轻拨着岁月之中的金弦；自然之物万紫千红，演绎着茫茫土地上的绝美舞蹈；自然之事莫测离奇，昭录着广博天地的生命轮回……于是有了"一日之计在于晨，一年之计在于春"的誓言，有了"万紫千红总是春"的真理，有了"春天是生命的开始"的美句。但是"万紫千红总是春吗？总是?"

考生赋予"自然之声""自然之物""自然之事"以人的动作，分别冠以"轻拨""演绎""昭录"这些动词，表达对大自然的热爱，写出大自然有人的行为，感情强烈，形象、新颖。同时又形成排比，语言畅达，节奏感强，形成强烈气势。随后三个"有了……"，既运用了排比手法又引用了俗语美句。增添了文章的光彩。段末又运用反问的修辞手法，加强肯定，引人注目，突出主旨又扣文题并引起下文，这段文字句式灵活，多种修辞手法综合运用，彰显了语言魅力，使行文光彩照人，达到了文章的"风头"之效。

综合运用修辞手法，会使文章的语言鲜活亮丽，妙语连珠。如：

靓妹小欣，她生就瞿颖的身段，林心如的脸蛋，张惠妹的歌喉，赵微的眼睛，真的酷毙了。若谈到什么四大天王，青春美少女队，四小歌后，简直是滔滔不绝，从香港的成龙、周华健到台湾的张信哲、马景涛以及内地的毛宁、罗中旭……听得我头大了三倍。今年八月份，周华健来济南开个人演唱会，激动得我们小欣热泪直淌，手持五百元直奔济南。三天后，回来的小欣变了形，眼红红的，嗓子嘶哑了，新买的背包断了带变成了手提包，帽子也无踪迹。……

这里综合运用了排比、比喻、夸张等修辞手法，想象丰富，充满情趣。

一、话题展示

太阳总在有梦的地方升起；月亮也总在有梦的地方朦胧。梦是永恒的微笑，使你的心灵永远充满激情，使你的双眼永远澄澈明亮。有梦就有力量，有梦就有远方。

阅读上述材料，以“**梦**”为话题，写一篇不少于600字的文章。

二、本来面目

花开花落

◎向磊

已经是秋季了，当瑟瑟的秋风开始向此处刮来，我想，不该再去给窗前的花儿浇水了。我应该注视着它的花落时分，然后悄悄拾起那可怜的花瓣，回忆往事，回溯有关我的梦。

一

今天，心情是格外的爽朗，望着那小小花苞，一种感觉涌上心头。

这种感觉无法用语言描述，只是觉得喜悦之情充满心头。我仿佛看到了梦的桥梁。花既然在生长，梦也终究会来临。而那寻梦的路，此时也吸引着我。

花儿正在生长，但，会开吗？开放时会美丽吗？我有一点怀疑。

二

“这是一朵七色花！”我大声地呼喊，它盛开前的努力及我的努力终于有了结果，花儿终于盛开了，七彩的花瓣灿烂夺止，伴着香味。

我有些惊狂，但并没有冷静下来。现在的我是在能使人清醒的晚上，回想白日的一切，我发现我太冲动了。

曾几何时，我拥有过自己的梦如同花儿梦想着开放。现如今，我好像看到了梦的尽头，如此美丽。

今天，我用自己的手写下了：花会开，梦将圆，梦圆处一片光明。

三

秋天来了，花落了……

望着凋零的花瓣，我有些无助，有些郁闷，花，已再没有昔日的辉煌。

我有些害怕，我想呼唤，我的梦，你在何处？是否被打散？追梦许多的无奈，种种的打击顿时涌上心头，我没有圆梦的勇气和信心了，梦毕竟太远了。

但，不经意间，我又明白了许多，寻梦的旅途中总会有无奈，有惆怅，就像花落一样在所难免。

梦里花落知多少，我试着记下我的心情，不为别的，只是为了我的梦，我的历程。

三、美容方案

本文以花的成长史为线索，明为写花，实为写梦，构思新巧，但尽管使用了象征手法，笔调仍显得生疏。遣词造句颇有不足之处，没有足够重视修辞的运用，使得全文显得单薄，缺乏文采。如第一段中“已经是秋季了，当瑟瑟的秋风向此处刮来”一句，“瑟瑟”用得还不错，但“已经是秋季了”，语气显得很平淡，仿佛对于秋季的到来作者并没有什么感想，观察后文，却并非如此，换一个带有感情色彩的句子，就体现了作者的无奈；一个“刮”字，稀松平常，无法体现秋风的特点和给作者的感受应当换一个生动形象的词。第三段中“喜悦之情充满心头”，“充”字用得不是很好，难以展露出花的成长给作者带来的喜悦之大，换一个词，如“溢”，就会更好一些。第五段中“大声地呼喊”，使人难以了解作者此时的内心感受，是惊喜，是欣慰，还是……，而“它盛开前的努力及我的努力”语意混乱，词语搭配不当，将“我的努力”换成“我的关怀备至”，就与“花的努力”区分开来，对于花也可以用一带有感情色彩的形象一点词，如“浴血奋斗”来表现花开前的艰辛。第八段中“我用自己的手写下了”，这句显得过于平淡，无法体现当时的心情与写时的感受，如何能将“手”改为“幼稚的笔”，表达效果更好。还有其他的一些词句，也需要修改，另外，始终穿插在文中的“我”的心理描写，语言不够动人，使人无法真切感受到“我”的心情，显得十分简单，如第三段中，对于花打苞时的喜悦，难道仅一句“无法用语言描述”“喜悦之情充满心头”就能完全形容吗？第四段中“我”心中的疑惑难道也仅一笔代过吗？十一、十二段中花落的无奈，梦碎的伤感以及感情也仅是寥寥数笔，让人读着很难了解作者内心最深处的感受，如果能适当地穿插入比喻、拟人等，烘托出当时“我”的内心感受，充实“我”的心理过程，文章会充实。题目过于朴实，与文章象征手法的运用相矛盾，可以取一个更好的题目。

四、崭新面目

诉说梦的心情　　　◎向磊

当季节的时钟已赫然指向秋季，当瑟瑟的秋风开始飘向此处，我想，不该再去给窗前的花儿浇水了。一边的我，应该注视着它的花落时分，然后再悄悄拾起那凋零的花瓣，回忆往事，去把那梦的心情诉说。

一、泉水叮咚

今天，心情是格外的爽朗，望着明媚的春光轻抚着小小的花苞，一种莫名的感觉涌上心头。

那种思想无法言状，就好似心花开了，喜悦之情溢满心头，我也似乎在一种期望中看到了梦的桥梁，如虹一样。我相信既然花在成长，梦也终究会来临，然而此时，最最闪亮的是下层的紫色，散发出诱人的光芒。

这时，我想起一句话“在梦的源头，是一股紫泉，叮叮咚咚，泼洒着人生。”是吗？我有几丝怀疑，但是我也明白今天的心情会随着泉水叮咚的乐章而奏出梦幻的紫色。

二、五彩缤纷

“这是一朵七色花！”当自己精心呵护的花儿终于盛开，我近乎欣喜地呼喊。毕竟除了我又有谁了解它盛开前那“浴血奋斗”及我的关怀备至？

我有些惊狂，但并没有冷静下来。现在的我是在能令人清醒的晚上，用自己的思维去审视白日的一切，我发现我有些失常，变得冲动了。

曾几何时，我拥有过自己的梦。现如今，我感觉好像看到了梦的尽头——那般让人期待，虹似的梦啊，在天际，呈现出一片火烧云似的红润，也一如我的脸颊。

今天，我用了自己幼稚的笔写下了：

花会开，梦将圆。到时在梦圆处会有映衬我心情的地毯——五彩缤纷。

三、蓝色忧郁

“我有一所房子，面向大海，春暖花开。”这是海子的话，也是我的心声，我感觉有些无助，有些迷惘，宛如孑然一身面对汹涌的海浪。这海浪，令人惧怕，拍击着海岸，也敲碎了我的梦。

我的梦，你在何处？我想呼唤，但追梦中点滴的无奈聚满心头已使我丢失了自信。它会回来吗？我明白那梦已被打散，沉落海中，而弱小的梦的碎块业已随着滚滚波涛远去。它，突然让我觉得海天一线间，竟是那般遥不可及，即使风平浪静、一帆风顺也无法触及。

此时此刻，一种近乎于大海的颜色，诉说着我的心情与梦的心情。

不经意间，它让我明白了许多，也让我永远记住了：大海永远会随着忧郁的蓝色而咆哮，既而咏出永恒的蓝色忧郁。

花落了……

梦里花落知多少，我试着将心情连同我的梦记下，不为别的，只是为了见证那凋零花瓣的历史，诉说梦的心情。

五、升格启示

修改后的文章运用了大量的修辞手法，使文章表达更为精美。首先题目就作了修改。“诉说梦的心情”，运用了拟人手法，将花的成熟与梦的成长连缀起来，象征的意味更为明显。多处使用不当或不佳的词句也作了调整，如第一句“当季节的时钟已赫然指向秋季”，“赫然”一词生动形象，比原文好很多。对于人物的内心世界，也运用了大量的拟人、比喻、引用的修辞手法加以丰富。如对花落时的无奈伤感，就用了大海及海天一线来作比，真实再现了“我”的心理，读来也觉得仿佛走进了作者的内心世界，语言也显得更加凝练流畅含蓄。

第十一节　养育作文原创命题之七年级

文题一：

阅读下面的材料，按要求作文。

“每个孩子都是天才，家庭教育将影响和改变孩子的一生。”随着我国人口政策的落实，独生子女家庭已普遍存在；经济社会的发展，外出务工父母增多，留守儿童已成了一种社会现象；社会竞争日趋激烈，“望子成龙”“望女成凤”更是家长们的普遍心态。时下，家庭教育问题受到人们的关注。在现代家庭中，父母如何教育好子女，子女应如何接受父母的教育，值得人们深思。

读了以上材料，你一定会有自己的感触、思考，或许你会有自己的经历、见闻。请你任选一个角度，自拟题目。写一篇不少于600字的作文，除诗歌外，文体不限。

文题二：

和____（家中的亲人如：爸爸、妈妈、弟弟……）换位思考。将题目补充完整写一篇不少于600字的文章。

文题三：

生活中有了回味就多了一份美妙和精彩，多了一份浪漫和温馨，多了一份执着和期待。有人说，回味是五味瓶；有人说，回味是七彩桥；有人说，回味是粉色的水蜜桃；有人说，回味是青绿的橄榄……

请以“回味”为话题，自选角度，自定文体，自拟题目，写一篇不少于600字的文章。

文题四：

活力是什么？活力是同学们在课上的有声有色，课间的神采飞扬，操场上的顽强拼搏。活力是蓬勃的朝气，活力是旺盛的生命，活力是和谐温馨，活力是不懈的追求……

你是如何理解活力的？请以“活力”为话题，写一篇文章，题目自拟，写一篇不少于600字的文章。

文题五：

雅典奥运会上，刘翔在挺胸冲刺的瞬间创造了中国体育的奇迹；印度洋海啸在巨澜突进的瞬间夺去了成千上万人的生命；老师在课堂上微笑的瞬间鼓起了你举手的勇气；妈妈在床前抚摸的瞬间让你进入了幸福的梦乡……瞬间，展示的是结果的辉煌，隐藏的是过程的艰辛；显现的是力量的迸发，蕴含的是情感的积聚。瞬间创造历史，瞬间凝聚永恒，善于捕捉和感悟生活的瞬间，人生才会变得丰富而精彩。

请“以____的瞬间”或“瞬间的____”为题目。结合自己的生活经历，写一篇不少于600字的文章。

文题六：（任选一题作文）

1. 第一个吃螃蟹是一种勇气；神农氏尝百草是一种勇气；大胆亮出不同的观念是一种勇气；只身在外闯荡是一种勇气；敢于承担责任是一种勇气；主动选择放弃是一种勇气；魏青刚只身跳进大海是一种勇气……勇气常常闪亮在你不经意的方面。

请以“勇气”为题，写一篇不少于600字的文章。

2. 阅读下列材料，自选角度，自拟题目，写一篇作文。

一位年轻人在杜兰特公司找到一份工作，半年后，他想了解总裁对自己的评价，于是，给总裁写一封信。他在信中向总裁问了几个问题，最后一个是：“我能否在更重要的位置上干更重要的工作？” 总裁回信说：“刚好公司决定建一个新厂，你去负责监督新厂的机器安装吧。但你要有不升迁也不加薪的准备。”随同那封回信，还有总裁给他的一张施工图纸。

年轻人没有经过这方面工作的任何训练，却要在短时间内完成任务，在一般人看来，这是非常困难的。那年轻人也深知这一点，但他没有自卑，反而表现出非凡的勇气——他废寝忘食地研究图纸，向有关人员虚心请教，并和他们一起进行分析研究。最后，工作得以顺利开展，并且提前完成了总裁交给他的任务。

当这位年轻人向总裁汇报这项工作的进展时，他收到了总裁的信，他在信中说：“当你看到这封信时，也是我祝贺你升任新厂总经理的时候。同时，你的年薪比原来提高10倍。据我所知你是不能看懂这图纸的，但是我想看看你会怎样处理，是临阵退缩还是迎难而上。结果我发现，你不卑不亢，勇气可嘉。所以，我想你是经理的最佳人选，祝你好运。”

生活中不是缺少机遇，而往往因为我们自卑或者缺少战胜苦难的勇气，而坐失了良机，这也是很多人不能成功的原因。

要求：①要自由、有创意地表达出真情实感；②文体不限；③不要少于600字。

文题七：（任选一题作文）

1. 有人说：父亲的目光是火，点亮你心中的灯；有人说：父亲的目光是蜜，使你充满爱的甜蜜；有人说：父亲的目光是电，让你缩回放纵的心意；还有人说：父亲的目光是书，记载了岁月的痕迹……你父亲的目光是什么？

请以“父亲的目光”为题写一篇不少于600字的文章，文体不限。

2. 母亲的微笑

文题八：

阅读下面诗句，以“向往____”为题写一篇不少于600字的文章。注意先填充题目，如明天、美好或蓝色大海等。研读下面的诗句：

美好的愿望 ◎汪国真

我要用一生去实现
心中美好的愿望
即使那是一条
没有尽头的路
走向远方 又有远方
有时，感觉自己

真像一只孤独的大雁
扇动着疲惫的翅膀
望天也迷茫 望水也迷茫
只是从来不想改变初衷
只是从来不想埋葬向往
我不在乎地老天荒
只要能够 如愿以偿

文题九：（任选一题作文）

1. 以“**我们班的亮点**”为话题，写一篇不少于600字的文章。
2. 以“**快乐**”为题，写一篇不少于600字的文章。

文题十：

以“**那份心情**”为话题，写一篇不少于600字的文章。

文题十一：

据《莱芜日报》报道：全国人大常委、金利来集团董事局主席曾宪梓博士，在香港金利来集团总部，与应邀赴港的贫困大学生倾心交谈。此后，曾宪梓与贫困大学生共进午餐，饭后，他亲手将桌上没吃完的点心收集打包。此举令在座的大学生震撼不已。据统计，自1978年以来，曾先生先后向科教社会福利事业等捐资高达6.1亿元之多。诸葛亮在《诫子书》中写道：“静以修身，俭以养德。”

为贯彻《国务院关于做好建设节约型社会近期重点工作的通知》（国发[2005]21号）的要求，加强资源节约宣传，提高全民资源节约意识，树立全面协调可持续的科学发展观，这是一项基本国策，同时，在一段时期内也是一个重要考点。

请根据上述材料，请以“**节约**”为话题，自拟题目，写一篇不少于600字的作文，文体不限。

文题十二：

牢记____

请补全题目，写一篇文章，横线上可填：**快乐、挫折、一句话、一首歌**……

作文要求：①文体不限，诗歌、戏剧除外。②表达真情实感，不得套写、抄袭。③文中不得出现真实的地名、校名、人名。④字数不少于600字。

文题十三：

在我们的精神领域中，有一些人，他们用他们的神来之笔，点燃智慧的灵光；用他们鲜活的思想，向我们展示多姿多彩的世界；用他们独特的思维，构筑人类共有的精神家园！

让我们走近这些名家，去体会他们灵动的思想、去触摸他们细腻的情感、去感悟他们诠释的人生真谛！让我们走近这些名家，去领略这些文学大师的风采、去聆听这些智者的声音！

请阅读上述文字，联系你所熟知的名家或名作，也可以联系祖国几千年来的民族文化写出你的独特感受。题目自拟，文体不限，不少于600字。

文题十四：

自由命题，写一篇不少于600字的想象作文，想象要大胆合理。

文题十五：

以“他（她）是位____的人”为题，把题目补充完整，写一篇不少于600字的文章。

文题十六：

红花没有绿叶作陪衬会黯然失色，绿叶没有红花作点缀就会显得形单影只。红花需要绿叶来配合，绿叶也需要红花来协助，有了红花和绿叶的团结协作，也就有了大自然的美和人间的美。

请以“我们这群人”为题，写一篇不少于600字的文章。

文题十七：

主题活动作文：以“我最喜爱的一本书”为主题，开展活动，收集资料并进行整合，写一篇不少于600字的文章，题目自拟。

文题十八：

主题活动作文：以“我最想去的一个地方”为主题，开展活动，收集资料并进行整合，写一篇不少于600字的文章，题目自拟。

文题十九：

你喜欢什么动物？是忠实守家的狗，调皮淘气的猫，温顺机敏的兔，威风凛凛的老虎，还是喜欢打扮表现的大公鸡？……

请用生动形象的语言向人们介绍一种你最喜欢的动物，题目自拟，不少于600字。

文题二十：

就目前中学生上网、起绰号、课间打闹等现象中的某一现象提出自己的看法，写一篇不少于600字的驳论文。

第十二节　养育作文原创命题之八年级

文题一：

戈壁滩上的胡杨，听任飞沙走石，活着三百年不死，死了三百年不倒，倒了三百年不朽，孤苦寂然中昂扬了信念的不屈；庭院中的秋竹，全由苦雨萧瑟，瘦削却不折腰，孤独却不动摇，忧思但不哀鸣，拔节傲骨中正直了信念的高亢，奔腾万里的黄河，横切深山峡谷，冲破茫茫草原，汇集千河百川，滔滔荡荡中陡添了信念的宏大。

请以“心中的信念”为话题，写一篇不少于600字的文章。

文题二：

在非洲的戈壁滩上有种叫依米的小花，忍耐六年的漫长岁月才开花，而花期却只有两天。两天过后，连花带径一起枯萎香消玉殒由于气候干旱，土地贫瘠，更何况这种小花只有一条根吸收水分。在六年时间里，炎炎烈日烧灼它，漫天风沙肆虐它，然而依米小花毫不气馁。在默默等待，默默生长，它知道，总有一天，根须深入到一定程度自己就会绽放绚丽的花朵。依米花用生命的轨迹向我们昭示，只有忍耐，才能美丽，只有忍耐才终有成就。

阅读上面的材料，请以“忍耐是一种美丽”为题，写一篇不少于600字的文章。

文题三：

每个人的记忆深处，都会隐藏着五彩缤纷的珠链，每一颗珠子，都包含着一段故事。这些故事有的来源于温馨可亲的家庭，有的来源于复杂多变的社会，但对学生来说，更多的是来源于我们学习所在的课堂。语文课以其自身的独特性，更是承担了我们许许多多的喜悦和哀伤。

请以“语文伴我成长”为话题，写一篇不少于600字的文章。

文题四：

人的一生，曲直而漫长，面临的事很多，但我们不能把一切都背负在身上。在获得的同时，还须懂得有所放弃，只有这样，在生活之路上才会获得轻松、愉快的心情。

请以“**学会放弃**”为话题，写一篇不少于600字的文章。

文题五：

教师就班级同学之间动辄用拳头打架为写作缘由，要求学生以“**拳头**”为话题，写一篇不少于600字的文章。

文题六：

人的一生充满了滋味。有人说少年不知愁滋味，中年尝尽忙滋味，老年最怕孤独味。生活中处处有滋味：成功失败的滋味，爱与被爱的滋味，快乐幸福的滋味，坚强勇敢的滋味，误解冷落的滋味，失落寂寞的滋味，思念忧伤的滋味……

请以“**生活的滋味**”为话题，写一篇不少于600字的文章。

文题七：

生活充满了期盼。我们期盼着老师的理解，父母的宽宥，家庭的温馨，集体的和谐。成长中，我们期盼快快长大，期盼少一份责骂，多一份微笑；期盼阳光，期盼心灵的抚慰；期盼没了作业负担，没了考试压力；期盼想说就说，想唱就唱的自由……

请以“**我心中的那份期盼**”为话题，写一篇不少于600字的文章。要写出真情实感，文体自选，立意自定，题目自拟。

文题八：

中国的航天航空事业已在逐步探索中走在世界前列。“神舟五号”“神舟六号”成功升空，“嫦娥一号”卫星的成功奔月，标志我国航天航空事业发展到新阶段，是我国航空航天事业新的里程碑。这不仅为我国对月球的探测打开新局面，也为将来对火星等空间探索提供宝贵经验。人类总是在不断探索中发展科学的。人类的探索精神是无止境的，是值得敬佩的。

阅读上述材料，你有怎样的联想？又有怎样的感想？你又是怎样看待探索精神的？自选角度，自选文体，自拟题目，写一篇不少于600字的文章。

文题九：

学生表演“随地吐痰”的情景剧后，教师要求学生以“我喜爱干净的空间”为话题写一篇不少于600字的文章。

文题十：

大街的尽头住着一个老人，他孤独、年迈，而且脾气暴躁。对他而言，世界是冰冷无情的。然而，一个小女孩对他简简单单地表现出了一丝友善。她每天上学放学经过的时候都会给窗边的老人一个甜甜的微笑。

久而久之，奇迹发生了：老人每天都期盼小女孩从他家门前走过。

就这样年复一年，直到有一天，老人的身影从窗口消失了。

几天后一位律师拨通了小女孩的电话，告诉她：“你每天都向他打招呼的老人4天前去世了。这是他的遗嘱：‘我将我所有的一切都给我的生命带来一缕阳光的小女孩。’”

这是阿根廷《生活》月刊2004年11月号的新闻故事。读了这则材料，请从以下命题中任选一题写作，不少于600字：

1. 一缕温暖的阳光

2. ____的微笑（请在空白处填上一个适当的词语：如昂贵、神奇、期盼、平和释然、驱散阴霾等）

3. 以“微笑是奇迹”为话题

4. 阅读了上述故事，你有何感想和认识？你又联想到生活中哪些经历或见闻？请自选角度，自拟题目，写一篇不少于600字的文章。

文题十一：

希望井

几米

掉落深井，我大声呼喊，等待救援……
天黑了，黯然低头，
才发现水面满是闪烁的星光。
我总在最深的绝望里，遇见了最美丽的惊喜。

读了上述文字，你联想到了什么？有何感触？请以“遇见惊喜”为话题，写一篇不少于600字的文章，立意自定，文体不限。

文题十二：

以“我的个性生活”为话题，写一篇不少于600字的文章。

文题十三：

以“**我的太空之旅**”为题，写一篇不少于600字的文章。

文题十四：

由少数学生考场作弊现象，展开讨论会。后要求学生以“**告别作弊**”或“**告别欺骗**”为话题，写一篇不少于600字的文章。

文题十五：

开展“**夸夸我的家乡**”主题活动后，要求学生就家乡的民俗文化、风土人情、名胜风景等其中的某方面为内容，写一篇不少于600字的文章。

文题十六：

新华社北京2月27日电（记者白瀛 李菲） 全国妇联27日发布的一项调查显示，中国各个年龄段儿童和青少年的睡眠时间均未达到国家规定，身体发育可能受到影响。

国家规定，为确保儿童和青少年休息睡眠时间，应保证小学生每天睡眠10小时，初中学生9小时，高中学生8小时。

全国妇联于2007年开展了全国未成年人家庭教育状况抽样调查。调查报告说，各个年龄段儿童的睡眠时间，均未达到我国规定的中小学生每天睡眠时间。其中，7岁至9岁的儿童平均睡眠时间为9小时，13岁至15岁儿童平均睡眠时间为8.2小时，16岁至18岁青少年平均睡眠时间为7.5小时。

报告说，我国2/3的儿童没有午睡的习惯或没有午睡的条件。

（摘自《安徽日报》2008年2月28日）

阅读上述材料，请以“**真想睡个好觉**”为话题，写一篇不少于600字的文章。

文题十七：

请以“**心中的烦恼**”为话题，写一篇不少于600字的文章。

文题十八：

50年一遇的罕见雪灾一度造成许多受灾地区交通中断、电力中断、供水停止、燃料告急、食物紧缺……令人焦心。但在严酷的大自然面前，人的力量在凝聚，人的精神在升华。全国上上下下心相连、情相拥、爱相通，一双双援手，一股股暖流为灾民驱走严寒。这援手正是中华民族“扶危济困”“和衷共济”传统美德的绵延，是“助人为乐”“集体主义”社会主义核心价值观的生动实践。

请以“**生活需要帮扶**”为话题，写一篇不少于600的文章。

文题十九：

90后学生理想是否缺失已成为当今人们关注的热点。

一种观点认为，在物质更加丰富的时代，90后孩子们越来越趋向于物质化的理想，而忽略了高尚的人生追求，他们犹如被剪断翅膀的肉鸡，已经缺失了应有的人生理想。

另一种观点认为，90后学生的理想少了成为“这个家那个家”的所谓“远大志向”，但更表现了务实、扎根现实追求平静的生活的特点。他们不唱高调，将理想变为了更贴近生活的一种态度，并非只有物质追求。因此，理想并没有消失在这代人身上，而是他们拥有了更加务实的人生理想。

阅读上述文字，请以“**我的理想翅膀**”为话题，写一篇不少于600字的文章。

文题二十：

一次，见果农给果树施肥，在离果树2米左右的地方挖一个坑，然后把肥料埋下去。“把肥料直接堆放到根部，果树不是能更好地吸取肥料的养分，更有利于它的成长吗？为什么要隔开一段距离呢?”我不解地问。

果农看了一眼果树，说：“你想想看，把肥料直接堆放在根部，那些根系还用得着伸展到远处、深处去吸收养分吗？由于没有追求的目标和动力，它的根系就会逐渐地萎缩，从而影响到整个果树的生长。所以，不把肥料直接堆放到果树的根部，正是为了让果树拥有一段追求的距离、一段憧憬的距离、一段向往的距离，也正是这段距离，给了果树追求的目标和动力，使果树得以健康成长。”

读了上述文字，你联想到了什么？有何感触？请以“**学会浇灌**”为话题，写一篇不少于600字的文章，立意自定，文体不限。

文题二十一：

“感人的歌声留给人的记忆是长远的”，跳动的音符，优美的旋律，触动着我们细腻而敏感的心灵。歌声让我们流连忘返，歌声让我们快乐陶醉、告别烦恼，歌声让我们充满青春活力，提升着我们的生活品位……歌声震撼着心灵，歌声承传着历史，歌声改变着人生。

请以“触动心灵的歌”为话题，写一篇不少于600字的文章。

文题二十二：

当代某作家说：错过，即“有所失”，我们要习惯它。错过也往往构成另一种得，我们要品味它。人生如奔驰的列车，车窗外不断闪动着变幻不定的景色，错过观览窗外的美景、奇景并不是多么不得了的事，关键是我们不能错过预定的到站。

你是如何理解这些话的？又产生了怎样的联想？有过怎样的体验？请联系自己的亲身经历，以“错过也是一道美景”为题，写一篇不少于600字的文章。

第十三节　养育作文原创命题之九年级

一、命题作文

1. 以“别和自己过不去”或“留点空间给自己”为题，写一篇不少于600字的文章。

2. 喜怒哀乐都是情。“慈母手中线，游子身上衣”说的是亲情；“人生得一知己足矣，斯世当以同怀视之”说的是友情；“曾经沧海难为水，除却巫山不是云”说的是爱情；“苟利国家生死以，岂因祸福避趋之”说的是爱国情。

请以“难以割舍的那份情愫”为题，写一篇不少于600字的文章。

3. 以“来自心灵的抉择”为题，写一篇不少于600字的文章。

4. 以“生命原来是用来奉献的”为题，写一篇不少于600字的文章。

5. 人的一生充满了滋味。有人说少年不知愁滋味，中年尝尽忙滋味，老年最怕孤独味。生活中处处有滋味：成功失败的滋味，爱与被爱的滋味，快乐幸福的滋味，坚强勇敢的滋味，误解冷落的滋味，失落寂寞的滋味，思念忧伤的滋味……

请以“感受生活的滋味”为题，写一篇不少于600字的文章。

6. 青少年偏爱流行文化，有较强的自我表现意识和追逐时髦的心态，在时尚方面是一支不可忽视的力量，往往成为追逐时尚的主体。

他们追逐的时尚主要集中在阅读时尚、音乐时尚、服饰时尚和运动时尚等几个方面。时尚已成为青少年生活中不可或缺的组成部分，它渗透到青少年生活的方方面面，在青少年群体中掀起了一阵阵的时尚热潮。时尚对青少年的生活观念、价值取向产生了多方面的影响。

你是如何看待时尚的？请以“**我的时尚观**”为题，写一篇不少于600字的文章。

7.青少年阶段是人生心路历程中最为躁动不安的阶段。在这个阶段里，一方面，强烈的自尊心与过高的期望值常常使他们幻想一切顺利、事事成功；另一方面，在越来越实际的现实面前，他们又面临着各种压力，要承受各种困惑、烦恼、挫折、忧伤乃至不幸。处在这种现实中的青少年，面对挫折和失败，心理承受能力往往不堪一击。比如在前一段时间在网络上热传的偷了面包自杀的11岁孩子，就是因为自身的心理承受能力特别的差，导致了这样严重的后果。成长中，我们应该自觉培养自尊，自重，自强不息精神，促进自我肯定。

成长中，你有没有战胜脆弱的经历？你是如何面对自己的脆弱的？请以“**我终于告别了脆弱**”为题，写一篇不少于600字的文章。

8.以“**校园文学伴我成长**”为题，写一篇不少于600字的文章。

9.以“**我的诗意生活**”为题，写一篇不少于600字的文章。

10.我们习惯于让爱从身边悄悄离去，面对父母之爱，同学之情，师生之谊……不知珍爱享受，“**身在福中不知福**”。生活往往是这样：失去了才知道珍惜，失去了才知道宝贵，失去了才知道后悔。

请以“**那一次，我真后悔**”为题，写一篇不少于600字的文章。

11.成长中的我们渴望独立自由自在，曾几何时我们已经厌倦了爸妈的叮嘱，老师的教诲。各种关爱的声响已经变成唠叨的声音让我们厌烦，我们体会不出深情何在，这唠叨声已经成为束缚我们的音符。

请以“**我不想听爸妈的唠叨**”为题，写一篇不少于600字的文章。

12.“少年不知愁滋味”。辛弃疾认为少年之人是不知愁的。大人的眼里少年还不懂得生活的艰辛、人生的坎坷，还没有经历过太多的风雨；还没有尝够苦难的滋味。其实不然，青少年也有自己的烦恼。

请以“**少年也有愁滋味**”为题，写一篇不少于600字的文章。

13.一直以来，自信的音符奏响在五洲四海，发出了一阵阵悦耳悠扬的回音，它让人们的精神世界得以充盈，它们展现了人生最骄傲饱满的姿态。而处于青春年少的我们，虽然我们的成功还是个未知数，但我们同样可以说出属于我们自己的自信之音。

请以“**自信之音**”为题，写一篇不少于600字的文章。

14.“请看这里!”这里的风景美丽如画。

“请看这里!”我们在篮球场上汗如雨下。

“请看这里!”迷路的他正泪水滴答。

“请看这里!”有人昧着良心卖有毒食品把财发。

…………

阅读上述文字，请以“**请看这里!**”为题目，写一篇不少于600字的文章。

15.成长中，我们泛舟书海，获得心灵的满足，平添生活的惬意，分享人生的情趣，净化平凡的灵魂，塑造完美的人格，升华人生的品位。收获成功，我们能否清醒，前面的道路还很艰辛，还很遥远？享受挫折，我们能否深得启示，收获另一份喜悦？面对失败，我们能否汲取力量，走过阴霾的人生旅程？行走在青春的雨季，我们能否坚信：雨后的天空会出现灿烂的彩虹?

请以“**行走在青春的雨季**”为题，写一篇不少于600字的文章。

16.路不是别人给的，是自己走出来的。一个人必须知道自己的目标和理想是什么，知道自己是否有能力，能否吃苦付出代价来实现这个理想。如果你不能控制自己专心读书,就必须接受将来的现实。想成功就必须养成读书和思考的习惯，所有很成功的人无论是什么学历，都必然是喜欢读书爱思考的。

请以“**自已的路靠自已走**”为题，写一篇不少于600字的文章。

17.以“**成长从这里起步**”为题，写一篇不少于600字的文章。

二、半命题作文

1.以“**心坎里抹不掉的____**”为题写作，将题目补充完整，不少于600字。

2.以“**和____相伴的日子里**”为题，将题目补充完整，写一篇600字的文章。

3.以“**轻轻走过那____**”为题，将题目补充完整，写一篇600字的文章。

4.我们的父母帮我们付出很多，然而我们却熟视无睹，体会不到。认为是天经地义的事，不知道父母无私的爱，不懂得回报……

请以“**那次____**（洗碗、拖地、捶背、洗脚……）”为题，将题目补充完整，写一篇不少于600字的文章。

5.50年后的地球会变成什么样？你会有怎样的变化？是成为了科学

发明家，还是自然探险家？50年后的家又会是什么样呢？50年后的我、房子、车、学校、公园……

请以“50年后的____”为题，发挥想象，写一篇不少于600字的作文。

6. 请以“那次____（遭遇、失败、批评、淘汰……）是刻骨铭心的”为题，将题目补充完整，写一篇不少于600字的文章。

7. 有这样一个故事：

三个工人在砌一堵墙。

有人过来问：“你们在干什么?”

第一个人没好气地说：“没看见吗?砌墙。”

第二人抬头笑了笑，说：“我们在盖一幢高楼。”

第三人边干边哼着歌曲，他的笑容很灿烂开心：“我们正在建设一个新城市。”

10年后，第一个人在另一个工地砌墙；第二个人坐在办公室中画图纸，他成了工程师；第三个人呢，是前两个人的老板。

阅读上述文字，请以“心态是____”为题，将题目补充完整，写一篇不少于600字的文章。

8. 青春生活充满了期盼，充满了叛逆。我们期盼着老师的理解，父母的宽宥，朋友的温馨，集体的和谐。成长中，叛逆的我们期盼快快长大，期盼少一份责骂，多一份微笑；期盼阳光，期盼心灵的抚慰；期盼想说就说，想唱就唱的自由……

请以“____，我想对你说”为题，将题目补充完整，写一篇不少于600字的文章。

9. 青春季节是充满梦想与浪漫的季节。每个人的心中都有属于自己的图画，都有自己心中的渴望去的地方，向往去的世界。

请以“我向往____”为题，将题目补充完整，写一篇不少于600字的文章。

10. 史铁生失去双腿，用坚强的双手推着轮椅走向了一条春暖花开的希望道路；贝多芬被放逐到无声的世界中，仍毅然竖起另外两只激情的耳朵，倾听生命音乐的壮烈。无论是人生的春季还是冬季，我们精心收藏这些感动，享受人生的酸甜苦辣，也就是享受生命。

请以“我与____相伴的日子里”为题，将题目补充完整，写一篇不少于600字的文章。

三、话题作文

1. 大自然，一个亲切的名字，让人有无限感想。大自然和人类息息相关，实际上是大自然在养育着人类社会。大自然是什么？有人说，大自然是伟大的艺术家，有人说大自然是一种文化，有人说大自然是一种精神，有人说大自然是一种毅力，一种信念和信心……

在你的心目中，大自然是什么呢？请以“**大自然伴我成长**”为话题，写一篇不少于600字的文章。

2. 一个士兵不善于长跑。在一次部队举行的越野赛中，他很快就落于人后，一个人孤零零地跑着。他转过了几道弯，面前出现了两条路：一条路标明是军官跑的，另一条路标明是士兵跑的。他停顿了一下，有些不满，认为军官竟然连参加越野赛都可以“占便宜”，不过，他并没有选择“占便宜”，而是跑向士兵跑的小径。

过了半个小时，士兵终于跑到了终点。他发现自己竟然得了第一名！士兵感到不可思议，因为他从来没有取得过名次，而且连前50名也没有得过。但是，主持越野赛的军官恭喜他取得了胜利。又过了几个钟头，其他人陆续跑到终点，他们一个个累得筋疲力尽，看到最不善于长跑的士兵赢得了胜利，先觉得很奇怪，然后醒悟过来：在岔路口诚实守信是多么重要。

读了上述文字，你联想到了什么？有何感触？请以“**诚实守信**”为话题，写一篇不少于600字的文章。

3. 从前，有个脾气很坏的小男孩。一天，父亲给了他一包钉子，要求他每发一次脾气都必须用铁锤在后院的栅栏上钉一颗钉子。

第一天，小男孩在栅栏上钉了37颗钉子。过了几个星期，由于学会了控制自己的愤怒，小男孩每天在栅栏上钉钉子的数目逐渐减少了。他发现控制自己的坏脾气比往栅栏上钉钉子要容易多了。最后，小男孩变得不爱发脾气了。他把自己的转变告诉了父亲。

他父亲又建议说：“如果你能坚持一整天不发脾气，就从栅栏上拔下一颗钉子。”

经过一段时间，小男孩终于把栅栏上所有的钉子都拔掉了。

父亲来到栅栏边，对小男孩说：“儿子，你做得很好。但是，你看钉子在栅栏上留下了那么多的小孔，栅栏再也不会是原来的样子了。你向别人发过脾气之后，就会在人们的心上留下疤痕。就好比用刀子刺向了某人的身体，然后再拔出来。无论你说多少次对不起，那伤口都会永远存在。所以，口头上的伤害与肉体的伤害没什么两样。”

读了上述文字，你联想到了什么？有何感触？请以“**伤害**”为话题，写一篇不少于600字的文章。

4. 越南战争中，一个美国士兵打完仗后回到国内。在旧金山旅馆里，他辗转反侧，夜不能寐。午夜，他给父母打了一个电话。

“爸爸，妈妈，我要回家了。但是我要你们帮一个忙，我要带一个朋友一起回来。”

“当然可以。”父母亲回答说，“我们见到他会很高兴的。”

“但是，有件事一定要告诉你们，他在那可恶的战争中踩响了一个地雷，受了重伤，他成了残疾人，少了一条腿和一只手。他已无处可去，我希望他能和我们住在一起。”

“我们为他感到遗憾。孩子，我们帮他另找一个地方住下，好吗?”

“不，他只能和我们住在一起。”

“孩子，你不知道，这样他会给我们造成多大的拖累，我们有我们的生活。孩子，你自己一个人回家来吧。他会有活路的……”话没说完，儿子的电话就断了。

父母在家等了许多天，未见儿子回来。一个星期后，他们接到警察局打来的电话，被告知他们的儿子坠楼自杀了。悲痛欲绝的父母飞到旧金山。在停尸房内，他们认出了他们的儿子，然而，他们惊愕地发现：他们的儿子少了一条腿、一只手。

读了上述文字，你联想到了什么？有何感触？请以“**自私的代价**”为话题，写一篇不少于600字的文章。

5. 人的一生，曲直而漫长，面临的事很多，但我们不能把一切都背负在身上。在获得的同时，还须懂得有所放弃，只有这样，在生活之路上才会获得轻松、愉快的心情。

请以“**得与弃**”为话题，写一篇不少于600字的文章。

6. 小溪用它坚持不懈的奔腾支撑起了漫长的旅程；李白用他的青春激情走访天下而支撑起了他的不朽之作；司马迁在受了生不如死的宫刑后竟然熬过14年光阴写成被后人誉为“史家之绝唱，无韵之《离骚》”的“一代信史”——《史记》，不正是他用血汗支撑起来的吗？细细想来，古往今来哪一个卓越的人物不是靠着某种东西的支撑而使之永存于历史长河的？成长中的我们，应该学会用勤奋努力支撑起一片自己的天空……

请以“**学会支撑**”为话题，写一篇不少于600字的文章，题目自拟。

7. 每个人在成长的道路上，必须经历种种考验。为自己的学业不理想而苦恼，为得不到父母的理解而感到委屈……快乐无所不有，烦恼也无处不在。在漫长的成长岁月中，人人都会有快乐与欢乐，当然也会有烦恼的时候，也就是说，我们的生活充满了七彩阳光，然而即便在阳光普照的时候，也难免会出现短暂的阴云。我多么想我一生中没有烦恼那该多好啊！可人不可能没有烦恼，关键是你如何去面对它。

请以“成长的烦恼”为话题，写一篇不少于600字的文章。

8. 快乐是一种感觉，一种心情，你是欢欣鼓舞，轻松快乐，还是孤独苦闷，疲劳不堪，主要由心态来支配。做到内心平衡安宁，才能感受到生活的轻松快乐和人生的幸福美好。

请以“乐观心态”为话题，写一篇不少于600字的文章，题目自拟。

9. 青春是最富有活力的，活力是什么？活力是同学们在课上的有声有色，课间的神采飞扬，操场上的顽强拼搏，活力是不断地进取，活力是和谐温馨，活力是旺盛的生命，活力是年轻的心态，活力是永远的自信，活力是青春的朝气……

请以“青春活力”为话题，写一篇不少于600字的文章，题目自拟。

10. 在平淡的日子寻找不平淡的感觉，从没意思的事情中寻出它的有意思，打破现状，超越寂寞，去体验生活的意义。失败沮丧之时，给心灵放个假；成功得意之时，给心灵放个假；苦闷茫然之时，给心灵放个假；疲惫不堪之时，给心灵放个假；感情淡漠之时，给心灵放个假，时时用美丽友善的心感悟生命的真谛，人生的多彩，生活的幸福，以及友情的可贵，用柔软仁爱的心去善待身边的每一个人。

请以“给心灵放个假”为话题，写一篇不少于600字的文章，题目自拟。

11. 独自旅行，寻找流浪的感觉，难道不是人生的惬意？面对现实中的单调枯燥生活，我们常会产生了一个人去旅行或流浪的想法。独自旅行，常常会陷入一种幻想之中，可以幻想自己是一只鸟，在夕阳下飞翔，没有方向。独自旅行，那是个性的经历，会给我们带来意想不到的人生感悟。

请以“一个人去旅行”为话题，写一篇不少于600字的文章。

12. 补丁是用来修复某个特定问题或漏洞的更新内容。我们可以理解为一种遗憾，通过精心缝补，可以呈现另一种美丽。生命又何尝不是如此？如果生命出现了裂痕，如落榜、车祸、疾病、失去亲人等，裂痕划破了我们平静的日子。我们必须学会修补，用信心，用坚韧，用爱。生命的补丁，不是遗憾，而是灿烂的美景。

请以“生命的补丁”为话题，写一篇不少于600字的文章，题目自拟。

13. 成长中，和我们相伴的太多太多。有太多关爱我们的人，太多吸引我们的景，太多触动我们的情，太多与我们相伴的抹不掉的故事……这些陪我们一起走过生命的旅程，是我们生命旅行中的风景，也是生命旅程中的精彩点缀。

请以“生命的旅程”为话题，写一篇不少于600字的文章，题目自拟。

四、材料作文

1. “夫君子之行，静以修身，俭以养德，非淡泊无以明志，非宁静无以致远。”“俭以养德”，语出诸葛亮的《诫子书》，是先生向其子提出的做人之道，其基本意思是：以节俭的生活方式，修养高尚的道德情操。此语意味深长，所以一直为后世所传。

今天，你是如何看待“俭以养德”的？请联系实际，谈谈自己的感想，题目自拟，写一篇不少于600字的文章。

2. 材料一：

据新华社电　对于多哈亚运会上出现的台球选手周萌萌状告队友田鹏飞殴打自己的事件，中国台球协会26日宣布，对二人做出国内禁赛一年，取消国家队资格一年等处罚。（摘自《山西新闻网》2007年1月27日）

材料二：

一名普通的社会人，其实际行动一定要对社会负责。作为一名台球运动员，既要具备对社会的责任感，还要有为国家争光的使命感，这亦是全世界所有运动员的共同标准。另外，对自己的所作所为，要在对社会认真负责的基础上对所代表的体育团队负责，对自己所造成的任何后果，都要敢于承担相应的责任。这是一名运动员的基本义务，也是其不可推卸的神圣职责。

（摘自《大众网·齐鲁晚报》2007年1月27日）

阅读上述材料，你联想到活中哪些经历？你有哪些启示？你又是如何面对自己的错误和失误的？请自选角度，自拟题目，写一篇不少于600字的文章。

3. 一把坚实的大锁挂在大门上，一根铁杆费了九牛二虎之力，还是无法将它撬开。

钥匙来了，他瘦小的身子钻进锁孔，只轻轻一转，大锁就“啪”的一声打开了。

铁杆奇怪地问：“为什么我费了那么大力气也打不开，而你轻而易举地就把它打开了呢?”

钥匙说:“因为我最了解他的心。”

读了上述文字，你联想到了什么？有何感触？请结合自己的经历和感受，自选角度，题目自拟,写一篇不少于600字的文章。

4. 有一个年轻人千里跋涉来到森林里的修道院，请求院里德高望重的大师收他为徒。大师沉静地告诉他:“如果你要追求真道，有一些义务和责任要先去履行。”

“哪些事情呢?”年轻人热切地问。

“你必须打水、扛物、劈柴、清扫，并帮忙做厨房的工作。”

“我要追求的是真道，不是来做杂工干粗活的。”年轻的求道者丢下这句话，悻悻然离去了。后来这个年轻人到老也没有找到真道。

读了上述文字，你联想到了什么？有何感触？请结合自己的经历和感受，自选角度，题目自拟，写一篇不少于600字的文章。

第五章 养育作文的考试实践

第一节 养育作文原创命题之中考作文特训题

一、命题作文

1. 以“面对网玩的诱惑”为题，写一篇不少于600字的文章。

2. 孟子曾经说过：“君子莫大乎与人为善。”那些慷慨付出、不求回报的人，往往容易获得成功。而那些自私吝啬、斤斤计较的人，不仅找不到合作伙伴，甚至有可能成为孤家寡人。生活中，关心他人，当朋友遇到困难的时候，主动伸出友谊之手是与人为善；尊重他人，不去探究他人的隐私是与人为善；不在背后议论、批评他人是与人为善；善于和别人沟通、交流是与人为善；善于和那些与自己兴趣、性格不同的人交往是与人为善；承认对方的价值和努力，对于错误要负起自己该负的责任是与人为善……

请以“与人为善真好”为题，写一篇不少于600字的文章。

3. 以“好想说一声：谢谢你！”为题，写一篇不少于600字的文章。

4. 以“把青春写在脸上”为题，写一篇不少于600字的文章。

5. 以“我与山水的对话”为题，写一篇不少于600字的文章。

6. “受人滴水之恩，当涌泉相报”，“人敬我一尺，我敬人一丈”。感恩是我们中华民族的传统美德。感恩增强了人与人之间的友谊，能促进社会的和谐。我们应该拥有一颗感恩的心，去发现生活中的真诚和美丽，去体验成长中的活力与快乐。

阅读上述材料，任选一题作文，不少于600字：

①那一刻，我懂得了感恩

②感恩，应该从点滴做起

7. 有人说，个人空间是情感的栖息地；有人说，个人空间是休闲的天地；有人说，个人空间是放飞的梦想；有人说，个人空间是秘密的珍藏；有人说，个人空间是自由的天堂……

请以“我的个人空间”为题，写一篇不少于600字的文章。

8. 一个小女孩趴在窗台上，看窗外的人正埋葬她心爱的小狗，不禁泪流满面，悲恸不已。她的外祖父见状，连忙引她到另一个窗口，让她欣赏他的玫瑰花园。果然小女孩的心情顿时明朗。老人托起外孙女的下巴说：“孩子，你开错了窗户。”人生之旅，开错了“窗”，会使本来美好的事物变得暗淡无光。我们做任何事情，都要考虑这扇“窗”能不能开，值不值得开，怎样去开。选择窗户，就是在选择窗外的风景，也是在选择心情。

请以“选择好自己的窗户”或“别开错窗户”为题，写一篇不少于600字的文章。

9. 有个谜语：你对它笑，它就对你笑，你对它哭，它就对你哭——这是什么？

人们都猜：这是镜子！我的朋友却不动声色地回了一句：这是生活。

举座皆惊！他却来了句妙侃：“愁眉苦脸地看生活，生活肯定愁眉不展；爽朗乐观地看生活，生活肯定阳光灿烂！”

阅读上面文字，你联想到了什么？你有何体验感悟？请任选一题作文，不少于600字。

①追寻阳光心态

②快乐之源来自____

10. 以“我的故事”为题，写一篇不少于600字的文章。

11. 万物靠泥土孕育，人类在泥土上繁衍，泥土与人类生活息息相关……泥土平凡而朴实，默默奉献而不知回报，功高盖世而不张扬个性，然而，泥土却被我们忽视。

面对泥土，你会有什么样的联想和思考？请以“泥土遐想”为题，写一篇不少于600字的文章。

12. 春秋时期，子罕拒绝了一个宋国人向他献上的宝玉。他对献玉的人说：“我把不贪婪当作珍宝，你把美玉当作珍宝。如今，你把它给了我，我们俩都将失去自己的珍宝。不如让我们各人拥有自己的珍宝吧！”

请以“我心中的珍宝”为题，写一篇不少于600字的文章。

13. 请以“来自心灵的抉择”为题，写一篇不少于600字的文章。

14. “起点”，词典解释为：①开始的地方或时间。②专指径赛中起跑的地点。③开端。人生中有很多起点，起点决定终点，起点是终点的结束，有时起点也是终点。我们就是在起点和终点的不断交替中走向成功，走完自己的人生旅程。

想一想，你的起点是什么？请以“**赢在起点**”为题，写一篇不少于600字的文章。

二、半命题作文

1. 以“**闲话____**”为题，任选一词语将题目补充完整，写一篇不少于600字的文章。要求联系自身实际，写出生活情趣或反映现实意义。

2. 以“**那一刻，我很____**（快乐，自豪，震惊，沮丧……）”为题，任选一词语将题目补充完整，写一篇不少于600字的文章。

3. 以“**漫步在家乡的____前**”为题，将题目补充完整，写一篇不少于600字的文章。

4. 以“**____，是家乡的符号**”为题，写一篇不少于600字的文章。

5. 很久以前，有一粒沙子，见到周围的伙伴钻进蚌的体内后都变成了珍珠，羡慕不已，于是下决心向它们学习，以证明自己的价值。它请求一只蚌让自己钻进去，梦想着自己也能变成一粒美丽的珍珠。可是没过多久，沙的周身就被蚌分泌出来的白色黏液包裹起来，而且越来越多，越裹越紧，裹得沙透不过气来。沙子心想：“原来变成珍珠的过程是这么痛苦，我再也不要做什么珍珠了。”沙子经不住痛苦的磨练，最后要求蚌将它重新吐回海底，而它的同伴们变成了美丽的珍珠。

珍珠与沙的价值有天壤之别，可细细想想，它们之间相差的只是短短的那么一段过程和经历。人何尝不是如此呢？我们为什么不除去个性中的弱点，使自己完美呢？请以“**____的经历**”为题，将题目补充完整，写一篇不少于600字的文章。

6. 请以“**不该____**”为题，将题目补充完整，写一篇不少于600字的文章。

7. 清风从水上掠过，留下了粼粼波纹；骆驼从沙漠走过，留下了深深蹄印；雨滴从林中飘过，留下了寸寸滋润；岁月从树林走过，留下了圈圈年轮。

朋友，我们从时代的舞台走过，该留下点什么呢？请以“**留点____**”为题，将题目补充完整，写一篇不少于600字的文章。

8. 请以“**____就在眼前**”为题，将题目补充完整，写一篇不少于600字的文章。

9. 半命题作文：以“**____也是宝贵财富**”为题，将题目补充完整，写一篇不少于600字的文章。

10. 有人说，当今社会是一个盛产明星的社会，也有人说，现代社会是一个缺失明星的社会。明星是一种精神寄托，是人们理想和目标的外在表现，也是人心灵力量的源泉。

请以“心中的明星”为题，写一篇不少于600字的文章。

12. 请以“____不留遗憾”为题，将题目补充完整，写一篇不少于600字的文章。

13. 请以“最美的____”为题，写一篇文章。

要求：（1）请你从“眉毛”“目光”“掌心”“臂弯”“身影”五个词语中选择一个，把题目补充完整。（2）可以大胆选择你最能驾驭的文体进行写作。（3）文中不要出现真实的地名、校名、人名等，否则会被扣分。（4）抄袭是一种不良行为，相信你不会照搬别人的文章，否则会影响你的成绩。（5）考虑到内容的充实，文章不要少于600字。

14. 请以“让我纠结的____”为题，将题目补充完整，写一篇不少于600字的作文。立意自定，文体自选（诗歌、戏剧除外）。

15. 请以“温暖心灵的____”为题目，将题目补充完整，写一篇不少于600字的文章。

16. 以“与____相逢”为题，从“再见”“亲近”“尴尬”“胆怯”四个词语中选填一个词语，将题目补充完整，写一篇不少于600字的文章。

三、话题作文

1. 以“家中喜事”为话题，自拟题目，写一篇不少于600字的文章。

2. 休闲是指在非劳动及非工作时间内以各种“玩”的方式求得身心的调节与放松，达到生命保健、体能恢复、身心愉悦的目的的一种业余生活。科学文明的休闲方式，可以有效地促进能量的储蓄和释放，它包括对智能、体能的调节和生理、心理机能的锻炼。

休闲之事古已有之。一般意义上的休闲是指两个方面：一是解除体力上的疲劳，恢复生理的平衡；二是获得精神上的慰藉，成为心灵的驿站。她是完成社会必要劳动之后的时间，是人的生命状态的一种形式。而对于人之生命的意义来说，她是一种精神的态度，并在人类社会进步的历史进程中终扮演着重要的角色。

请以“休闲”为话题，自拟题目，写一篇不少于600字的文章。

3. 给力，中国北方的土话，表示给劲、带劲的意思。“给力”一词最初的火热源于日本搞笑动漫《西游记：旅程的终点》中文配音版中悟空的一句抱怨："这就是天竺吗，不给力啊老湿。"所谓"不给力"就是形容和预想目标相差甚远，而"给力"一般理解为有帮助、有作用、给面子。在2010年世界杯期间，由于"给力网"的网友对该词的广泛运用，"给力"开始成为网络热门词汇。意思为"牛""很带劲""很棒""酷""给予力量""加油"等。

请以"给力"为话题，自拟题目，写一篇不少于600字的文章。

4. 请以"课间风采"为话题，自拟题目，写一篇不少于600字的文章。

5. 青少年偏爱流行文化，有较强的自我表现意识和追逐时髦的心态，在时尚方面是一支不可忽视的力量，往往成为追逐时尚的主体。

他们追逐的时尚主要集中在阅读时尚、音乐时尚、服饰时尚和运动时尚等几个方面。时尚已成为青少年生活中不可或缺的组成部分，它渗透到青少年生活的方方面面，在青少年群体中掀起了一阵阵的时尚热潮。时尚对青少年的生活观念、价值取向产生了多方面的影响。

请以"时尚"为话题，写一篇不少于600字的文章。

6. 个性是一个人拾金不昧的品质，见义勇为的精神，是坚持不懈的意志，是不拘小节的胸怀，是不断的追求，是真正的自我，是另类的创新……古往今来，不论是外国还是本国，多少名人并不美丽却流芳百世。又有多少人自称自己英俊潇洒，风流倜傥，到头来却被历史遗忘。像贝多芬，他没有英俊的外表，甚至耳聋，但人们却永远记住了他的名字。就是因为他创作了优美的充满艺术价值的音乐。像球王贝利他也不是什么帅哥，却让多少人为他疯狂，痴迷于他。就因为他在球场上矫健的身姿，高超的球技。

请以"个性"为话题，写一篇不少于600字的文章。

7. 话题作文：以"真谛"为话题，自拟题目，写一篇不少于600字的文章。

四、材料作文

1.《史记》中载有一个关于吴起的故事：他爱兵如子，深得士兵们的爱戴。有一次，一个刚刚入伍的小兵在战争中负了伤，因战场上缺医少药，等到打完仗回到后方时，那位小兵的伤口已经化脓生疽。吴起在巡营的时候发现了，他二话没说，立刻蹲下来，用嘴为那位士兵吸吮伤口、消炎疗伤。那位小士兵见大将军竟然如此对待自己，感动得热泪盈眶，说不出一句话。其他士兵们看了，也深受感动。正因为吴起如此善待士兵，所以士兵们个个英勇善战。

读了这则故事，你有哪些启发？请联系生活实际和自身经历，自选角度，自拟题目，写一篇不少于600字的文章。

2. 阅读下面一则材料，按要求作文。

一只野狼卧在草上勤奋地磨牙，狐狸看到了，就对它说："天气这么好，大家在休息娱乐，你也加入我们队伍中吧！"野狼没有说话，继续磨牙，把它的牙齿磨得又尖又利。狐狸奇怪地问道："森林这么静，猎人和猎狗已经回家了，老虎也不在近处徘徊，又没有任何危险，你何必那么用劲磨牙呢？"野狼停下来回答说："我磨牙并不是为了娱乐，你想想，如果有一天我被猎人或老虎追逐，到那时，我想磨牙也来不及了。而平时我就把牙磨好，到那时就可以保护自己了。"

读了这则故事，你有哪些启发？请联系生活实际和自身经历，自选角度，自拟题目，写一篇不少于600字的文章。

第二节　2004—2016年安徽省中考作文真题解读

解读文题，是语文教师必须练就的一套本领。如果教师自己不会解读文题，又如何引导学生去解读文题，养成良好的解读文题的习惯呢？我们在阅读教学中强调文本解读的重要性，在作文教学中，文本解读就是文题解读。对本地考区的真题解读能准确把握该地区的命题特点，养成良好的审题、立意、构思的习惯，提高考场作文的写作质量。以下是笔者2004年以来对安徽省中考作文真题的解读，已先后发表于全国各期刊和中考书中，现集中呈现，供大家解读真题时参考。

一、2004年安徽省中考作文真题解读

作为中学生，我们生活在一个幸福的时代，我们拥有知识，拥有青春，拥有激情，然而有时我们又会埋怨命运不公，感叹生活太累。其实，丰富多彩的生活值得我们珍惜的有许多许多……

请以"珍惜所拥有的____"为题，写一篇文章。

提示和要求：

1. 先将题目补充完整，然后写作。题目的横线上可选填"青春、健康、亲情、幸福、荣誉"等词语。

2. 可以大胆选择你最能驾驭的文体，写你最熟悉的内容，表达你的真情实感。

3.文中不要出现真实的姓名、校名、人名，否则会扣分。

4.不得抄袭。

5.不少于500字。

【题解】

2004年安徽省的中考作文，一改延续了几年的话题作文，采用了半命题作文的形式，让人有些意料之外，但细想却又是情理之中。话题作文以它文题、文体、立意自定的优势，一度博得命题者的青睐，给考生提供了广阔的写作空间。但同时话题作文过于泛化和考前宿构的缺陷，在考试中也暴露了出来，因此这个转变是及时的，也是必须的。半命题作文，集合了话题作文和全命题作文的双重优势，有利于考查学生真实的写作水平。该年的中考作文具有以下特点：①“提示+文题”的形式，给考生提供了更加广阔的写作空间。文题前的提示语，给考生提供了广阔的构思空间，有利于考生迅速打开写作思路，快速进入写作状态。②考题贴近学生生活，有利于学生抒写真情实感。考题要求学生关注生活，关注情感，引导学生树立正确的人生观、价值观，培养学生健康的思想道德情操，引导学生健康成长，以适应社会发展的需要。③此文题有利于培养学生辨证的思想。现代中学生，生活在一个幸福的时代，但有时也难免会有挫折、失落、痛苦，这就需要我们有一颗平常心，正确地去面对成败、荣辱、得失，从而更好地健康成长。

这是一道半命题作文，做好半命题作文的关键在补题。补题最好以写“我”为中心，以内容“熟”为重点，以立意“新”为前提，以口子“小”为上策，要想方设法扬长避短，把半命题变成好像是自己的命题。这道半命题作文“珍惜所拥有的 ”，从写作的范围来看，可写的内容很宽泛，但值得注意的是，所写的内容应该是我们所能“拥有”的、值得“珍惜”的；从所能够选填的内容来看，应该是那些美好的事物、值得珍惜的情感或来之不易的荣誉等；选材的范围也很广阔，关注的焦点可以是学校生活、家庭生活或社会生活，只要是那些有可能稍纵即逝的美好的东西都可以拿来写；从构思和立意来看，关键要让读者弄明白你为什么要珍惜它，该不该珍惜，如何辩证地对待这些东西的得失，这是文章的主旨所在。要写好这篇文章，可以从以下几个方面进行创新：

1.抒真情，做到以情动人。文章不是无情物，要打动读者，唯有真实的经历、真实的思想、真实的情感。如家庭生活中“润物细无声”的父母情，难以割舍的兄弟姐妹手足情；学校生活中丰富多彩的同学情，感人至深的师生情；社会生活中发生在陌生人之间的互帮互助情……这些都是考场作文的首选内容，由于与我们的生活紧密相关，有利于写出真情实感。

2.重创新，做到新颖深刻。创新，是考场作文制胜的关键，可以从内容和形式两个方面着手。在形式方面，拟一个醒目亮丽的标题，以吸引读者的眼球；写一个新颖别致的开头，开篇就引人入胜；营造一个意犹未尽的结尾，给人留有余味；采用别具一格的文体，达到以新奇取胜。在文章的立意上，力求新颖、深刻、高远，要创造性地体现文题意图，强有力地突出个性色彩，在黄金时段点亮阅卷老师的心灯。

3.讲文采，做到语言优美。考场作文写得生动形象而有文采，易得高分，可从以下几个方面对语言进行细心揣摩：①善用修辞，讲究辞藻美；②变换句式，讲究结构美；③巧引妙用，力求意蕴美。总之，考场作文要努力做到词语丰富、运用自如，句式多变、舒卷灵活，形象丰满、细节生动，意蕴丰富、意境深远，并善于运用各种表达方式和修辞方法，让文章文采飞扬。

二、2005年安徽课改实验区中考作文真题解读

美术鉴赏课上，老师挂出一幅画，说："你们认为这幅画哪些地方画得精彩，哪些地方画得不好？先想一想，然后彼此交流一下看法。"大家惊异地发现：被某位同学认为最美妙的地方，却被另一位同学斥为最糟糕的败笔。老师问大家有何感想，有同学说："对于美，不同的人有不同的看法。"有同学说："一件艺术品不可能各个方面都被所有人认可。"……

最后，老师说："我想借此提醒大家：生活中，我们每做一件事情，别人都可能提出一些不同的看法和意见，就像我们今天评画一样。"

读了上面的材料，你是否联想到生活中的某些经历或见闻？是否想向别人介绍或说明些什么？是否得到某种感悟，引发一些感想？请自选角度，自拟题目，写一篇文章。

提示与要求：

1.大胆选择你最能驾驭的文体，用你喜欢的表达方式写作。

2.文中不要出现真实的地名、校名、人名，否则会扣分。

3.抄袭是一种不良品行，相信你不会照搬别人的文章。

4.考虑到内容的充实，文章不要少于500字。

【题解】

这是一道十分接近话题作文的新型材料作文，其材料重在引出话题，只

不过没有将写作话题点明而已。它与传统的材料作文大相径庭，传统的材料作文要求写作前必须准确把握材料主旨，否则就属于离题，而这类材料作文只要选准某一角度写就可以了，可以看做是自选话题的材料作文或材料型话题作文的一种形式，没有设置审题障碍，也淡化了文体要求。写作时不必引用材料中的内容，因为所给材料只不过是个引子，是考生选准角度进行写作的由头。

通过审读材料和提示语，可以归纳出这样一些观点：一是必须正确看待别人的评价，无论我们做什么事，也不管正确与否，别人都可能提出不同的看法或意见，当代中学生应该以坚定的信念和乐观的精神对待生活和学习；二是必须正确地评价别人，无论别人做什么事，都有好的和不好的一面，要学会辩证地看问题。我们要从生活、学习中学会全面地看问题，不要一味肯定或一味否定；三是多角度地认识事物。生活、学习中，要学会从不同方面看问题，从不同侧面，不同角度去理解、去把握、去认识我们的世界。

在理解材料主题基础上可以从以下几个角度进行命题写作：一是从自身角度，以“善于倾听”“学会倾听”等为话题，自拟文题，叙写自身经历或见闻来写记叙文或阐述如何正确对待别人评价写成议论文；二是从他人（如老师、家长、同学、朋友等）视角出发，以“善于欣赏”“学会欣赏”等为话题，自拟题目写成记叙文，记叙别人如何对待评价的故事，你从中所受的启示或感悟；三是以动物、植物、外星人或其他生物为视角，以“多角度”“换位”为话题，自拟文题，阐述认识事物的方法写议论文，记叙独特经历写记叙文，抒写独特感悟写成散文，还可运用童话、小说、戏剧等文学样式来写。

值得一提的是，此类材料作文是话题作文的变种，虽然不设置审题障碍，但考生必须认真审读材料并理解分析，归纳材料观点，明确属哪类话题，再自选角度写作，所写内容必须与材料隐含的观点一致，这是这类材料作文的难点。否则会让阅卷教师有“下笔千言，离题万里”或扣题不紧之感。不少考生文笔很好，因扣题不紧或跑题被打入“冷宫”，从而与高分失之交臂。

三、2006年安徽课改实验区中考作文真题解读

阅读下面的文字，按要求作文。

五岁的晶晶在院子里玩耍，不小心摔了一跤。两天后，妈妈发现晶晶的左手举不起来了，原来女儿的锁骨受了伤。妈妈又急又疼，可是晶晶却有了一个意外的收获：“妈妈，我现在知道哪边是左边了！”晶晶太小，一直分不

清左右，这下好了，她知道了：痛的那边就是左！

晶晶摔了一跤就分清了左右的经历，给了我们许多有益的启示：受挫折的过程往往就是获得真知的过程。走过崎岖小路，才能真正体味生活的欢乐；穿过茫茫迷雾，才能深切感受阳光的明媚。不经风雨，怎见彩虹；不吃一堑，难长一智！……

晶晶的故事是否让你联想到生活中的某些经历或见闻?是否让你获得某些感悟和认识?请你拿起笔，自选角度，自拟题目，写一篇文章。

提示与要求：

1.请大胆选择你最能驾驭的文体，用你喜欢的表达方式写作。

2.不要出现真实的地名、校名、人名等，否则会被扣分。

3.抄袭是一种不良行为，相信你不会照搬别人的文章；否则会影响你的成绩。

4.考虑到内容的充实，文章不要少于500字。

【题解】

安徽省的中考作文命题总是在不断变化、创新的。命题者始终走在世代的前列,在不断探索、创新中走向成熟。充分展现了命题改革者的胆略与智慧。近四年来，安徽省的中考作文命题充分体现了这一特点。2003年考题为给材料话题“体验”，2004年为给材料半命题作文“珍惜所拥有的____”，2005年安徽省课改区的作文题目为新型的材料作文，出乎很多师生意料，体现了开创精神，但作文材料设置了一定的审题难度，不少考生由于没把握好材料观点而偏题、离题。同去年相比，今年安徽省课改区的材料作文体现了新颖、开放、可写性强三大特点。

说它新颖，不仅因为它是新型的材料作文，还因为材料十分贴近学生生活，得出的人生启示容易让学生产生共鸣，易于打开学生的写作思路，充分体现了新课程改革的理念。

说它开放，是因为它没有设置审题障碍，具备话题作文特点，学生只要围绕材料中的某一启示或自己的独特感悟去写就可以了。没有角度、文体等限制。

说它可写性强，是因为生活中点点滴滴的困难、挫折学生都会遇到，都会从中获得自己的启示，学生有自己的体会，易于把握。材料中的观点显而易见。选材的范围是广泛的，学生感到有话可说，便于展示才情，写出水平。这种材料作文代表着今后作文命题发展的一个方向，体现了作文命题改革日趋成熟。

审读材料和提示语，材料的观点不难看出。材料的中心句是“受挫折的过程往往就是获得真知的过程”。关键词是：挫折、过程（经历）、启示。由材料引出的不同启示就是材料的不同观点，当然，你由材料获得的独特启示，也可看做你归纳、提炼的观点。依据材料中的不同观点，我们可以从不同角度去命题写作，可以看做是给材料自定话题作文。我们可以从生命和成长两大类话题来命题写作。如“遭遇挫折”“遭遇困难”“面对磨难”“享受挫折”“成长历练”等为话题写作。那么如何把握好材料，写出新意呢？

以小见大是写好此类文章的关键。可以选取学习上、日常生活上的挫折、困难等种种经历，也可以选取生理上，心理、思想上的种种历练。由此带给你的感悟、体验认识均可入笔。从平凡的小事中挖出大的主题，写出你的深刻独特的情感体验。

你从生活中获得材料中未提及的启示能出新，因为这正是你的个性体验、感受，也是你与众不同的观点。由自然、社会生活中的点点滴滴的现象引出对人生的思考与启迪。景、物、人、事、情、理结合。当然，我们所写的内容必须紧扣材料的观点，不是不着边际的想写啥就写啥。

文体上可记叙经历见闻写记叙文；可旁征博引谈你的人生态度写议论文；还可编故事写小说、童话、寓言……无论哪种文体都要紧扣观点或启示，都要写自己的经历或见闻，写自己的感悟认识，否则就偏题或离题了。文题没有设置审题障碍是审题没什么难度，并非不要审题。认真审读材料和提示语，这正是每位考生在动笔前要特别注意的。

四、2007年安徽省中考作文真题解读

请以“我们的心近了”为题，写一篇文章。

提示与要求：

1.写你的经历、见闻，也可以写你的感悟、认识。

2.请大胆选择你最能驾驭的文体，用你喜欢的表达方式写作。

3.文中不要出现真实的地名、校名、人名等，否则会被扣分。

4.抄袭是一种不良行为，相信你不会照搬别人的文章；否则会影响你的成绩。

5.考虑到内容的充实，文章不要少于500字。

【题解】

这是一道全命题作文，一看到题目，考生都感到好写，但文题却设置了审题难度。题目的关键词是：心近了。范围是：我们。这里的“我们”可以是人与人，人与动物，人与植物，人与自然，也可以是动物与动物或其他的非生物等。运用第一人称来写，写的主要内容是两颗或以上的心近了。要写出心是怎么“近”了，写出心近的经历、变化过程和情感。也就是要写出情节，写出波澜，写出心近的种种表现，写出启示。题目明显是要求考生写生活，写自己。因此可写内容紧紧扣住了考生所熟悉的生活，这使考生有话可写，也是让考生感到好写的主要原因。但这个题目要想写好却不容易。如何出新是获得满高分的关键。那么如何写出亮点、写出新意呢？

1.选材出新。选取发生在自己身边的平常的人和事作为材料，如你和家人之间的，你和同学之间的，你和朋友之间的，你和邻里之间，你和师生之间的，陌生人之间的，也可以是你和动物之间的……身边的“小人”“小事”，最真实也最感人。要尽量遴选紧扣主题、文题的有趣有味有意思的材料。如我们心未靠近时或靠近时的令人搞笑的某件事，彼此之间共同的爱好、个性、趣味或不同的思想、观念、心理所表现出来的某个语言，某个动作，甚至是某个神态。或选意味深长、令人深思的事来写。或选生活中人们普遍关心的问题或焦点、热点问题来切入，如体育运动会、留守儿童、环境保护、辱师事件等来写。

2.视角出新。可以发挥想象，通过由今入明推想将来人们如何心灵靠近，化解仇怨；或通过由实入虚地幻想，想象未来世界如何和睦相处，表达对和平美好生活的向往；或从自我的两颗心，由于前后想法不一样需要交流，心才能靠近来构思，写出真我的心态，抒写自己的心路历程；还可以从动植物的视角出发，写人与其他生物也可以心灵相通，展示它们的灵性，赋予它们以人性的活力，品性等，人类应倾听它们的呼声，和它们友好和谐相处。

3.感悟出新。通过“小人”“小事”挖出新意，抒写自己的独特感悟。如主动搭讪，一声问候，一个微笑，换位思考等都能拉近心灵距离，得出：心近了能化解人情冷漠、构架友谊桥梁、构建邻里和睦相处、共建美好家园、理解宽容是果实、心近使距离产生美、真诚是心近的牵引力、删除猜疑是心近的关键、学会交流是一种修行，是一种处世为人之道，是心与心贴近的途径，在家庭、在社会是何等重要等感悟。

4.表达出新。要选择合适擅长的文体，记叙文、小小说、散文、寓言、童话、书信等都是合适的文体。根据主题表达的需要，选择其中你最擅长的文体来表达。运用拟人、对比、比喻、排比等修辞手法能出彩，综合运用多种表达方式能增色，特别是善于运用描写细致地刻画人物的语言、动作、心理、神态等，会使行文妙笔生花。如写爱的交流产生心近就要写出心理波澜，笔力体现在细节刻画上。而诗词妙句的娴熟运用，不仅能展示你的才情，更能扣住阅卷老师的眼球。因为生活与文化的完美结合是诗化的为文境界，也是考场满高分作文的共同追求之一。

五、2008安徽省中考作文真题解读

请以“我在____中得到快乐”为题，写一篇文章。

提示与要求：

1.从“阅读”“倾听”“活动”“做实验”“帮助别人”几个词中任选一个，填在横线处，将题目补充完整，然后作文。

1.可以写你的经历、见闻，也可以写你的感悟、认识。

2.请大胆选择你最能驾驭的文体，用你喜欢的表达方式写作。

3.文中不要出现真实的地名、校名、人名等，否则会被扣分。

4.抄袭是一种不良行为，相信你不会照搬别人的文章，否则会影响你的成绩。

5.考虑到内容的充实，文章不要少于500字。

【题解】

这是一道以“**快乐**”为话题的半命题作文。但题目要求写作的范围是从“**阅读**”“**倾听**”“**活动**”“**做实验**”“**帮助别人**”几个词中任选一个，这实际上又成了要求考生从五个全命题作文中任选一题来作文。如果考生不看清题目，在要求之外自由补题，写得再好也是徒劳无益的。题目中的“在____中”既是写作范围，又是写作的重点。如“我在阅读中得到快乐”，“在阅读中”就是写作的重点。

这道题考生并不感到陌生，也不觉得难写，因为“快乐”话题考生从小就写过。文题所提供的写作范围广泛并十分贴近学生生活。阅读，不仅包括文学也包括自然、社会、人生；倾听，不仅包括人也包括自然；活动有课内外的，有主题活动，社团活动，还有社会实践活动等；做实验有物理的、化学的还有个人创新的……；帮助别人，渗透着学生生活的方方面面，也与抗震救灾的热点相连，体现着中华民族的传统美德。这道题难就难在写出新

意，写出精彩，写出味道。那么如何使文章出新、出彩、有味呢？

1.准。应该想一想你经历了哪些快乐的事？这些快乐的事中最有意思的或有趣的有哪些？最使你感到快乐的是什么？是属于那个范围的？由此从要求中遴选一个词语来确定命题。

2.小。要写平常的小人小事小快乐，也就是说，切入的角度要小。如“我在倾听中得到快乐”，把我们的笔墨触及到自然界的雨声，引起心理变化，这样带来的愉悦就别有一番风味。

3.真。写自己亲历的快乐一般都是有情趣的事，要具体细致地描绘，要写出曲折的过程，这样既有可读性，也能让人形同身受。如“我在活动中得到快乐”，就要写出活动是如何带来快乐的，既要写出活动的细节，又要展现奇特的风貌。或者我在活动前有各种不快乐的心情，在活动中心情又如何逐步变化了，变成兴奋、愉悦、快乐了等。

4.奇。也就是感悟要奇特。得到了快乐，这快乐的过程引起你诸多启示、感悟，这种感悟是你自己的深思熟虑，深切体验得来的，因此是与众不同的，独特的。如“我在阅读中得到快乐”，可以写你阅读最喜爱的一本书的体验，也可以写你阅读文学、自然等带来的人生感悟等。

六、2009年安徽省中考作文真题解读

请以“师生之间”为题，写一篇文章。

提示与要求：

1.可以写你的经历、见闻，也可以写你的感悟、认识。

2.请大胆选择你最能驾驭的文体，用你喜欢的表达方式写作。

3.文中不要出现真实的地名、校名、人名等，否则会被扣分。

4.抄袭是一种不良行为，相信你不会照搬别人的文章，否则会影响你的成绩。

5.考虑到内容的充实，文章不要少于500字。

【题解】

这道全命题作文很贴近学生的生活，易于学生从自身的现实生活中去选材，师生问题也是当今社会的热点问题。师生之间有太多的故事，有太多让我们感动的情怀，也提升着我们的认识。但是，这道让考生感到熟悉好写的作文题，却又设置了审题障碍。这道题的核心词是“之间”，关键词是“师生”，如果把笔墨集中在写“老师”或“老师们”的故事，赞扬老师的品质，

或者只写自己对老师的认识，感悟，没有写出师生之间二者的故事，或者没有写出你对这二者的认识，就不知不觉地偏题了。这道题考察考生观察生活、驾驭生活的选材能力，感悟认识生活、认识自我的能力，体现当代中学生新型师生观，审美观，价值观。那么，如何紧扣文题，写出新意呢?

1.写师生之间发生的故事。根据自己的经历或发生在身边的师生之间的你的所见所闻，写一篇记叙文或小小说，或童话等。但要写出故事的曲折经历，如你误解老师或老师误解了你，经过逐步认识、理解、沟通，误会释然，师生情也因此逐步加深，可以刻画出情感的波折，通过细腻的心理刻画，表达你对师长的爱戴和对新时代的师生观的理解。也可以以某一调皮后进的学生为中心线索，写出师生间由不理解到理解，由后进生到优等生的转化过程，通过细节反映师生之间的和谐、牵挂和无私纯洁的情感纽带相伴我们成长。还可以以“师生之间”为行文线索，把发生在师生之间的几个典型事件串联起来，写出校园中特有的生活味、人情味，写出师生之间亦师亦友，亦庄亦谐，嬉笑怒骂皆生活风貌等。

2.抒师生之间难舍的真情。可以就师生之间的种种情怀分类列出，抒发你的真情体验或表达你对理想的师生之间关系的渴望，写一篇抒情散文。如师生之间的尊重、民主、平等、亲情、宽容、理解、沟通等等。但无论是抒发现实真情还是表达理想的愿望，情感的抒发都要植根在现实的基础上，要和生活中师生之间点点滴滴的细节结合起来。这种在生活细节或情景基础上抒发的情感才能打动人。

3.道出你对师生观的感悟。发表你对新型师生观的理解、感悟，写一篇议论文或议论性散文。写议论性散文，如以“师生之间是……”开头，作为排比段，每一段的开头是你对师生之间的关系或师生之间情感等方面的独到理解感悟。可以运用比喻、夸张的手法来体现新颖，但要有师生之间人所共知的生活细节，有名言警句和精彩的表达体现你的文化底蕴。写议论文要观点独特，笔墨集中，有理有据地进行分析，能够旁征博引又与自身生活实际感受相连才能说服人，感动人。

七、2010年安徽省中考作文真题解读

水有时是雪，有时是露，有时是冰凌，有时是雨珠……变的是形态，不变的是晶莹；日子，有时是甜，有时是苦，有时是幸福，有时是酸楚……变的是感受，不变的是真实。生活中，许多变化的人、事、物，都有不变的地方。

请以“不会变的是____”为题目，写一篇文章。

提示与要求：

1. 在横线上填上一个词或短语，将题目补充完整，然后写作。

2. 可以写你的经历、见闻，也可以写你的感悟、认识。

3. 可以大胆选择你最能驾驭的文体进行写作。

4. 文中不要出现真实的地名、校名、人名等，否则会被扣分。

5. 抄袭是一种不良行为，相信你不会照搬别人的文章；否则会影响你的成绩。

6. 考虑到内容的充实，文章不要少于500字。

【解读】

1. 试题特点。

这道半命题作文有着很大的灵活性，为考生多向取材提供了自由广阔的空间。大大降低了考生审题和选材的难度。和安徽省2009年的中考命题作文“师生之间”相比，这道半命题作文，让考生感到好写，能写出自己喜欢的文字，利于考生在有限的时间内选择贴近自己生活的熟悉材料，此半命题作文适合于各种文体，利于考生选择自己擅长的文体进行写作，更利于考生表达自己的真情实感。提示语简单明白，涵盖的范围广泛，文题也不让考生有陌生感，容易理解，写起来不容易跑题。这样的命题体现了科学性。

2. 写作指导。

这道半命题作文要想获得高分必须在“新颖独到”上下工夫。如何避免同类选材，做到“新颖独特”呢？

（1）补题彰显细节。根据提示语和要求，写作的范围十分广泛，这决定了补题的内容广泛自由灵活。补题的内容可涉及自然、社会、人生的方方面面。如“风景”“友谊”“亲情”“感动”“快乐”“真诚”“信念”“毅力”“文明”“梦想“追求”等等。这些都是一般考生在补题时的第一反应，也是很多考生首选的内容。我们可以把思维的触角延伸到提示语中提到的事物的反面，如不会变的是“雨珠”“感受”“虚伪”等。但最好是把思维触角延伸到更细致的地方，也就是把选材取向定位于和我们生活紧密相连的细节中。如，不会变的“风景”“友谊”“亲情”等具体体现在哪里呢？往往是生活中的细节所在。如亲情常常体现在：妈妈冒雨送伞，生病时的轻声问候，掌心的抚摸，轻轻的脚步声，常含的微笑或者不厌其烦的唠叨等。我们不妨就这些细节来作为补题的对象。如“不会变的是伞韵”，“不会变的是妈妈掌心的温度”，“不会变的是妈妈唠叨”，“不会变的是爸爸直挺的驼背”等。通过生活中的细节来补题，会令人耳目一新，同时也在补题时确定了你选材的取向是生活的某一细节。

（2）匠心运在厚实。记叙要细化过程。着眼于生活的细节，不能泛泛而写，只有注重过程的细化，才能使记叙的内容有厚度。如写爸爸不会变的口头禅，就要把这个口头禅在生活中体现的生活味、亲情味描写刻画出来。正是这一口头禅让全家生活充满情趣，显示了生活的真实和亲情的永恒持久。写散文或小说也要如此。抒情紧扣个人经历，在个人经历的基础上，紧扣触点来抒情。也就是就你个人经历中感受最深的某一点来抒情，这样的情才真，才能打动人。如你有过妈妈手心的无数次的抚摸，但真正打动你的是你生病时，或落榜时，或失落时，或离别时的抚摸。这就要你把触点通过细腻的心理感受描写体现出来。

（3）笔法落在思辨。要有比较的思维。行文要蕴含思辨。如不变的是什么？为什么不变？要通过行文交代清楚。写作本题，可以通篇集中写不会变的是什么，也可以写会变的是什么，最后定位于不会变的是什么。无论是哪一种写法，最好是把文章放到生活的哲理思辨高度，文章的立意是否深刻就在于此。有了这样的思辨，立意就会比一般考生略高一筹。如：透过书香，我看到了中华文字的千姿百态，变化的是文字的形式、容颜，因为对中华文化的挚爱，我深感不变的是她散发的淡雅的阵阵体香。这样的立意就很有文采、思辨和新意。

八、2011年安徽省中考作文真题解读

十五六岁，正值花季。我们率真，我们自信，我们积极进取，我们充满希望。在与亲人、同学、老师的交往中，在获取知识、参加活动的过程中，我们开始明白，生活中有成功，也有挫折，有欢笑，也有忧伤。我们学会了理解和分享，懂得了感恩和担当……在这个年龄，我们正书写着自己的人生篇章。

请以“**在我们这个年龄**”为题，写一篇文章。

提示与要求：

1.可以写你的经历、见闻，也可以写你的思考、感悟。

2.可以大胆选择你最能驾驭的文体进行写作。

3.文中不要出现真实的地名、校名、人名等，否则会被扣分。

4.抄袭是一种不良行为，相信你不会照搬别人的文章，否则会影响你的

成绩。

5.考虑到内容的充实，文章不要少于500字。

【解读】

安徽省的中考作文命题总是在不断地探索中走向成熟，充分体现了命题者的智慧。从形式上看，安徽省近年都是命题作文，命题呈现了稳定性。但命题作文有点变化规律：即全命题作文——半命题作文进行循环。命题的形式基本是稳定的。但是，前几年的全命题作文和半命题作文都没有提示语，2010年、2011年加了一个提示语，要求都没变，只不过2008年的半命题作文提供了提示性的补题词语，2010年的半命题作文“**不会变的是____**”没有提供提示的补题词语。

从内容上看，都紧紧围绕自我成长和学生自身生活，注重考查学生对生活的感悟和情感体验。从2007年的“**我们的心近了**”为题，到2008年的“**我在____中得到快乐**”半命题，2009年的“**师生之间**”为题，都紧紧扣住学生生活，拉近学生写作与生活的距离，易于学生从生活中取材。如果说2009年的中考作文命题因命题者设置的审题障碍和没有兼顾学生的心理而令人不免遗憾，那么2010年“**不会变的是____**”半命题，则不仅填补了些许遗憾，而且体现了命题者的睿智。从这则半命题作文的提示语中，我们不难看出，命题不仅扣住学生生活，同时考查学生对生活的观察理解、感悟能力和思辨能力。2011年的“**在我们这个年龄**”这一命题作文，则是在承接去年的命题基础上将命题内容锁定在“青春成长，自我体验”的话题范围内。这是让学生普遍感兴趣的话题，不仅贴近学生生活，因学生感兴趣而有话可说、有情可抒，也更能考查学生对自身生活的体验能力，易于发挥考生的写作水平。

这一命题作文题目的本身已划出了写作范围。那就是我们这些十五六岁的青少年的学习、生活、欢乐、苦恼以及我们对于人生社会自然的感受看法等。提示语告诉我们是以“**自我（青春）成长**”为话题，写出在我们这个“花季”年龄的“雨季”特点。可选取的素材广泛，但又是和我们这个年龄相关的，是我们学生所熟悉的生活。学生可写的内容很多，选择的余地很大，自由发挥的余地很大。也正因如此，作文很容易流于平庸。如写出我们这个年龄段的人的特点，但又不符合我们这个时代青少年的特点。或者不敢表达自己真实的心声，或者无病呻吟，人云亦云，落入俗套。从文体看，可以写记叙文或者散文，但是没有具体的细节生活展现，没有体现初中生的生活气息，写记叙文行文没有波澜；议论泛泛而谈，抒情空泛。特别是体验不够深刻，缺乏思考的深度，如大众化的心理、情感体会，没有个性的感受等，思考的不是当代中学生所共同面临的话题，不符合当代中学生的特点等。要想出彩，可以从以下角度立意构思：

1.立足自身，抒写特点。

写自己和自己身边的同学、朋友，表现这个年龄的人品质、性格等迥异的特点，要典型有代表性，或故事或刻画，不能简单罗列。

2.摹写镜头，体现情趣。

写发生在我们身边的我们的事，以镜头组合的形式呈现，如喜好、率真、冲动、恶作剧等，重点写出情趣情味。通过写人写事来写在我们这个年龄特有的情趣。

3.聚焦心理，写出体验。

写我们在这个年龄里的心理和情感表现，由单纯到复杂多变，由脆弱到坚强，由幼稚走向成熟等变化过程，把自身真切的青春体验刻画出来。

4.直抒胸臆，尽展才情。

写我们在这个年龄对自然、社会、人生的看法，不求完美，只求真实。以抒情的笔调抒写自己的爱憎或喜怒哀乐的真实情感。

5.透过现象，引发思考。

写在我们这个年龄，我们的好的或不好的或值得争议的现象，如上网、追星、打闹等，由此引发自己对青春成长的看法，要深入。

九、2012安徽省中考作文真题解读

以“____**在其中**”为题，写一篇文章。

提示与要求：

1.先把题目补充完整。你可以从“趣”“美”“情义”“做人”中选填，也可以填其他词语。

2.可以大胆选择你最能驾驭的文体进行写作。

3.文中不要出现真实地名、校名、人名等，否则会被扣分。

4.抄袭是一种不良行为，相信你不会照搬别人的文章，否则会影响你的成绩。

5.考虑内容充实，文章不要少于500字。

【解读】

1.命题透视。

继2007年的“**我们的心近了**”，2008年的“**我在_____中得到快乐**”，2009年的“**师生之间**”，2010年的“**不会变的是____**”和2011年的“**在我们这个年龄**”之后，2012年安徽省的中考作文题目遵循“全命题作文—半命题作文”两年一循环这样的规律，采用了命题作文的另一种形式：半命题作文。命题的形式基本是稳定的。实践证明，全命题作文和半命题作文开始走俏中考作文命题。不难看出，近年来，安徽省中考作文命题者对命题作文情有独钟。这种命题形式有效地遏制了考场作文的宿构和套作现象，考查了考生的审题思维能力，在今后的中考作文命题中还将备受青睐。

2.试题解读。

从内容上看，2012年的中考作文题贴近学生生活实际，选材的内容十分广泛。这道半命题作文没有提供任何提示语，要求补题的词语也十分灵活，题目所给出的词语“在其中”，简洁易懂。审题的难度不大，补出的词语是写作的内容，写作的话题，是作文题目的“关键词”，所给的词语“在其中”，是题目的“核心词”，是写作重点，行文必须紧紧扣住“在其中”。题目虽然没有明确指出具体人称，但我们联系自己的生活经历来写，就暗含了第一人称“我”，当然，依据行文的需要，这个人称也可以是第二、第三人称，但要想最能给人以真实感的还是运用第一人称好。

由于补题的灵活和选材的宽泛，对于此命题，每个考生都应该有话可说，有情可抒，有事可议。但如果考生脱离自身生活选材，难免内容空洞，缺乏真情实感。题目的核心词“在其中”，决定了选材的内容要注重细节，要有作者自己的情感体验，要写出自己的所见所闻所感所思。行文中“自我”的缺失，文题的大而空，是导致文章内容失真、虚假的重要原因，从这个意义上说，这道命题有意识地避免这样的问题，引导着考生从小处入手，从自身角度去思考写作内容。

3.写作构思。

这道题可以从以下角度进行构思：

（1）从补题出新的角度构思立意。补题内容虽然很广泛，可以用所给的词语，也可以不用。如果选择题目要求中所给的词语，那就必须要选一个自己十分熟悉的，最能让自己感动的那个词语。但是要想出新，就要自己选一个最想写的情感、事件、感悟等等的“点”或细节。如写“**母爱在其中**”，母爱有很多细节，像呵护、掌心的抚摸、掌温（掌心的温度）、唠叨等等。直接用这些体现母爱的细节来补题。如“**掌温在其中**”等。

（2）从有哪些属于“**____在其中**”的角度构思立意。品味古今中外的人物、作品，得出自己的个性体验来行文。如“**诗意在其中**”，有哪些呢？在成长路上，李白诗句中诗意散发的秋菊香味，我品味到坚强在这诗意中，不再懦弱；品味到苏轼词中散发的夏荷清香的诗意，脱俗在其中，不随波逐流；品味到辛弃疾词中散发的梅花清香的诗意，因为有了这份坚守在其中，成长的路上我不会放弃……

（3）从大自然和人类让你获得的感悟构思立意。大自然的景物、动物和人类的行为让你感触万分，觉得无所不在其中。如“**智慧在其中**”，春风、小草、柳叶、荷花、稻穗、鸟、狗、人的智慧表现，我在这些无限的智慧中深深地陶醉，从“柳绿花红”中收获启迪，从“莺歌燕舞”中得到感悟，从“泉水叮咚”中明白“为有源头活水来”的道理，不断学习，用知识净化自己的灵魂，等等。

（4）从探究“**____在其中**”的原因这一角度构思立意。如“幸福在其中”，为什么呢？可以将原因归结，旁征博引，或形成排比段缀连，然后得出结论。或从生活小事或事件入手，描摹细节，刻画自己触动的心理变化，一瞬间的感悟。如爸爸买来一辆二手车，我激动不已，以前我羡慕他人下雨天上学坐着父母的车，我只能蹬着自行车。这回在老爸买来的二手车上摸来摸去摸了一下午。第二天正好下雨，老爸也开车送我上学了，此时真实感触万分。前后的动作、心理形成对比，符合儿童烂漫的童心。这种微妙的感受就是幸福。由此我进一步体会到“只要处处留心，就能感受到幸福的温暖”。

（5）从提升生活中的文化含量的角度构思立意。生活就是一首诗，将生活中的点点滴滴人物、事件、现象提炼成诗化的语言或者化用古典诗句来概括自己的生活。如“宋词在其中”，如在紧张的中考复习的课堂上恹恹欲睡、低声私语的情状，是“少年不识愁滋味，为赋新词强说愁。”为作业奔命是“少年不识累滋味，爱上作业，为做作业强熬夜。”文艺活动会上看小品、做游戏、吃零食，“我的时间我做主”，想想这些，真是“流光容易把人抛，红了樱桃，绿了芭蕉”。宋词则像一根根丝线，串起了这些美好而难忘的记忆。让我们难忘的初中生活有了一定的文化含量。

十、2013安徽省中考作文真题解读

以“**那段____的日子**”为题，写一篇文章。

提示与要求：

1. 请你从“**温暖**”“**自由**”“**孤单**”“**烦心**”四个词语中选择一个，把题目补充完整。

2. 可以大胆选择你最能驾驭的文体进行写作。

3. 文中不要出现真实的地名、校名、人名等，否则会被扣分。

4. 抄袭是一种不良行为，相信你不会照搬别人的文章，否则会影响你的成绩。

5. 考虑到内容的充实，文章不要少于500字。

【题解】

1. 命题传承。

2009年安徽中考卷是全命题作文，题目是“**师生之间**”，2010年是半命题作文，以“**不会变的是____**”为题，2011年又是全命题作文“在我们这个年龄”，2012年交替为半命题作文“**以____在其中**”为题，并附加有填词的要求“可以从‘**趣**’‘**美**’‘**情义**’‘**做人**’中选填，也可以填其他词语”。今年依然走命题作文路线以“那段_____的日子”为题，明确要求从“**温暖**”“**自由**”“**孤单**”“**烦心**”四个词语中选择一个，完成文章。从近年的安徽中考题的设计中不难看出，出卷者较为青睐命题作文，但也不会一成不变，尤其在半命题的选词上小有变化，希冀在规定和自由选择间寻求一定的平衡。可以看出命题作文这一传统命题形式依然独特而旺盛的生命力。2013年安徽中考作文题，从命题内容上看一直延续几年来的亲近学生生活，贴合考生实际路线，在以往讲述“**在我们这个年龄**”故事的基础上更进一步走进学生的心灵，力求进一步去引导学生拥抱生活、思考生活、珍惜自己内心的真实体验。

2. 试题特点。

素质教育的确喊了多年，然而事实是沉重的书包依然重重地压在孩子们稚嫩的肩上，作业的繁重，应付考试的焦虑把孩子们牢牢地拴在了大堆的讲义和狭窄的书房、教室里。此题告诉我们学习并不仅仅是这窄窄的“一亩三分地”，学习的外延应该和生活本身一样宽广。它不仅有作业，还有对生活的热爱、体会和感受；人不该是学习的机器而应该是学习的主人；在学习中可以有属于自己的独特情感体验，如“温暖”“烦心”，喜怒哀乐都有，才是生活的本色。

很好地引导学生思考生活，大胆地表达自己。“**那段____的日子**”里“那段”就是已经经历过的，文章是对生活的记录，是对人生轨迹的描画，那也是属于自己的生活片段。“温暖”“自由”“孤单”“烦心”任何一个词语的选择都代表着你对生活体验的筛选，留在筛中的这一个就是铭记在你内心深处的生活浪花，盛开在你的内心深处。几个词语是对几种情感体验的凝练，既真实表达少年的快乐与自由，又可以记录成长中的孤独与忧愁，都是真实书写自己心灵的自由通道。这样的作文题也在要求考生学会如何去感受、触摸、品味生活和表达自己，可见深入社会，观察生活，体验生活，思考生活关照内心将是今后作文教学应关注的焦点。

3.写作构思。

（1）从“那段”出发，所写之事应是已经经历过的，又是至今依然难以忘怀的。是童年，少年还是刚刚过去不久的时段？总之都应是已经发生过的，是一个过去时。

（2）从“日子”落笔，则所写之事应发生在一段时间内，而不是某一个瞬间，应是有一段相对较长而又具体的经历、体验和感受。

（3）用“温暖”入题，则可以从以下几方面构思立意。是什么让自己有“温暖”的体验？给予温暖的对象既可以是父母长辈，也可以是同龄好友，或是有情的山水动植物；给予温暖的内容既可以是生活的关照，也可以是情感的理解共鸣，或是情绪低落时的慰藉激励；给予的方式既可以是波涛汹涌似的让人感受强烈，也可以是潺潺溪水似的让人润物无声。

（4）“自由”入题，则应在类似“温暖”入题的基础上多从这几个角度考虑。如“自由”应是相对“拘束”而言，但同时又有这样的说法：没有规矩，难成方圆。因此“自由”在理解表达时分寸的把握、界限的明确应尤为注意；其次“自由”是个相对的概念，因此行文中往往会提到与之相对的一种生活状况或情感体验，对比手法的运用要力求做到自然妥帖。

（5）若选择“孤单”或“烦心”入题，可能更容易把内心深处的一些真实、有深度思考或体会的东西表达出来。因为快乐有时往往是健忘的，而忧心与烦恼却常常折磨人更久。以这方面体验为素材在构思立意时，要学会辨别清楚属于自己的独特的“孤单”“烦心”的实质到底是什么？是周围没有陪伴而造成的形体上的形只影单，还是即便身处人群之中依然觉得孤单？

十一、2014安徽省中考作文真题解读

请以“**说说我自己**”为题，写一篇文。

提示与要求：

1.可以写你的经历、见闻，也可以写你的感悟、认识。

2.可以大胆选择你最能驾驭的文体进行写作。

3.文中不要出现真实的地名、校名、人名等，否则会被扣分。

4.抄袭是一种不良行为，相信你不会照搬别人的文章，否则影响你的成绩。

5.考虑到内容的充实，文章不要少于500字。

【题解】

2007年以来，安徽省的中考作文一直以全命题作文和半命题作文的形式呈现。继2012年的“**____在其中**”和2013年的“**那段____的日子**”半命题作文后，2014年的中考作文题目仍然是延续了命题作文中的另一种形式——全命题作文。近年一直采用的是裸题的形式，一反之前的材料加命题的形式。安徽的中考作文命题一直都贴近学生生活，让学生有话可说，有情可抒。既有方向的限定，又能让考生在自己熟悉的自由空间发挥已有的写作水平。这样的命题作文在今后的中考作文命题中还将备受青睐。

从形式上看，2014年的这道全命题作文，紧紧联系考生自己，不容易偏题、跑题。但由于题目陈旧，考生从小学到初中，应该都写过介绍自己的文章，因此，这道题在让考生普遍感到容易写的同时，也有一个突出问题，那就是如何在平凡中写出新意？这个题目的关键词是“说说”，也就是如何“说”，核心词“我自己”，也就是说，写作这个题目，要写出自我风采，如何写出自己的与众不同。最关键的是要写出自己的特征，自己的个性。在这幅“自画像”中，你的性格，你的生活，你的心理情感都属于你自己的，因此你写的是你自己的生活，你自己的个性情感。题目虽然没有限定文体，但写成记叙文或散文容易把握。

“说说我自己”可实写，也可虚写。可从以下角度进行构思：

写自己待人接物的种种表现。描摹自己的外貌固然能给人留下难忘的印象，但更重要的是自己对生活，对学习，待人接物的态度。如热情洋溢，冷如寒冰，欣喜若狂，沮丧低落等，个人的爱好，心中的梦想等。

写自己丰富多彩的个性特征。写自己的特征也好，情感心理也罢，都要写出自己的丰富多样性，因为你的性格、心理等都具有复杂性，不是单一的。比如单纯而又世故，羡慕他人而又心生妒忌，爱自己的父母又讨厌他们的约束，唠叨等。

遴选自己有内涵的典型事例。要准确的写出你的与众不同的性格特点，除了在内容上选取最能反映你性格特点的个性事例。如通过写自己和父母、老师处处唱反调的典型事件，来体现自己率真、逆反的青春期性格。然而是文学的魅力感染了你，偷看武打、言情书籍，让你对文字有了特有的感觉，以此歌颂非名利的热爱。

描摹我不断成长变化的灵魂。通过描写，勾画自己不仅身体长大，自己的灵魂也在不断成长。运用好各种细节描写如肖像、语言、动作、心理、环境等，各种修辞手法来表达你的情感。这里不仅写自己的外貌、性格，更重要的是写自己有了自己的思想，这个自己是渐渐长大的我，通过自己说自己，“说”出了思想，勾勒个人的灵魂，彰显个人的魅力。

转换人称还原内在真实的我。真实地写下了自己的想法，写得快乐，写得满足，虽然题目是“说说我自己”，但并不重写外貌，相反地主要写内在的属于自己的东西。可以转换人称来写自己，如以第二人称来写，从外貌、个性、成长及对待亲人的态度等方面记叙描写他人眼中的“我”，最后点出这就是真实的“我”。

镜头组合呈现我自己的形象。用镜头的方式，用来源于生活的点滴组合在一起，构成了一篇文章。如用一个个情景将自己的性格特征慢慢展现给了读者，或一个丢三落四、傻乎乎的、贪玩的、懒懒的形象，或天真、文静，或活泼、可爱，等等。

十二、2015年安徽省中考作文真题解读

以“**难忘那____的眼神**”为题，写一篇文章。

提示与要求：

1.请你从“**期盼**”“**慈爱**”“**坚毅**”“**失望**”四个词语中选择一个，把题目补充完整。

2.可以大胆选择你最能驾驭的文体进行写作。

3.文中不要出现真实的地名、校名、人名等，否则会被扣分。

4.抄袭是一种不良行为，相信你不会照搬别人的文章，否则影响你的成绩。

5.考虑到内容的充实，文章不要少于500字。

【题解】

从近年安徽省中考作文题来看，命题作文一直以其明确的指向性深受编者青睐，2015年安徽省这道半命题作文“**以‘难忘那____的眼神’**”并要求在“**期盼**”“**慈爱**”“**坚毅**”“**失望**”四个词语中选择一个作文，更是很好地在题目的规定和立意的相对自由间寻求着一定的平衡。这道半命题作文，貌似没有审题障碍，实际上也是暗含着审题障碍的。题目中有三个关键词“**难忘**”“**眼神**”和你所选中的四个词语中的任何一个，或“**期盼**”或“**慈爱**”或“**坚毅**”或“**失望**”。如果作文中只扣住“**难忘**”“**期盼**”（或“**慈爱**”“**坚毅**”“**失望**”）“**眼神**”中的任何一个或两个关键词，都是偏题的，行文中只有同

时扣住这三个关键词才算是审题精准，紧扣文题的。

从命题内容上不难看出，2015年的设题一直延续几年来的亲近学生生活，贴合考生实际路线的基础上更进一步走进学生的心灵，力求进一步去引导学生拥抱生活、思考生活、珍惜自己内心的真实体验。眼神不仅仅是动物特有，植物也有，可以是具体的“眼神”也可以是抽象的“眼神”，虚构的眼神。

1. 可以着眼于人类的心灵追求和精神世界。不同的眼神，给人类带来不同的心里触动，从而反应不同的人生追求和生活情趣。

2. 可以着眼于动物的不同眼神，书写动物对人类行为所作出的反应，人与动物的沟通和情感共鸣，也可以折射人性中的真、善、美以及假、恶、丑。

3. 可以着眼于大自然的山水草木等，虚拟大自然的眼神，呼唤人与自然和谐相处，彰显“天人合一”的思想理念。

行文时，可从以下方面努力：

1. 扣住经历，突出“难忘”。从“难忘”出发，所写之事应是已经经历过的，又是至今依然难以忘怀的。是童年，少年还是刚刚过去不久的眼神？总之都应是已经发生过的，是一个过去时，为什么这种眼神难忘？必须明确。如，写自己与一位陌生人从相遇，相识到成为最好的朋友，但离别时，她伤感的眼神里流露出的失望，成了我久久难以忘却的记忆。

2. 刻画细节，笔墨含情。从“眼神”落笔，所写之事应发生在过去的时间内，而眼神则是发生在过去这个时间内的某一个特定的瞬间，是你所见的眼神，应是这一瞬间给你带来的具体的经历、体验和感受。如写“难忘那期盼的眼神”，这里的“期盼”是题目的核心词也是写作的重点，为什么是“期盼的眼神”而不是“慈爱”“坚毅”“失望”或其他的眼神呢？可以通过具体的事件过程带来心灵的触动得出这种感受、体验，也可以通过对这种眼神的具体描绘来突出你对这期盼的眼神留下的深刻印记。

3. 瞄准对象，书写体验。从“对象”入笔，写刻骨铭心的体验、感受。这里的“对象”，是补题的关键词，也就是题目所给的说一个词语中的任何一个。以“期盼”为例，可以这样立意构思：是什么让自己有“期盼”的体验？ 给予期盼的对象既可以是父母长辈，也可以是同龄好友，或是有情的山水动植物；给予期盼的内容既可以是生活的关照，也可以是情感的理解共鸣，或是情绪低落时的慰藉激励；给予的方式既可以是波涛汹涌似的让人感受强烈，也可以是潺潺溪水似的细节让人润物无声。如跌倒时，期盼父亲拉我一把，但父亲却意外地对我说“自己起来!”，并投以期盼的眼神鼓励我战胜恐惧。心情不好时，总爱发脾气，挑剔这挑剔那，好像世界都欠着自己的，只有妈妈，总是抚摸着我的头，总是说“孩子，多吃点”，期盼的眼神中透着说不出的焦虑和心疼。

十三、2016安徽省中考作文真题解读

请以“**你是我最____的人**”为题，写一篇文章。

提示与要求：

1. 请你从“**贴心**”“**感激**”“**牵挂**”“**欣赏**”四个词语中选择一个，把题目补充完整。

2. 可以大胆选择你最能驾驭的文体进行写作。

3. 文中不要出现真实的地名、校名、人名等，否则会被扣分。

4. 抄袭是一种不良行为，相信你不会照搬别人的文章，否则影响你的成绩。

5. 考虑到内容的充实，文章不要少于600字。

【题解】

2016年安徽卷的这道中考作文题“**你是我最____的人**”，并要求在“**贴心**”“**感激**”“**牵挂**”“**欣赏**”四个词语中选择一个作文，从命题的形式和命题特点看，仍然保持和2015年的作文命题一致，没有新的突破。紧扣考生生活，书写自我和他人，突出写“人”。贴近考生成长感悟，贴近考生的情感，考生有话可说。四个词语为考生提供广阔的自由选择空间，实际上是四选一的作文题，考生的表达是自由的、灵活的。

这道半命题作文，要求考生在这四个词语中，遴选的任何一个词语补充的作文题，四个词语反映的内容都是学生最熟悉的，有深刻体验的。但是，这道看似好写的作文题也容易不知不觉地偏题、跑题。首先，这道作文题的核心词是所给的四个词语，关键词只有一个：人。这个关键词却又是考生在写作中最容易忽略的，它与“眼神”“目光”等局部神态的词语不一样，是一个整体的概念。题目要求的是写“人”，但人与事常常是相连的，考生一不留神，会造成文章的落脚点不是写“人”，而是写“事”，这样就偏题了。如写“‘你是我最贴心的人’”，就不能停留在写成我与你之间的往事，写事，其落脚点必须是“最贴心的人”。其次，要注意题目中的人称。一个“你”，一个“我”，特别注意的是写作的主要人物是“你”，要突出的人物是“你”，不能写着写着，就变成第三人称了。最后，明确写作的重点。你怎么样？为什么对“我”而言，“你”是让我“最贴心”或“最感激”或“最牵挂”或“最欣赏”？这才是写作的重点。

本道题的落脚点在“人”，不能写成动物或景物等。从四个词语中选定的一个词语是写作重点，就应该通过细节来刻画人的特点。如写“你是我最贴心的人”，为什么你是我“最贴心的人”而不是“最感激”“最牵挂”“最欣赏”的人呢？遴选你对我“最贴心”的典型事例，通过具体的贴心的细节来展现人物风貌，触动我的心灵，给我留下深深的印记。如母亲对我生活上无微不至的关怀，更重要的是走近我的心灵，关注我的喜怒哀乐。我的一个眼神，一个动作，她便知道的需求。我受了委屈，她会到我的卧室里，轻轻抚摸我的头，体会我的心情，让我扑在怀里尽情宣泄等等，通过语言、动作、神态、心理等描写和对比等手法，突出人物特点。

写这道半命题作文，写作前一定要认真审题，确定重点，写作时要精心选材，突出细节。写作思路如下：

1.从“你”出发，所写之事应是你我之间经历过的，所抒的情又是让我至今感到“最贴心”或“最感激”或“最牵挂”或“最欣赏”的情感。总之，都应该是突出“你”的特点，突出“你”对我产生的影响，引起我心灵的触动。“最”是程度副词，所受的影响和触动是不一般的。

2.从“人”落笔，则所写之事应发生在过去的时间内，体现这个“人”，也就是“你”的特点和品质，你我之间有具体的经历，从这经历中，“我”对“你”有了独特的体验和感受。

3.用“贴心”入题，则可以从以下几方面构思立意。是什么让自己有最“贴心”的体验？给予贴心的对象既可以是父母长辈，也可以是同龄好友，但必须是人；让我感到“贴心”的内容既可以是生活的关照，但更多的是情感的理解共鸣，是情绪低落时的慰藉激励；给予的方式既可以是波涛汹涌似的让人感受强烈，也可以是潺潺溪水似的让人润物无声。

4.用“感激”入题，则应在类似“贴心”入题的基础上，侧重体现你对我的生活和成长中提供有益的帮助，接受你给予的鼓励或提供的方便、恩惠、利益，使自己得到提高、进步、完善、圆满、成功，写自己因此出于内心的感激之情，用言行向你表达谢意的行为。

5.用“牵挂”入题，则应在类似“贴心”入题的基础上，突出自己为何对你心里放心不下而挂念。除此之外，笔墨可侧重自己的心理活动，写出自己的真实感觉。通过细节描写和对比描写，突出你在我心目的地位是何等重要。也可以进一步揭示，牵挂你的实质是什么？

是物质还是精神的需求，是心灵的孤独还是情感的依靠？还是……

6.用“欣赏”入题，则应在类似“贴心”入题的基础上，突出你的美好，你的情趣所在，你让我喜欢的原因。

主要参考文献

[1] 童庆炳.文学理论教程[M].北京：高等教育出版社，2008.

[2] 刘叔成，夏之放，楼昔勇，等.美学基本原理[M].上海：上海人民出版社，2011.

[3] 董闰聪，吴惠青，蓝献青.活动课程研究[M].沈阳：辽宁人民出版社，1998.

[4] 宾敬.初中语文活动课程研究[M].长沙：湖南师范大学出版社，1999.

[5] 李臣之.综合实践活动课程开发[M].北京：人民教育出版社，2003.

[6] 肖家芸.语文“活动式”教学[M].合肥：安徽教育出版社，2005.

[7] 梁启超.中学以上作文教学法[M].北京：首都经济贸易大学出版社，2012.

[8] 叶圣陶.作文论[M].北京：北京教育出版社，2014.

[9] 叶圣陶，夏丏尊.叶圣陶教你学作文[M].长春：北方妇女儿童出版社，2012.

[10] 金星闪.初中作文周计划（1-6：高考满分作文速成教程）[M].南京：译林出版社，2011.

[11] 谭蘅君，王洪.文化底蕴[M].重庆：重庆出版社，2008.

[12] 潘新和.语文：表现与存在（上下卷）[M].福州：福建人民出版社，2004.

[13] 夏丏尊，叶圣陶.大师的72堂作文课[M].长沙：湖南教育出版社，2008.

后　记

《作文教学的起点——养育作文的教学思考与实践》一书顺利出版了。

本书内容是我先后主持的三个安徽省教育科学规划课题“新课标理念下初中生写作素养培养研究”（编号：JG05305）、“新课标下初中生读写指导策略研究”（编号：JG09107）和“主题活动作文教学的理论与实践研究”（编号：JG12248）结项成果基础上润色而成。

本书先对当下作文教学现状进行剖析，然后从不同角度提出“养育作文”的教学主张，接着明确“养育作文”的教学起点有哪些，该如何从起点养育作文，最后是我自己多年来“养育作文”课堂教学的具体实践。

一路走来，我有太多的感谢。

感谢安徽师范大学出版社大力支持和潘安主任的辛勤审稿并为该书作序。

感谢吉林省教育学院张玉新教授的欣然作序。

感谢引领我成长的合肥师范学院及国培班的师长们，如杨桦、张帮群、何更生、王荣生、曹勇军、丁卫军、柳咏梅……

感谢那些对我的成长产生影响的杂志：《中学语文教学》《中学语文教学参考》《语文建设》《新作文（中学作文教学研究）》《创新作文》《初中生必读》等。感谢那些带着我一同成长的编辑朋友：葛宇虹、李彦宏、杨冰梅、李节、曹韧、孔有君、彭治旗等。

感谢省、市、县教育行政部门和庐江四中领导、同仁，特别是课题组的老师们对我教研工作的大力支持；感谢安徽省教科院杨桦老师的谆谆告诫与鼓励；感谢安徽省教科院课题规划办王贤进主任、合肥市教育局课题规划办方惠等老师对课题的指导；感谢合肥市教科院陈明杰、王金娥、吴申道老师的培养；感谢庐江县教研室莫家泉老师的鞭策、袁贤玉主任的指导；感谢合肥市名师工作室领导组费维重主任、合肥市初中语文培训基地的张莉主任对我的指导并给我锻炼的机会；感谢基地的专家老师们。

感谢一群在网络上给我教益的朋友们：张玉新、徐金国、葛维春、胡家曙、赵克明、谭蘅君、刘德海等。

我还要感谢成就我的一届又一届的亲爱的孩子们，是他们让我年轻，充满活力，享受语文教育的快乐和幸福。

有太多的感谢，太多的感激，无法用言语表达，无法忘却，让我时时怀揣感恩，感念于心灵深处。

感谢一直在我身边爱我的和我爱的人。他们的支持，是我执着前行的力量和源泉。

感念他们，让我充满无限的激情和语文教育的情趣，让我的人生有了一段精彩。

金星闪

二〇一七年四月五日

于潜川绿水雅阁